생각 쑥쑥 실력 팍팍

참 좋은 수학

오관용 지음

I

교우미디어

생각쑥쑥 실력팍팍 참좋은수학을 펼치면서

수학책이 만화책처럼 재미있어서 부모님이 그만 공부하라고 말려도 이불을 뒤집어쓰고 몰래 공부할 수 있을 만큼 재미있다면 얼마나 좋을까요?

수학문제가 탐정소설처럼 스릴이 있고 술술 풀린다면 얼마나 좋을까요?

교직에서 30여 년간 끊임없이 고민했던 문제를 해결하고자 '참좋은수학'을 출판했습니다.

이 책의 구성을 살펴보면 다음과 같습니다.

첫째, 초등학교 4학년 이상의 학생들이 재미있게 공부할 수 있는 주제를 중심으로 구성했습니다.

4학년이 되면 숫자의 단위가 커지고 계산이 좀 더 복잡해집니다. 또한 새로운 내용이 추가되기 때문에 학습에 부담을 느껴 수학과를 기피하려는 경향이 있습니다. 따라서 본 교재는 수학공부에 푹 빠져들 수 있는 흥미있는 자료를 중심으로 개발하였으며, 학습 부담을 줄이기 위해 4~6문제를 한 주제로 묶었습니다.

둘째, 단순한 계산 능력이나 문제 풀이보다는 생각이 꼬리를 무는 문제로 구성했습니다.

단순한 문제를 반복하여 푸는 것은 지루한 일입니다. 그렇지만 한 가지 아이디어가 다른 문제의 해결에 도움이 된다면 그처럼 즐거운 것은 없습니다.

따라서 실타래를 풀듯이 차례로 해결할 수 있는 생각이 꼬리를 무는 문제로 구성했습니다.

셋째, 문제해결에 도움이 되는 '안내된 학습'을 제시했습니다.

수학 공부를 잘 하려면 끝까지 해결하려는 끈기가 필요합니다. 그런데 너무

어렵거나 생소한 문제를 접하게 되면 문제풀이 방법을 몰라 쉽게 포기하는 경향이 있습니다. 그때 약간의 도움을 준다면 쉽게 해결할 수 있을 것입니다. 따라서 이 책에서는 문제해결에 도움이 될 수 있는 '안내된 학습'을 제시했습니다.

넷째, 중요하거나 어려운 부분의 이해를 돕기 위한 문제해결방법을 자세히 설명했습니다.

각 주제별로 중요하다고 생각되는 30개의 주제를 선정하여 '생각의 샘'에서 문제해결의 절차에 따라 자세히 설명했습니다. 따라서 '수학적 힘 기르기' 문제를 해결하는 데 많은 도움이 될 것입니다.

다섯째, 수학과의 각 영역을 고르게 선택하여 구성을 했습니다.

각 주제별로 처음 부분에는 생각의 꼬리를 무는 수 · 연산 문제, 중간 부분에는 공간 감각 능력을 길러주는 도형 문제, 마지막 부분에는 활동 중심의 문제 등의 다양한 자료를 제시했습니다.

이와 같이 본 교재는 수학적 사고력 향상을 위한 '참좋은수학'입니다. 따라서 한 문제씩 해결하다 보면 문제해결력이 쑥쑥 향상될 것입니다.

공부의 신은 없습니다. 끊임없이 고민하고 노력하는 가운데 실력이 향상될 것입니다. 여러분은 무한한 꿈과 희망을 가지고 문제 해결을 위해 최선을 다해야 합니다. 또한 성공할 때까지 실패를 견디어낼 수 있는 힘을 길러야 합니다. 꼭 해결하겠다는 강한 욕구를 갖고 노력하면 반드시 자신의 꿈을 이룰 수 있다고 필자는 확신합니다.

2012년 1월

지은이 오관용

참좋은수학에는 이런 것이 들어있어요

♣ 재미있는 주제로 구성하여 수학공부에 흠뻑 빠져들게 했습니다.

▶▶ 아래의 계산식에는 1에서 9의 숫자가 한 번씩 들어있는 특징이 있습니다.

- $216 + 738 = 954$
- $154 + 782 = 936$
- $12 \times 483 = 5796$
- $42 \times 138 = 5796$

▶▶ 각 자리의 숫자를 3번 곱한 수를 더하면 처음의 수와 같습니다.

- $153 = (1 \times 1 \times 1) + (5 \times 5 \times 5) + (3 \times 3 \times 3) = 153$
- $370 = (3 \times 3 \times 3) + (7 \times 7 \times 7) + (0 \times 0 \times 0) = 370$

▶▶ 문제를 착각하여 잘못 계산해도 결과가 같습니다.

- 4×98의 계산을 49×8로 계산해도 392로 결과가 같습니다.
- 2×756의 계산을 27×56로 계산해도 1512로 결과가 같습니다.

▶▶ 두 수를 곱하면 앞에서부터 읽으나 뒤에서부터 읽으나 같습니다.

- $11 \times 11 = 121$
- $111 \times 111 = 12321$
- $167 \times 199 = 33233$
- $1667 \times 1999 = 3332333$

♣ 다양한 문제의 경험으로 수학적 지식이 풍부해지게 했습니다.

▶▶ 그림 ①과 같은 수막대 1, 2, 3, 4, 5를 그림 ②에 가로 방향이나 세로 방향으로 배치하여 그 합이 모눈종이 둘레의 수와 같게 하면 그림 ③과 같이 됩니다.

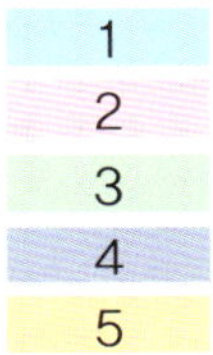

그림 ①

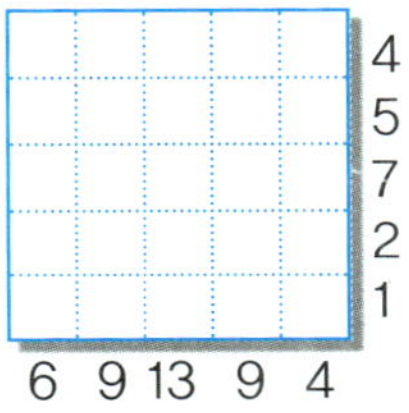

그림 ②

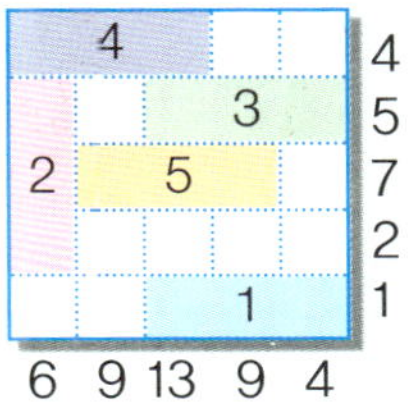

그림 ③

▶▶ 나라의 이름을 숫자 암호로 나타내면 아래와 같습니다.

ㄱ = 1, ㄴ = 10, ㄷ = 11, ㄹ = 100, ㅁ = 101, ㅂ = 110, ㅅ = 111, ㅇ = 1000,
ㅈ = 1001, ㅊ = 1010, ㅋ = 1011, ㅍ = 1100, ㅌ = 1101, ㅎ = 1110
ㅏ = 2, ㅑ = 20, ㅓ = 21, ㅕ = 200, ㅗ = 201, ㅛ = 210, ㅜ = 211,
ㅠ = 2000, ㅡ = 2001, ㅣ = 2010

- 가나 = ㄱ + ㅏ + ㄴ + ㅏ → 1 + 2 + 10 + 2 = 12102
- 미국 = ㅁ + ㅣ + ㄱ + ㅜ + ㄱ → 101 + 2010 + 1 + 211 + 1 = 101201012111

♣ 생각의 꼬리를 무는 문제로 문제해결력 향상에 도움이 되도록 하였습니다.

▶▶ 각각의 그림은 1~9의 자연수를 나타내는데 그림을 숫자로 나타내면 아래와 같습니다.

☞ 문제해결 순서: 밤 → 옥수수 → 버섯 → 고추 → 바나나 → 딸기

- ①에서 한 자리의 수를 세 번 곱하여 한 자리의 수가 되는 경우는 밤이 2인 경우입니다. 따라서 밤이 2이면 옥수수는 8입니다.
- 이를 적용하여 해결할 수 있는 것은 ②입니다. ②에서 밤이 2이므로 버섯은 3, 고추는 7입니다.
- ③에서 버섯이 3이므로 바나나는 6입니다.
- ④에서 바나나가 6이고, 옥수수가 8이므로 딸기는 4입니다.

♣ 발상의 전환이 필요한 문제로 수학적 사고력 향상에 도움이 되도록 하였습니다.

▶▶ 분수의 크기는 일반적으로 분모의 크기를 같게 하여 비교하는 통분의 방법을 사용합니다. 그런데 $(\frac{3}{4}, \frac{2}{5})$는 분모의 크기를 같게 하는 통분의 방법이 쉽지만 $(\frac{123}{125}, \frac{246}{251})$은 분모가 크기 때문에 복잡합니다.

그러나 생각을 조금만 바꾼다면 쉽게 해결할 수 있습니다.

$(\frac{3}{4}, \frac{3}{5})$에서 분자의 크기가 같으므로 분모의 크기가 작은 $\frac{3}{4}$이 $\frac{3}{5}$보다 큽니다. 따라서 $(\frac{123}{125}, \frac{246}{251})$의 크기도 분자의 크기를 같게 하여 비교합니다.

$(\frac{123}{125}, \frac{246}{251}) \Rightarrow (\frac{246}{250}, \frac{246}{251})$에서 분모의 크기가 작은 $\frac{123}{125}$이 $\frac{246}{251}$보다 더 큰 수입니다.

▶▶ 그림 ①에서 큰 정삼각형이 작은 정삼각형의 몇 배인지 알아보는 방법은 그림 ②와 같이 작은 정삼각형을 180도 회전시켜 그림 ③과 같이 만들면 큰 정삼각형이 작은 정삼각형의 4배가 된다는 것을 쉽게 알 수 있습니다.

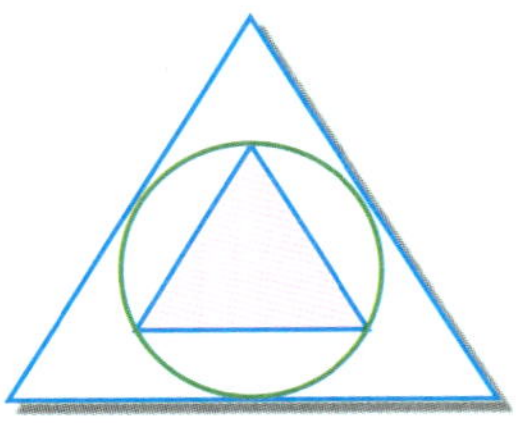
그림 ①

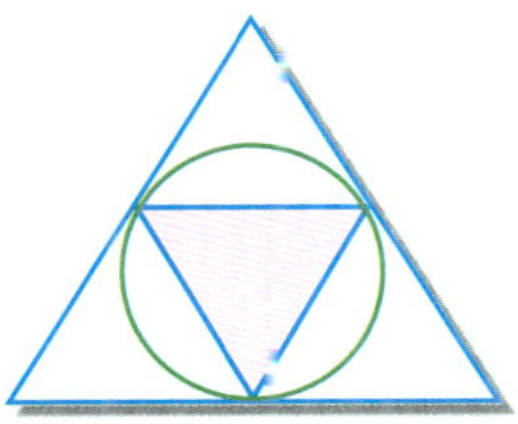
그림 ②

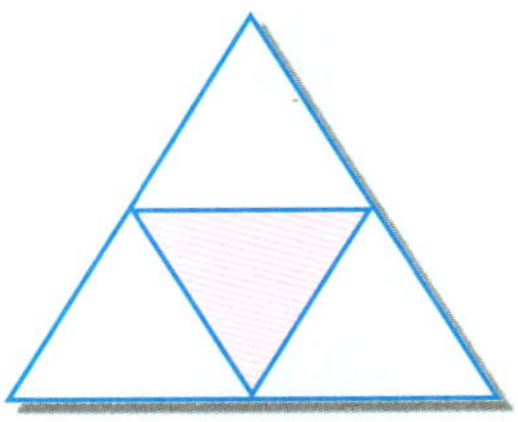
그림 ③

♣ 머리셈(mental math)으로 문제를 합리적으로 해결할 수 있게 했습니다.

▶▶ 2468642×0.5의 계산에서 0.5를 곱하는 것은 2로 나누는 것과 같습니다.

- $2468642 \times 0.5 = 2468642 \div 2 = 1234321$

▶▶ 2468642×5에서 5를 곱하는 것은 10을 곱하고 2로 나누는 것과 같습니다.

- $2468642 \times 5 = 2468642 \times 10 \div 2 = 12343210$

▶▶ $17 + 28 + 39 + 6$의 계산은 수 가르기를 이용하여 해결합니다.

- $17 + 28 + 39 + 6 = 17 + 28 + 39 + (3 + 2 + 1)$

$$= (17 + 3) + (28 + 2) + (39 + 1) = 20 + 30 + 40 = 90$$

▶▶ 1125×16에서 1125를 대분수로 고쳐 계산합니다.

- $0.125 = \frac{1}{8}$
- $1.125 = 1\frac{1}{8} = \frac{9}{8}$
- $1.125 \times 1000 = \frac{9}{8} \times 1000 \Rightarrow 1125 = \frac{9000}{8}$
- $1125 \times 16 = \frac{9000}{8} \times 16 = 9000 \times 2 = 18000$

♣ 실생활의 문제로 수학적 사실의 적용이 풍부해집니다.

▶ 우리 몸의 혈액의 양은 몸무게(kg)의 $\frac{1}{14}$L 정도이고, 적혈구의 개수는 $1mm^3$의 부피에 약 500만 개가 들어있으며, 적혈구 한 개의 지름의 길이는 0.007mm입니다.

따라서 몸무게가 56㎏인 사람의 몸속에는 약 4L($56 \times \frac{1}{14}$)의 혈액이 들어있고, 적혈구의 개수는 약 20조개입니다.(400만mm^3 × 500만 = 20조) 또한 56kg인 사람의 적혈구를 한 줄로 늘어놓으면 약 14만km(20조 × 0.007 ÷ 1000000 = 14만km)입니다.

☞ 1L는 1000000mm^3이고, 1km는 1000000mm입니다.

▶ 네 종류의 당구공을 세 면의 당구대를 닺힌 후 같은 색깔의 구멍에 넣으려면 아래와 같은 방법으로 보내야 합니다.

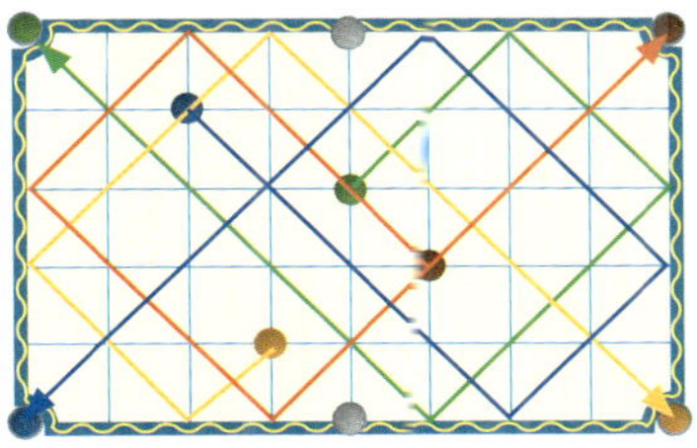

▶ 아래의 그림과 같이 종이를 세 번 접은 후 가위로 자르면 자른 부분의 모양이 오른쪽 그림과 같이 됩니다.

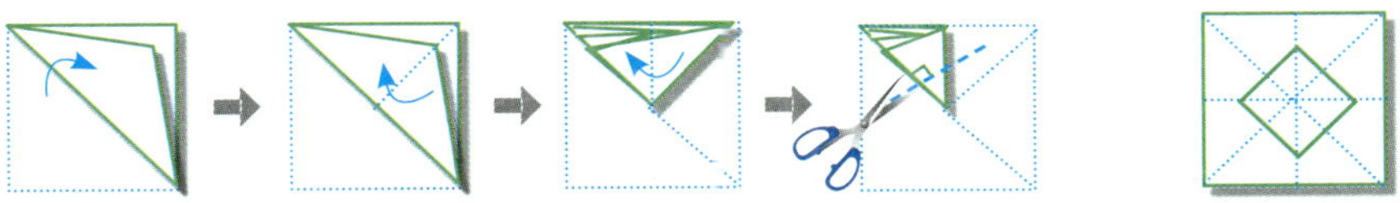

이렇게 활용하세요

♣ 생각의 샘 활용 방법

- ▶▶ 새로운 주제를 배우는지, 비슷한 주제를 배우는지 목적을 정확히 알아야 합니다.
- ▶▶ 학습 주제가 전에 배운 것과 관련이 있는지 생각해 봅니다.
- ▶▶ 문제를 소설이나 만화를 읽는 것처럼 빨리 읽지 말고, 내용과 문제해결방법을 생각하며 천천히 읽습니다.
- ▶▶ 그래프나 표를 읽을 때는 자를 이용하여 줄과 열을 정확히 읽습니다.
- ▶▶ 문제를 완전히 이해할 때까지 노력하고, 이해하지 못하면 처음으로 돌아가 다시 시작합니다.
- ▶▶ 문제에서 지시하거나 설명하는 것을 차근차근 읽습니다.
- ▶▶ 문장제 문제는 천천히 읽고 짧게 끊어서 읽습니다.
- ▶▶ 단계별로 문제에 접근하고, 안내된 학습을 적절히 이용합니다.
- ▶▶ 주어진 자료를 잘 이용하여 새로운 것을 탐구합니다.
- ▶▶ 다른 사람을 가르칠 수 있게 요약합니다.

♣ 수학적 힘 기르기 활용 방법

- 일주일에 1~2개의 주제를 선택하여 매일 2~3문제씩 해결합니다.
- 생각의 샘을 충분히 이해하고 수학적 힘 기르기 문제를 해결합니다.
- 문제해결 전략을 선택하여 해결합니다.
- 문제해결이 어려우면 안내된 학습을 충분히 활용합니다.
- 다양한 방법으로 문제를 해결해도 같은 답이 나오는지 확인합니다.
- 각 단계를 신중하게 검토하여 실수를 줄여야 합니다.
- 문제해결과정은 자세하지만 간결하게 나타내어야 합니다.
- 문제해결과정은 잘 정리하여 보기 좋고, 찾아보기 쉽게 합니다.
- 문제해결방법을 친구들과 토의하거나 협력하여 해결하는 것도 좋습니다.
- 선생님이 되어 문제해결방법을 친구에게 설명하는 것도 좋습니다.

☞ 본 교재의 '수학적 힘 기르기'를 수학공책에 정리하면서 해결하면 학습의 효과가 크고 여러 번 복습할 수 있는 장점이 있습니다.

차 례

생각의 샘

Contents

수학적 힘 기르기

♣ 생각의 샘 활용 방법

- 새로운 주제를 배우는지, 비슷한 주제를 배우는지 목적을 정확히 알아야 합니다.
- 학습 주제가 전에 배운 것과 관련이 있는지 생각해 봅니다.
- 문제를 소설이나 만화를 읽는 것처럼 빨리 읽지 말고, 내용과 문제해결방법을 생각하며 천천히 읽습니다.
- 그래프나 표를 읽을 때는 자를 이용하여 줄과 열을 정확히 읽습니다.
- 문제를 완전히 이해할 때까지 노력하고, 이해하지 못하면 처음으로 돌아가 다시 시작합니다.
- 문제에서 지시하거나 설명하는 것을 차근차근 읽습니다.
- 문장제 문제는 천천히 읽고 짧게 끊어서 읽습니다.
- 단계별로 문제에 접근하고, 안내된 학습을 적절히 이용합니다.
- 주어진 자료를 잘 이용하여 새로운 것을 탐구합니다.
- 다른 사람을 가르칠 수 있게 요약합니다.

생각의 샘

생각의 샘은

기본적으로 반드시 이해하고 있어야 할 필수문제를 수록하였습니다.

지금까지 볼 수 없었던 재미있는 주제와 다양한 문제로

수학적 지식이 풍부해지는 효과를 경험할 수 있답니다.

1 문제해결의 실마리는 어디에

01 아래의 그림에서 딸기와 수박은 한 자리의 숫자입니다. 딸기와 수박을 숫자로 바꾸는 방법을 연구해 봅시다.

▶▶ ①에서 같은 수를 두 번 곱하여 계산한 결과가 한 자리의 수가 되는 경우는 1, 2, 3인 경우 밖에 없습니다.

- 딸기가 1인 경우: $1 \times 1 = 1$에서 조건 ①에 맞지 않습니다.
- 딸기가 2인 경우: $2 \times 2 = 4$, $2 + 2 = 4$에서 조건 ①, ②에 모두 맞습니다.
- 딸기가 3인 경우: $3 \times 3 = 9$, $3 + 3 = 6$에서 계산결과가 다르므로 조건 ①, ②에 맞지 않습니다.
- 그러므로 딸기는 2, 수박은 4입니다.

02 아래의 그림에서 고추와 포도는 한 자리의 숫자이고, 포도는 홀수라고 가정합니다. 고추와 포도를 숫자로 바꾸는 방법을 연구해 봅시다.

▶▶ 위의 조건에 맞은 경우는 $5 \times 5 = 25$와 $6 \times 6 = 36$ 중 하나입니다. 그런데 포도가 홀수라고 했으므로 포도는 3이고, 고추는 6입니다.

03 아래의 그림은 각각 0에서 9의 수를 나타냅니다. 각각의 그림을 숫자로 바꾸는 방법을 연구해 봅시다.

① 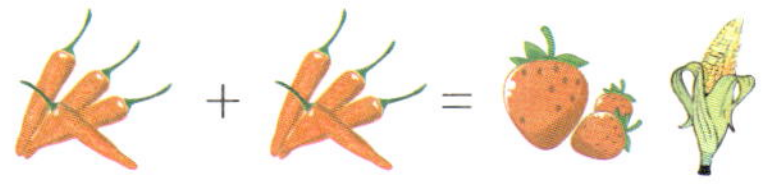

② 

③ 

④ 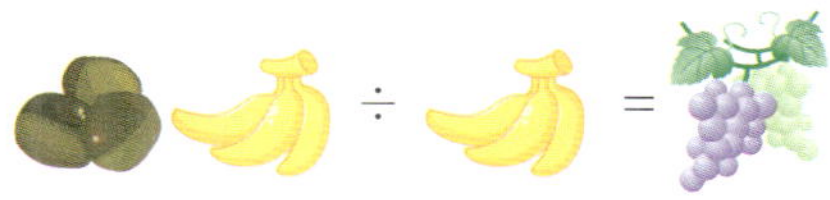

⑤ 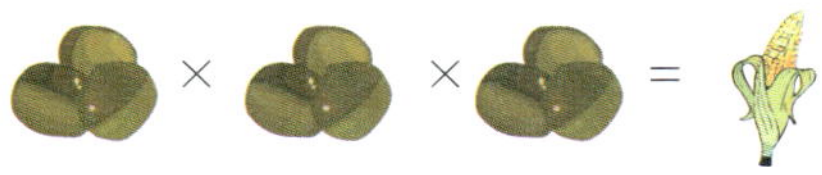

⑥ 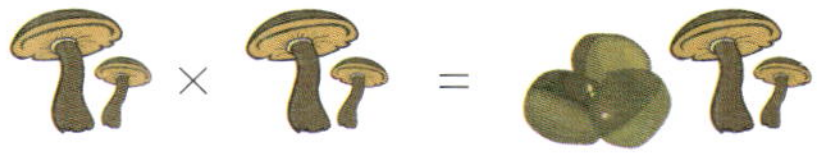

⑦ 

♣ 문제해결의 첫 단계는 쉽게 해결할 수 있는 자료를 찾는 것입니다. 어디서부터 해결하는 것이 좋겠습니까?

⑤ 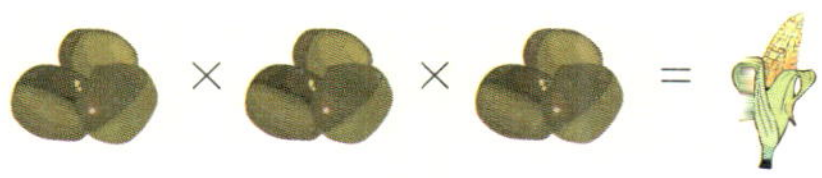

▶▶ ⑤에서 살펴보면 같은 세 수의 곱이 한 자리의 수이므로 밤은 1 또는 2입니다.

- 밤이 1이라면 계산결과가 1이 되어 조건에 맞지 않습니다.
- 밤이 2이라면 옥수수는 8이 되어 조건에 맞습니다.

  따라서 밤은 2이고, 옥수수는 8입니다.

♣ 밤이 2이고, 옥수수가 8이라는 것을 알았습니다. 이를 적용하여 문제를 해결할 수 있는 곳은 어디입니까?

③ 

8 2

▶▶ ③에서 살펴보면 옥수수가 8이고, 탐이 2이므로 바나나는 4입니다.

♣ 밤이 2이고, 바나나가 4라는 것을 알았습니다. 이를 적용하여 문제를 해결할 수 있는 곳은 어디입니까?

④ 

2 4 4

▶▶ ④에서 살펴보면 밤이 2이고, 바나나가 4이므로 포도는 6입니다.

♣ 밤이 2라는 것을 알았습니다. 이를 적용하여 문제를 해결할 수 있는 곳은 어디입니까?

⑥ 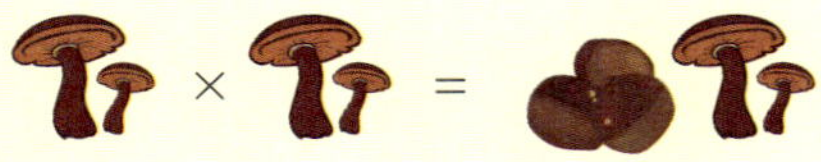

2

▶▶ ⑥에서 살펴보면 두 수를 곱하여 일의 자리의 수와 같은 경우는 버섯이 5(5 × 5 = 25)인 경우와 6(6 × 6 = 36)인 경우 밖에 없으며, 위에서 밤이 2이므로 버섯은 5입니다.

♣ 버섯이 5이고, 포도가 6이라는 것을 알았습니다. 이를 적용하여 문제를 해결할 수 있는 곳은 어디입니까?

⑦ 

5 6 5 5

▶▶ ⑦에서 포도가 6이고, 버섯이 5이므로 사과는 7입니다.

♣ 옥수수가 8이라는 것을 알았습니다. 이를 적용하여 문제를 해결할 수 있는 곳은 어디입니까?

① 

8

▶▶ ①에서 두 수를 더하면 18 이하의 수가 됩니다. 그리고 두 수를 더하여 일의 자리의 수가 8이 되는 경우는'9 + 9 = 18'밖에 없습니다. 따라서 고추는 9이고, 딸기는 1입니다.

♣ 위에서 각각의 그림을 숫자로 나타내고 남은 수는 3과 0입니다. 이를 적용하여 문제를 해결할 수 있는 곳은 어디입니까?

② 

▶▶ ②에서 수박과 어떤 수의 합이 수박이 되려면 호박이 0인 경우입니다. 따라서 호박은 0이고, 수박은 사용하고 남은 숫자인 3이 됩니다.

호박 : 0, 딸기 : 1, 밤 : 2, 수박 : 3, 바나나 : 4, 버섯 : 5, 포도 : 6, 사과 : 7, 옥수수 : 8, 고추 : 9

이와 같이 문제해결의 실마리를 찾아 차례르 해결하는 것이 수학적 사고력 향상에 도움이 됩니다.

아하! 그렇구나

'+'(더하기, 플러스)기호는 영어의 and에 해당하는 라틴어 'et'에서 변형된 것으로 et를 빠른 속도로 쓰다가 '+'로 쓰게 되었답니다.

2 계산기보다 머리셈이 빠르다고

주판, 계산기, 종이, 연필 등과 같은 외부 기억장치 없이 계산 원리를 이용하여 머릿속에서 계산하는 것을 '머리셈(mental math)'이라고 하며 머리셈의 방법은 이미 배운 지식을 이용하거나 새로운 규칙을 찾아 해결합니다.

01 67 + 78 + 89 + 6을 머리셈으로 해결하는 방법을 연구해 봅시다.

67 + 78 + 89 + 6

♣ 아래와 같이 앞에서부터 차례로 더하여 계산하는 방법과 2개씩 묶어서 머릿속에서 계산하는 방법은 약간 복잡합니다.

- 67 + 78 + 89 + 6 = (67 + 78) + 89 + 6 = (145 + 89) + 6 = 234 + 6 = 240
- 67 + 78 + 89 + 6 = (67 + 78) + (89 + 6) = 145 + 95 = 240

그럼 쉽게 해결할 수 있는 방법은 없을까요?
1학년 때 배운 수 가르기를 이용하여 10, 20, 30, ……인 수를 만들면 쉽게 해결할 수 있습니다.

▶▶ 위에서 10, 20, 30, ……인 수를 만들려면 67은 3이 부족하고, 78은 2가 부족하고, 89는 1이 부족합니다.
따라서 6을 아래와 같이 3 + 2 + 1로 가르고, 67, 78, 89에 각각 더하면 쉽게 해결할 수 있습니다.

① 6을 3 + 2 + 1로 가릅니다.

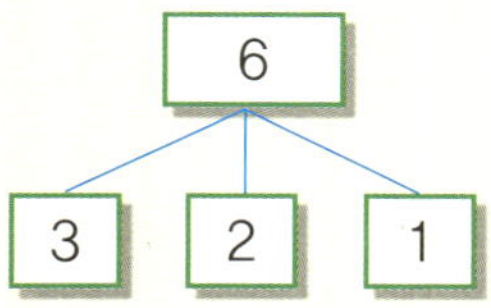

② 67에 3을, 78에 2를, 89에 1을 더하여 70, 80, 90을 만들어 더합니다.

- $67 + 78 + 89 + 6 = 67 + 78 + 89 + (3 + 2 + 1)$
  $= (67 + 3) + (78 + 2) + (89 + 1)$
  $= 70 + 80 + 90 = 240$

02 (6789 + 6789 + 6789 + 6789 + 6789) × 2를 쉽게 해결하는 방법을 연구해 봅시다.

♣ 아래와 같이 괄호 안의 수를 모두 합한 후 2를 곱하여 해결했습니까?

- $(6789 + 6789 + 6789 + 6789 + 6789) \times 2 = 33945 \times 2 = 67890$

위의 계산방법은 약간 복잡합니다. 쉽게 해결할 수 있는 방법은 없을까요? 그럼 초등학교 2학년 때 배운 구구단을 생각해봅시다.

- $3 + 3 + 3 + 3 = 3 \times 4$
- $5 + 5 + 5 + 5 + 5 + 5 + 5 = 5 \times 7$

▶▶ 6789를 5번 더하였으므로 곱셈식으로 나타내면 6789 × 5로 나타낼 수 있습니다. 그리고 5와 2의 곱을 먼저 한 후 6789를 곱하여 해결합니다.

- $(6789 + 6789 + 6789 + 6789 + 6789) \times 2 = (6789 \times 5) \times 2$
  $= 6789 \times (5 \times 2) = 6789 \times 10 = 67890$

03 246 + 246 + 246 + 246 + 246을 머리셈으로 해결하는 방법을 연구해 봅시다.

▶▶ 246을 5번 더하였으므로 곱셈식으르 나타내면 246 × 5로 나타낼 수 있습니다. 또, 5를 곱하는 것은 10을 곱하고 2로 나누는 것과 같으므로

- $246 + 246 + 246 + 246 + 246 = 246 \times 5 = 246 \times 10 \div 2$
  $= 2460 \div 2 = 1230$

04 연우는 매일 15분씩 영어듣기를 했습니다. 1년 동안 영어듣기를 한 시간이 몇 시간 몇 분인지 쉽게 구하는 방법을 연구해 봅시다.

▶▶ 대부분의 학생은 연필을 사용하여 365 × 15 ÷ 60 = 5475 ÷ 60 = 91…15의 방법으로 계산하여 91시간 15분이라고 할 것입니다. 그런데 4일씩 묶으면 1시간이므로 365를 4로 나누어 해결합니다.

- 365 ÷ 4 = 91…1에서 91시간이고 나머지 1은 15분을 말합니다.
  따라서 91시간 15분입니다.

05 4812 × 0.25의 문제를 쉽게 해결하는 방법을 연구해 봅시다.

▶▶ 대부분의 학생은 4812에 0.25를 곱하느라 귀찮았을 것입니다. 그런데 0.25를 곱하는 것은 4로 나누는 것과 같습니다. 따라서 4812를 4로 나누면 쉽게 문제를 해결할 수 있습니다.

- 4812 × 0.25 = 4812 ÷ 4 = 1203

06 25 × 125 × 4 × 8을 머리셈으로 해결하는 방법을 연구해 봅시다.

▶▶ 앞에서부터 차례로 계산을 하면 아래와 같이 복잡합니다.

- (25 × 125) × 4 × 8 = (3125 × 4) × 8 = 12500 × 8 = 100000

그런데 25 × 4와 125 × 8의 특성과 계산 원리를 활용하여 아래와 같이 해결하면 편리합니다.

- 2 × 4 × 5 = 40 　2 × 5 × 4 = 40 ⇒ 2 × 4 × 5 = 2 × 5 × 4

위에서 곱하는 순서를 바꾸어 계산해도 그 결과는 같습니다. 따라서 아래와 같이 계산순서를 바꾸어 계산합니다.

- 25 × 125 × 4 × 8 = 25 × 4 × 125 × 8
  = (25 × 4) × (125 × 8) = 100 × 1000 = 100000

07 25 × 24와 125 × 48을 머리셈으로 해결하는 방법을 연구해 봅시다.

▶▶ 25 × 4 = 100 이므로 25 × 24를 25 × (4 × 6)으로 고쳐 머리셈으로 해결하는 것이 쉽습니다.

- 25 × 24 = 25 × (4 × 6) = (25 × 4) × 6 = 100 × 6 = 600

▶▶ 125 × 8 = 1000 이므로 125 × 48을 125 × (8 × 6)으로 고쳐 머리셈으로 해결하는 것이 쉽습니다.

- 125 × 48 = 125 × (8 × 6) = (125 × 8) × 6 = 1000 × 6 = 6000

08 375 × 32의 계산을 머리셈으로 해결하는 방법을 연구해 봅시다.

▶▶ 125 × 8 = 1000 이므로 375를 125 × 3으로, 32를 8 × 4로 바꾼 다음 125와 8을 곱하고, 3과 4를 곱하여 머리셈으로 해결합니다.

- 375 × 32 = (125 × 3) × (8 × 4) = (125 × 8) × (3 × 4)
  = 1000 × 12 = 12000

아하! 그렇구나

'1천만 원을 100원짜리 동전(5.42g)으로 바꾸면 손으로 들 수 있을까요?
무게가 무려 542kg이기 때문에 들 수 없습니다.

(10000000 ÷ 100) × 5.42 = 542000g
542000g ÷ 1000 = 542kg

☞ 1kg = 1000g

3 또 다른 방법은 없을까

01 그림 ①의 바둑알의 개수를 다양한 방법으로 구해 봅시다.

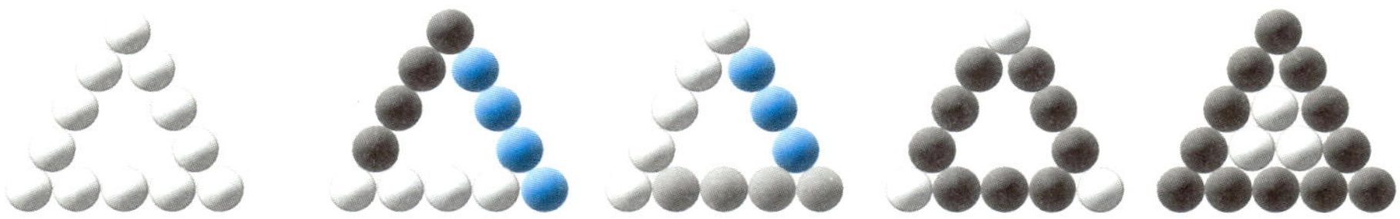

그림 ① 그림 ② 그림 ③ 그림 ④ 그림 ⑤

♣ 그림 ②를 참고하여 문제를 해결해봅시다.

▶▶ 그림 ②에서 색깔별로 알아보면 4개씩 3묶음이 있습니다. 따라서 한 변에 있는 5개의 바둑알에서 중복된 바둑알 1개를 뺀 후 3배하여 해결합니다.

- $(5-1)\times 3=4\times 3=12$

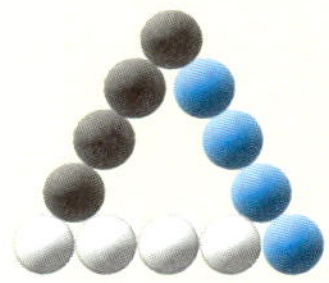

그림 ②

♣ 그림 ③을 참고하여 문제를 해결해봅시다.

▶▶ 그림 ③에서 첫 번째 변에는 5개, 두 번째 변에는 4개, 세 번째 변에는 3개가 있으므로 각각을 더하여 해결합니다.

- $5+(5-1)+(5-2)=5+4+3$
  $=(4+1)+4+3$
  $=4+4+(1+3)$
  $=4+4+4$
  $=4\times 3=12$

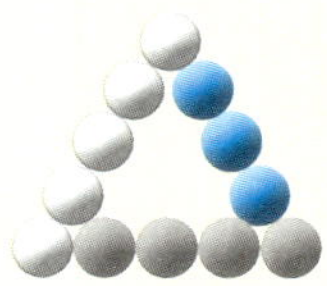

그림 ③

♣ 그림 ④를 참고하여 문제를 해결해봅시다.

▶▶ 그림 ④에서 각각의 모서리에 있는 3개의 바둑알을 빼면 각 변에는 3개씩 있습니다. 따라서 각 변에 있는 5개의 바둑알에서 2개를 뺀 후 3을 곱한 수에 모서리에 있는 3개의 바둑알을 더하여 해결합니다.

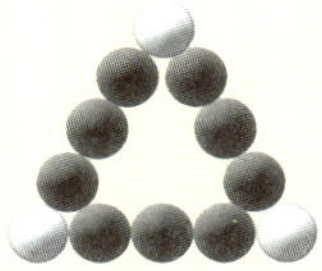
그림 ④

- $(5-2) \times 3 + 3 = 3 \times 3 + 3 = 9 + 3 = 12$

♣ 그림 ⑤을 참고하여 문제를 해결해봅시다.

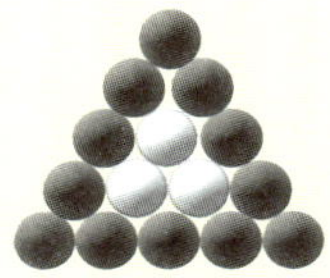
그림 ⑤

▶▶ 그림 ⑤에서 살펴보면 삼각형 안에 꽉 차게 바둑알을 채워넣고 채워넣은 바둑알을 빼어 해결합니다.

- $(1+2+3+4+5) - (1+2) = 5 \times 3 - 3 = 15 - 3 = 12$

위에서 살펴본 바와 같이 어떤 방법으로 해결하더라도 계산 결과는 같습니다. 이와 같이 다양한 방법으로 문제를 해결하는 것이 수학적 사고력 향상에 도움이 됩니다.

02 그림 ⑥, ⑦의 바둑알의 개수 구하는 방법을 연구해 봅시다.

그림 ⑥

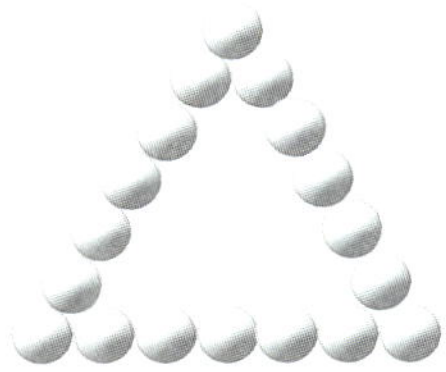
그림 ⑦

♣ 그림 ⑥은 그림 ⑧을 참고하여, 그림 ⑦은 그림 ⑨를 참고하여 문제를 해결해 봅시다.

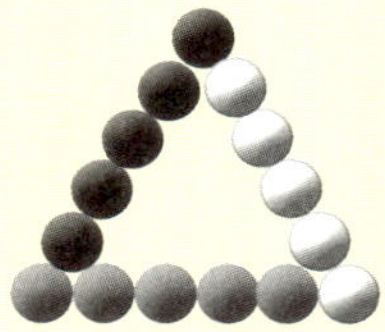

그림 ⑧

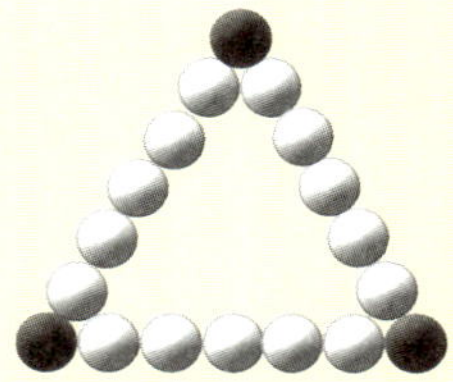

그림 ⑨

▶▶ 그림 ⑧에서 삼각형의 한 변에 있는 바둑알의 개수가 6개이므로 모서리에서 중복된 바둑알 한 개를 뺀 후 3배하여 해결합니다.

- $(6-1) \times 3 = 5 \times 3 = 15$

▶▶ 그림 ⑨에서 각각의 모서리에 있는 세 개의 바둑알을 빼면 각 변에는 5개씩 있습니다. 따라서 각 변에 있는 바둑알의 개수에서 2를 뺀 후 3을 곱한 수에 모서리에 있는 3개의 바둑알을 더하여 해결합니다.

- $(7-2) \times 3 + 3 = 5 \times 3 + 3 = 15 + 3 = 18$

03 열 번째 그림의 바둑알의 개수를 구하는 방법을 연구해 봅시다.

첫 번째

두 번째

세 번째

네 번째

▶▶ 열 번째 그림의 한 변에는 바둑알이 12개가 있습니다. 따라서 12개에서 중복된 바둑알 1개를 뺀 후 3배하여 해결합니다.

- $(12-1) \times 3 = 11 \times 3 = 33$

04 아래의 문제를 다양한 방법으로 해결해봅시다.

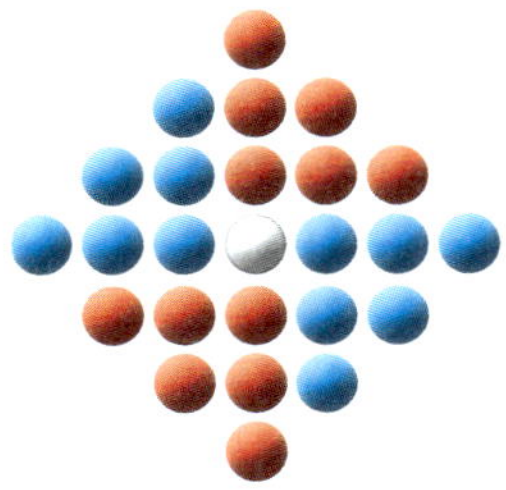

그림 ①

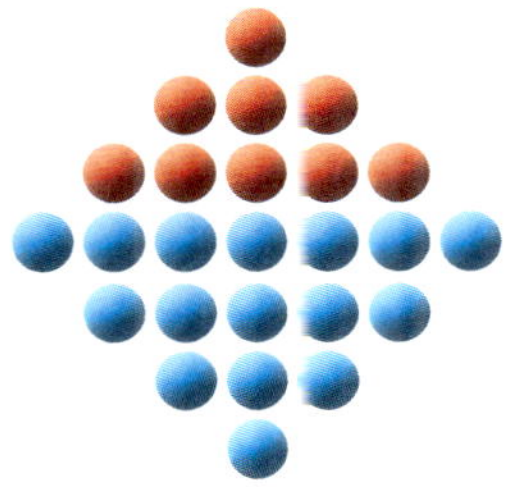

그림 ②

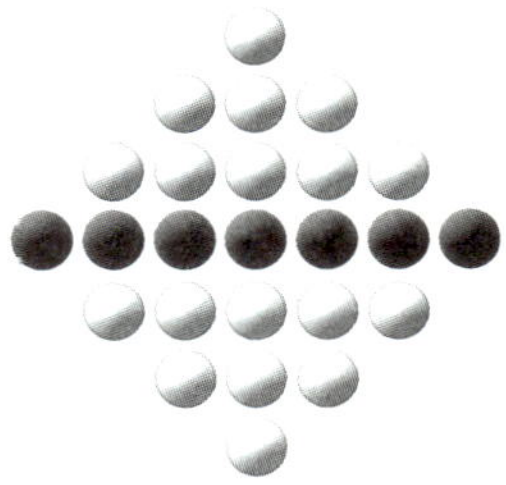

그림 ③

▶▶ 그림 ①에서 가운데의 흰 바둑알 한 개를 제외한 네 부분의 바둑알의 개수가 같습니다. 따라서 한 부분의 개수 $(1 + 2 + 3)$를 구하여 4배한 후 1을 더하면 25개입니다.

- $(1 + 2 + 3) \times 4 + 1 = 25$

▶▶ 그림 ②에서 두 부분으로 나누면 윗부븐에서 9개, 아랫부분에서 16개가 있으므로 25개입니다.

- $(1 + 3 + 5) + (1 + 3 + 5 + 7) = (3 \times 3) + (4 \times 4) = 25$

▶▶ 그림 ③에서 두 부분으로 나누어 문제를 해결하면 흰 부분이 18개, 검은 부분이 7개이므로 합하면 25개입니다.

- $(1 + 3 + 5) \times 2 + 7 = (3 \times 3) \times 2 + 7 = 25$

아하! 그렇구나

뺄셈 기호 '－'는 '모자란다, 부족하다'는 의미를 갖고 있는데 라틴어의 'minus'의 'm'을 빨리 쓰면서 '－' 모양으로 바뀌었다고 합니다.

4 신비한 숫자의 세계를 찾아서

안내된 학습

※ 등식의 좌변과 우변에 사용한 숫자가 똑같은 특수한 곱셈식이 있습니다.

① $51 \times 3 = 153$ ② $86 \times 8 = 688$

③ $9 \times 351 = 3159$ ④ $8 \times 473 = 3784$

①에서 등식의 좌변과 우변에 사용한 숫자는 5, 1, 3으로 똑같습니다.
②에서 등식의 좌변과 우변에 사용한 숫자는 8, 6, 8로 똑같습니다.
③에서 등식의 좌변과 우변에 사용한 숫자는 9, 3, 5, 1로 똑같습니다.
④에서 등식의 좌변과 우변에 사용한 숫자는 8, 4, 7, 3으로 똑같습니다.

01 숫자 1, 2, 6을 두 수의 곱으로 나타내어 계산 결과가 126인 수를 만들려고 합니다. A~C에 알맞은 수를 구해 봅시다.

$$\begin{array}{rrr} & \boxed{A} & \boxed{B} \\ \times & & \boxed{C} \\ \hline 1 & 2 & 6 \end{array}$$

▶ A와 C의 곱이 120이 되려면 A, C는 2 또는 6입니다. 그리고 B와 C의 곱이 6이 되려면 B, C는 1 또는 6입니다.
여기에서 두 가지 조건에 맞으려면 C가 6인 경우입니다. 따라서 A는 2이고 B는 1입니다.

● A = 2, B = 1, C = 6

02 숫자 1, 4, 3, 5를 두 수의 곱으로 나타내어 계산 결과가 1435인 수를 만들려고 합니다. A~D에 알맞은 수를 구해 봅시다.

$$\begin{array}{cccc} & & \boxed{A} & \boxed{C} \\ & \times & \boxed{B} & \boxed{D} \\ \hline 1 & 4 & 3 & 5 \end{array}$$

▶▶ 계산결과가 1400 이상의 수이므로 A, B는 3 또는 4이고 두 수의 곱은 1200입니다.

▶▶ A, B가 3 또는 4이므로 C, D는 1 또는 5이고 두 수의 곱은 5입니다.

▶▶ (A × B) + (C × D)를 계산하면 1205이고, 1435보다 230이 모자랍니다. 이와 같이 230이 모자라는 것은 십의 자리의 수와 일의 자리의 수의 곱을 더하지 않았기 때문입니다.

☞ 여기에서 A, B가 3 또는 4이고, C, D가 1 또는 5이므로 두 가지 방법이 있습니다.

▶▶ A가 4이면 B는 3이 됩니다. 그리고 십의 자리의 수와 일의 자리의 수의 곱이 230이 되게 하려면 C가 1이고, D가 5이어야 합니다.

- A = 4, B = 3, C = 1, D = 5

▶▶ A가 3이면 B는 4가 됩니다. 그리고 십의 자리의 수와 일의 자리의 수의 곱이 230이 되게 하려면 C가 5이고, D가 1이어야 합니다.

- A = 3, B = 4, C = 5, D = 1

03 숫자 1, 8, 2, 7을 두 수의 곱으로 나타내어 계산 결과가 1827인 수를 만들려고 합니다. A~D에 알맞은 수를 구해 봅시다.

		A	C
	×	B	D
1	8	2	7

▶▶ 계산결과가 1800이상의 수이므로 A, B는 2 또는 8이고, 두 수의 곱은 1600입니다.

▶▶ A, B가 2 또는 8이므로 C, D는 1 또는 7이고 두 수의 곱은 7입니다.

▶▶ (A × B) + (C × D)를 계산하면 1607이므로 1827보다 220이 모자랍니다. 이와 같은 차이는 십의 자리의 수와 일의 자리의 수의 곱을 더하지 않았기 때문입니다.

☞ 여기에서 A, B가 2 또는 8이고, C, D가 1 또는 7이므로 두 가지 방법이 있습니다.

▶▶ A가 8이면 B는 2가 됩니다. 그리고 십의 자리의 수와 일의 자리의 수의 곱이 220이 되게 하려면 C가 7이고, D가 1이어야 합니다.

- A = 8, B = 2, C = 7, D = 1

▶▶ A가 2이면 B는 8이 됩니다. 그리고 십의 자리의 수와 일의 자리의 수의 곱이 220이 되게 하려면 C가 1이고, D가 7이어야 합니다.

- A = 2, B = 8, C = 1, D = 7

04 숫자 1, 0, 2, 5, 5를 두 수의 곱으로 나타나어 계산 결과가 10255인 수를 만들려고 합니다. A~E에 알맞은 수를 구해 봅시다.

	A	B	C	D
	×			E
1	0	2	5	5

▶▶ D와 E의 곱이 5이고, A와 E의 곱이 10000인 수입니다.
따라서 조건에 맞는 수는 A, E가 2 또는 5인 경우입니다. 그런데 D와 E의 곱이 5이므로 E는 5여야 합니다. 그러므로 E는 5, A는 2입니다.

▶▶ A와 E의 곱이 10이므로 받아올림이 없음을 알 수 있습니다. 따라서 B에 알맞은 수는 0입니다.

▶▶ C와 E의 곱이 25이고 E가 5이므로 C에 알맞은 수는 5입니다.

▶▶ D와 E의 곱이 5이므로 D에 알맞은 수는 1입니다.

아하! 그렇구나

백분율을 읽을 때 교과서에서는 '퍼센트'만 사용하고 있는데 생활에서는 '프로'라는 말을 사용하는 경우가 있습니다. 여기에서 퍼센트는 영어인 percent를 그대로 읽은 것이고, 프로는 네덜란드어인 procent의 앞부분인 프로(pro)를 사용한 것에서 유래했다고 합니다.

퍼센트 기호의 변천과정 : PC° → p → $\frac{0}{0}$ → %

5 쉽게 해결할 수 있는 방법은

※ 3층, 5층, 7층과 같이 홀수로 된 계단에 1~3, 1~5, 1~7, ……의 숫자를 써넣었습니다. 숫자의 합을 구하는 방법을 연구해 봅시다.

01 1 + 2 + 3 + 4 + 5 = 15임을 이용하여 그림 ①의 숫자의 합을 쉽게 구하는 방법을 연구해 봅시다.

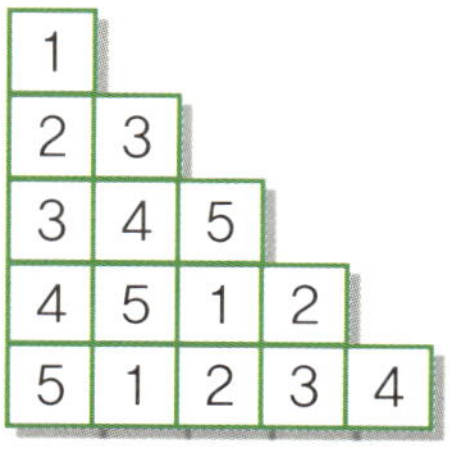

그림 ①

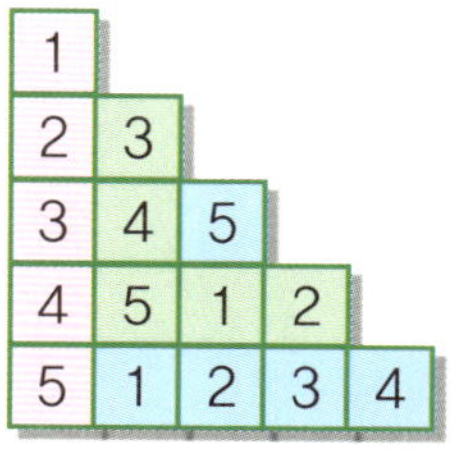

그림 ②

위에서부터 아래로 차례로 하나씩 더하는 것은 매우 귀찮은 일입니다.

예를 들어 1 + 2 + 3 + 3 + 4 + 5 + …… + 4 = 45로 계산하는 방법은 시간이 많이 걸리고 귀찮습니다.

또, 각각의 숫자가 몇 개씩 있는지 세어 1이 3개, 2가 3개, 3이 3개, 4가 3개, 5가 3개 있으므로 (1 + 2 + 3 + 4 + 5)에 3을 곱하여 해결하는 방법은 각각 몇 쌍이 있는지 세어야 하는 단점이 있습니다.

그럼 좀 더 쉽게 해결할 수 있는 방법은 없을까요?

▶▶ 그림 ②와 같이 생각하면 1~5의 숫자가 3묶음 있으므로 45임을 쉽게 알 수 있습니다.

- (1 + 2 + 3 + 4 + 5) × 3 = 15 × 3 = 45

02 1 + 2 + 3 + 4 + 5 + 6 + 7 = 28임을 0 용하여 그림 ①의 숫자의 합을 쉽게 구하는 방법을 연구해 봅시다.

1						
2	3					
3	4	5				
4	5	6	7			
5	6	7	1	2		
6	7	1	2	3	4	
7	1	2	3	4	5	6

그림 ①

1						
2	3					
3	4	5				
4	5	6	7			
5	6	7	1	2		
6	7	1	2	3	4	
7	1	2	3	4	5	6

그림 ②

▶▶ 그림 ②에서 살펴보면 1~7의 숫자가 네 묶음 있으므로 112임을 쉽게 알 수 있습니다.

- $(1 + 2 + 3 + 4 + 5 + 6 + 7) \times 4 = 28 \times 4 = 112$

03 1 + 2 + 3 + 4 + 5 + 6 + 7 + 8 + 9 = 45임을 이용하여 그림 ①의 숫자의 합을 쉽게 구하는 방법을 연구해 봅시다.

1								
2	3							
3	4	5						
4	5	6	7					
5	6	7	8	9				
6	7	8	9	1	2			
7	8	9	1	2	3	4		
8	9	1	2	3	4	5	6	
9	1	2	3	4	5	6	7	8

그림 ①

1								
2	3							
3	4	5						
4	5	6	7					
5	6	7	8	9				
6	7	8	9	1	2			
7	8	9	1	2	3	4		
8	9	1	2	3	4	5	6	
9	1	2	3	4	5	6	7	8

그림 ②

▶▶ 그림 ②에서 살펴보면 1~9의 숫자가 다섯 묶음 있으므로 225임을 쉽게 알 수 있습니다.

- $(1 + 2 + 3 + 4 + 5 + 6 + 7 + 8 + 9) \times 5 = 45 \times 5 = 225$

※ 4층, 6층, 8층과 같이 짝수로 된 계단에 1~4, 1~6, 1~8, ……의 숫자를 써넣었습니다. 숫자의 합을 구하는 방법을 연구해 봅시다.

04 그림 ①의 숫자의 합을 쉽게 구하는 방법을 연구해 봅시다.

1			
2	3		
3	4	1	
4	1	2	3

그림 ①

1			
2	3		
3	4	1	
4	1	2	3

그림 ②

그림 ①에서 $1 + (2 + 3) + (3 + 4 + 1) + (4 + 1 + 2 + 3) = 24$와 같은 방법으로 해결했나요?

아니면 1이 3개, 2가 2개, 3이 3개, 4가 2개 있으므로 $(1 \times 3) + (2 \times 2) + (3 \times 3) + (4 \times 2) = 24$와 같은 방법으로 계산했나요?

더 쉬운 방법은 없을까요?

▶▶ 그림 ②를 참고하여 각각의 숫자가 몇 개씩 있는지 묶어서 계산을 하면 1~4의 숫자가 각각 두 묶음이 있고 1, 3이 남았으므로 아래와 같은 방법으로 구할 수 있습니다.

- $(1 + 2 + 3 + 4) \times 2 + (1 + 3) = (10 \times 2) + (2 \times 2) = 20 + 4 = 24$

안내된 학습

- $1 + 3 = 4 = 2 \times 2$
- $1 + 3 + 5 = 9 = 3 \times 3$
- $1 + 3 + 5 + 7 = 16 = 4 \times 4$
- $1 + 3 + 5 + 7 + 9 = 25 = 5 \times 5$
- $1 + 3 + 5 + 7 + 9 + 11 = 36 = 6 \times 6$
- $1 + 3 + 5 + 7 + 9 + 11 + 13 = 49 = 7 \times 7$
- $1 + 3 + 5 = \{(1 + 5) \div 2\} \times \{(1 + 5) \div 2\} = 3 \times 3$
- $1 + 3 + 5 + 7 = \{(1 + 7) \div 2\} \times \{(1 + 7) \div 2\} = 4 \times 4$
- $1 + 3 + 5 + 7 + 9 = \{(1 + 9) \div 2\} \times \{(1 + 9) \div 2\} = 5 \times 5$

05 그림 ①의 숫자의 합을 구하는 방법을 연구해 봅시다.

1					
2	3				
3	4	5			
4	5	6	1		
5	6	1	2	3	
6	1	2	3	4	5

그림 ①

1					
2	3				
3	4	5			
4	5	6	1		
5	6	1	2	3	
6	1	2	3	4	5

그림 ②

▶▶ 그림 ②를 참고하여 각각의 숫자가 몇 개씩 있는지 묶어서 계산을 하면 1~6이 각각 3 묶음이 있고 1, 3, 5가 남았으므로 아래와 같은 방법으로 구할 수 있습니다.

- $(1+2+3+4+5+6) \times 3 + (1+3+5) = (21 \times 3) + (3 \times 3) = 63 + 9 = 72$

06 1+2+3+4+5+6+7+8=36임을 이용하여 그림 ①의 숫자의 합을 쉽게 구하는 방법을 연구해 봅시다.

1							
2	3						
3	4	5					
4	5	6	7				
5	6	7	8	1			
6	7	8	1	2	3		
7	8	1	2	3	4	5	
8	1	2	3	4	5	6	7

그림 ①

1							
2	3						
3	4	5					
4	5	6	7				
5	6	7	8	1			
6	7	8	1	2	3		
7	8	1	2	3	4	5	
8	1	2	3	4	5	6	7

그림 ②

▶▶ 그림 ②에서 각각의 숫자가 몇 개씩 있는지 묶어서 계산하면 1~8의 숫자가 각각 네 묶음이고 1, 3, 5, 7이 남았으므로 아래와 같이 구할 수 있습니다.

- $(1+2+3+4+5+6+7+8) \times 4 + (1+3+5+7) = (36 \times 4) + (4 \times 4)$
  $= 144 + 16 = 160$

아하! 그렇구나

독일, 이탈리아, 프랑스에서는 소수를 9,87과 같이 콤마로 나타냅니다.

6 어디서부터 시작해야 하지

01 가로의 길이가 24cm인 직사각형을 4종류의 정사각형으로 나누었습니다. 각각의 정사각형의 한 변의 길이 구하는 방법을 연구해 봅시다.

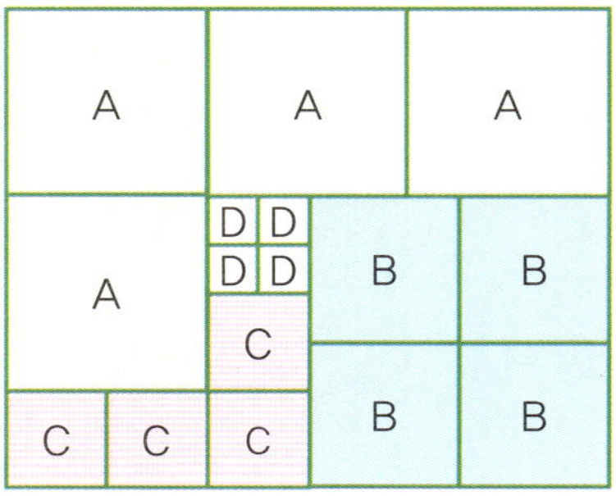

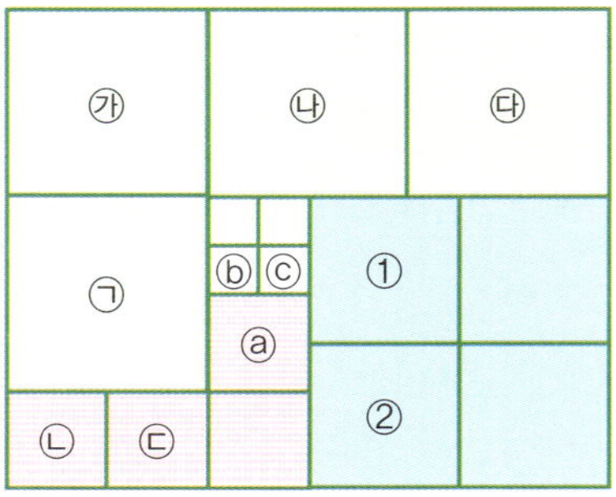

☞ 위에서 A의 길이는 쉽게 구할 수 있습니다. 그리고 A의 길이를 알면 C의 길이를 쉽게 알 수 있고, C의 길이를 알면 D와 B의 길이를 알 수 있습니다.

♣ ㉮ + ㉯ + ㉰에서 정사각형 A의 한 변의 길이를 구해 봅시다.

▶▶ 가로의 길이가 24cm이므로 $A + A + A = 24$, $3 \times A = 24$, $A = 8$cm

♣ $A = 8$입니다. ㉡ + ㉢ = ㉠에서 정사각형 C의 한 변의 길이를 구해 봅시다.

▶▶ $2 \times C = A$에서 $A = 8$이므로 $2 \times C = 8$, $C = 4$cm

♣ $C = 4$입니다. ⓑ + ⓒ = ⓐ에서 정사각형 D의 한 변의 길이를 구해 봅시다.

▶▶ $2 \times D = C$에서 $C = 4$이므로 $2 \times D = 4$, $D = 2$cm

♣ $A = 8$, $C = 4$입니다. ㉠ + ㉡ = ① + ②에서 정사각형 B의 한 변의 길이를 구해 봅시다.

▶▶ $2 \times B = A + C$에서 $A = 8$, $C = 4$이므로 $2 \times B = 8 + 4$, $B = 6$cm

02 아래의 큰 정사각형은 여섯 종류의 정사각형으로 이루어졌습니다. 큰 정사각형의 한 변의 길이가 16cm라면 각각의 정사각형의 한 변의 길이는 몇 cm인지 알아 봅시다.

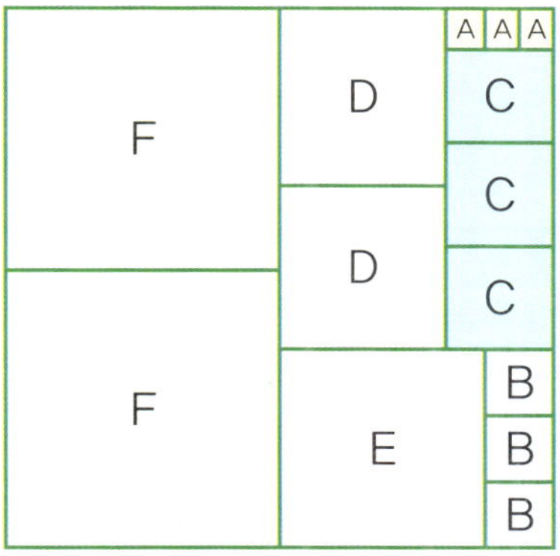

♣ F + F에서 F의 한 변의 길이를 구해 봅시다.

▶▶ F + F = 16, 2 × F = 16에서 F = 8cm

♣ E + B에서 B와 E의 정사각형의 한 변의 길이를 구해 봅시다.

▶▶ E + B = 8과 E = 3 × B에서 문제해결 방법을 찾아보면
E + B = 8, 3 × B + B = 8, 4 × B = 8, B = 2cm

▶▶ E + B = 8, E + 2 = 8, E = 6cm

♣ E = 6입니다. 2 × D + E에서 D의 정사각형의 한 변의 길이를 구해 봅시다.

▶▶ 2 × D + E = 16에서 E = 6이므로 2 × D + 6 = 16, D = 5cm

♣ D = 5입니다. C + D에서 C의 정사각형의 한 변의 길이를 구해 봅시다.

▶▶ C + D = 8에서 D = 5이므로 C + 5 = 8, C = 3cm

♣ C = 3입니다. C = 3 × A에서 A의 한 변의 길이를 구해 봅시다.

▶▶ C = 3 × A에서 C = 3이므로 A = 1cm

03 한 변의 길이가 45cm인 정사각형을 9종류의 정사각형으로 나누었습니다. 각각의 정사각형의 한 변의 길이를 구해 봅시다.

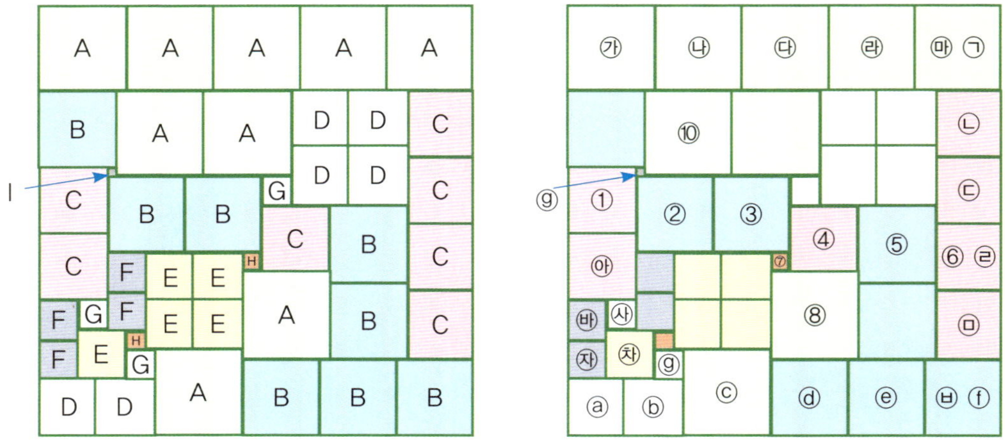

☞ 가장 쉽게 해결할 수 있는 것부터 찾아 해결하고 해결한 자료를 다른 곳에 적용해봅니다.

♣ ㉮ + ㉯ + ㉰ + ㉱ + ㉲에서 정사각형 A의 한 변의 길이를 구해 봅시다.

▶▶ $5 \times A = 45$, $A = 9cm$

♣ 더 이상 문제해결의 실마리를 찾기 어렵지만 B와 C의 합은 구할 수 있습니다.
① + ② + ③ + ④ + ⑤ + ⑥에서 B + C를 구해 봅시다.

▶▶ B와 C가 각각 3개씩 있으므로
$3 \times B + 3 \times C = 45$, $3 \times (B + C) = 45$, $B + C = 15cm$

♣ B + C = 15를 활용하여 문제를 해결할 수 있는 것은 무엇입니까?
㉠ + ㉡ + ㉢ + ㉣ + ㉤ + ㉥에서 C의 길이를 구해 봅시다.

▶▶ A = 9, B + C = 15이므로 $A + C + C + C + (C + B) = 45$에서
$9 + 3 \times C + 15 = 45$, $C = 7cm$

♣ C = 7입니다. B + C = 15에서 정사각형 B의 한 변의 길이를 구해 봅시다.

▶▶ B + C = 15에서 B + 7 = 15, B = 8cm

♣ A = 9, B = 8입니다. ⓐ + ⓑ + ⓒ + ⓓ + ⓔ + ⓕ에서 정사각형 D의 한 변의 길이를 구해 봅시다.

▶▶ A + 3 × B + 2 × D = 45에서 9 + 3 × 8 + 2 × D = 45, D = 6cm

♣ D = 6, A = 9입니다. ⓑ + ⓖ = ⓒ에서 정사각형 G의 한 변의 길이를 구해 봅시다.

▶▶ D + G = A에서 6 + G = 9, G = 3cm

♣ C = 7, A = 9입니다. ④ + ⑦ = ⑧에서 정사각형 H의 한 변의 길이를 구해 봅시다.

▶▶ C + H = A에서 7 + H = 9, H = 2cm

♣ B = 8, A = 9입니다. ① + ⑨ = ⑩에서 정사각형 I의 한 변의 길이를 구해 봅시다.

▶▶ B + I = A에서 8 + I = 9, I = 1cm

♣ G = 3, C = 7입니다. ㉳ + ㉴ = ㉵에서 정사각형 F의 한 변의 길이를 구해 봅시다.

▶▶ F + G = C에서 F + 3 = 7, F = 4cm

♣ F = 4, G = 3입니다. ㉳ + ㉶ = ㉴ + ㉷에서 정사각형 E의 한 변의 길이를 구해 봅시다.

▶▶ 2 × F = G + E에서 2 × 4 = 3 + E, E = 5cm

아하! 그렇구나

암산왕 콜번은 8살 때에 8을 16번 곱한 계산을 암산으로 했다고 합니다.

8 × 8 × 8 × 8 × 8 × 8 × 8 × 8 × 8 × 8 × 8 × 8 × 8 × 8 × 8 × 8
= 281474976710656

7 모빌이 수평이 되게 하려면

모빌에 물체를 매달아 평형이 되게 하는 방법을 연구해 봅시다.

물체를 매달아 평형이 되게 하려면 중심에서 좌, 우의 막대기의 길이와 물체의 무게를 곱한 결과가 서로 같아야 합니다.

안내된 학습

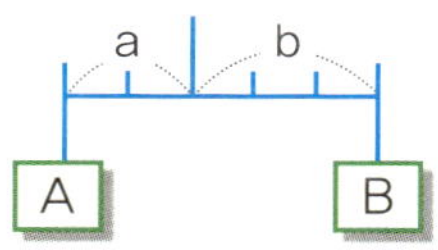

- $A \times a = B \times b$에서 A는 중심에서 2만큼, B는 3만큼 떨어져 있으므로
  $A \times 2 = B \times 3$

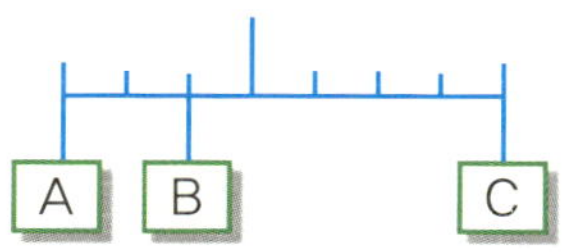

- A는 중심에서 3만큼, B는 1만큼, C는 4만큼 떨어져 있으므로
  $A \times 3 + B \times 1 = C \times 4$

01 모빌의 왼쪽에 6g의 물체를 매달았습니다. A에 몇 g의 물체를 매달면 평형이 되는지 연구해 봅시다. 단, 막대기와 실의 무게는 고려하지 않습니다.

▶▶ 왼쪽 물체의 무게가 6g이고 좌, 우 막대기의 길이가 각각 2와 4이므로 물체 A의 무게는 3g입니다.

- $6 \times 2 = A \times 4$, $A = 3$

02 모빌에 물체를 매달았습니다. B, C에 각각 몇 g의 물체를 매달면 평형이 되는지 연구해 봅시다. 단, 막대기와 실의 무게는 고려하지 않습니다.

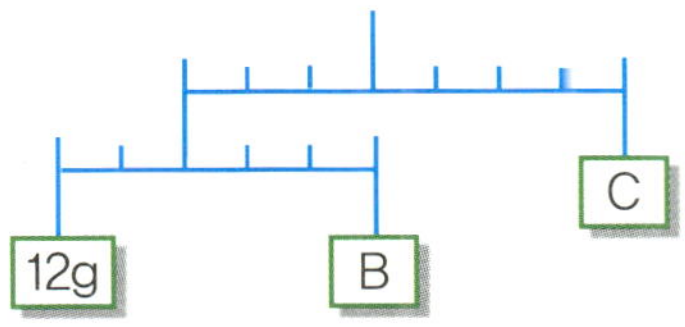

♣ 물체 B에 알맞은 무게를 구해 봅시다.

▶▶ 왼쪽 물체의 무게가 12g이고 좌, 우 각대기의 길이가 각각 2와 3이므로 물체 B의 무게는 8g입니다.

- $12 \times 2 = B \times 3$, $B = 8$

♣ 물체 C에 알맞은 무게를 구해 봅시다.

▶▶ 왼쪽 물체의 무게가 20g(12 + 8)이고 좌, 우 막대기의 길이가 각각 3과 4이므로 물체 C의 무게는 15g입니다.

- $(12 + 8) \times 3 = 4 \times C$, $C = 15$

03 모빌에 물체를 매달았습니다. D에 몇 g의 물체를 매달면 평형이 되는지 연구해 봅시다. 단, 막대기와 실의 무게는 고려하지 않습니다.

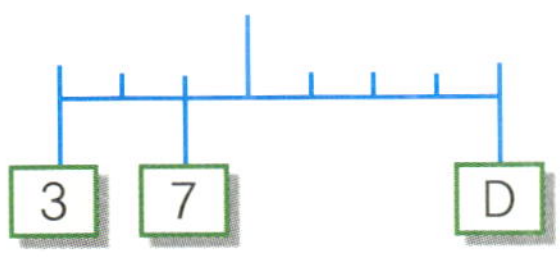

▶▶ 왼쪽의 물체의 무게가 3g, 7g이고 막대기의 길이가 각각 3과 1이며 오른쪽의 막대기의 길이는 4이므로 물체 D의 무게는 4g입니다.

- $(3 \times 3) + (7 \times 1) = D \times 4$, $16 = D \times 4$, $D = 4$

04 모빌에 무게가 각각 1g, 2g, 3g, 4g, 5g, 6g인 추를 매달아 평형이 되게 하려고 합니다. 각각의 추에 알맞은 물체의 무게를 구하는 방법을 연구해 봅시다. 단, 막대기와 실의 무게는 고려하지 않습니다.

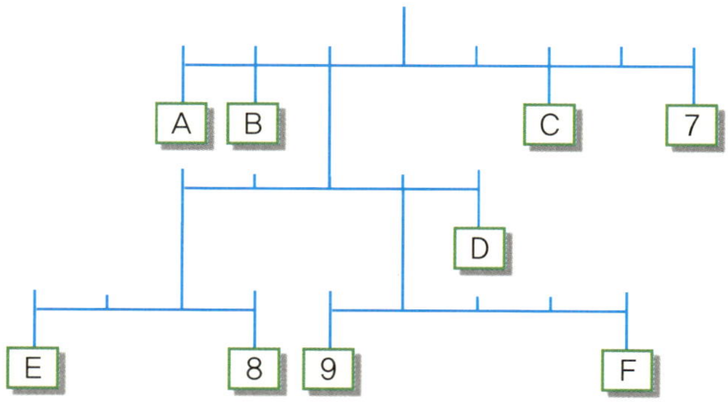

☞ 맨 아래에 있는 물체의 무게를 구한 후 차례로 위로 올라가며 해결하며 한쪽의 물체의 무게가 주어진 모빌에서 해결 방법을 찾습니다.

♣ 물체 E에 알맞은 무게를 구해 봅시다.

▶▶ 좌우의 막대기의 길이가 각각 2와 1이고, 오른쪽의 물체의 무게가 8g이므로 물체 E는 4g입니다.

- $E \times 2 = 8 \times 1$, $E = 4$

♣ 물체 F에 알맞은 무게를 구해 봅시다.

▶▶ 좌우의 막대기의 길이가 각각 1과 3이고 왼쪽의 무게가 9g이므로 물체 F는 3g입니다.

- $1 \times 9 = F \times 3$, $F = 3$

♣ 물체 D에 알맞은 무게를 구해 봅시다.

▶▶ 물체 D가 매달려 있는 모빌의 왼쪽의 무게는 12g입니다. 그리고 오른쪽에도 12g의 물체가 매달려 있으므로 물체 D의 무게는 6g입니다.

- $(4 + 8) \times 2 = (9 + 3) \times 1 + (2 \times D)$, $24 = 12 + (2 \times D)$, $D = 6$

♣ 물체 A, B, C에 알맞은 무게를 구해 봅시다.

▶▶ 왼쪽의 물체에서 알 수 있는 무게의 합이 30g($4+8+9+3+6=30$)이므로 이를 등식의 성질을 이용하여 해결합니다.

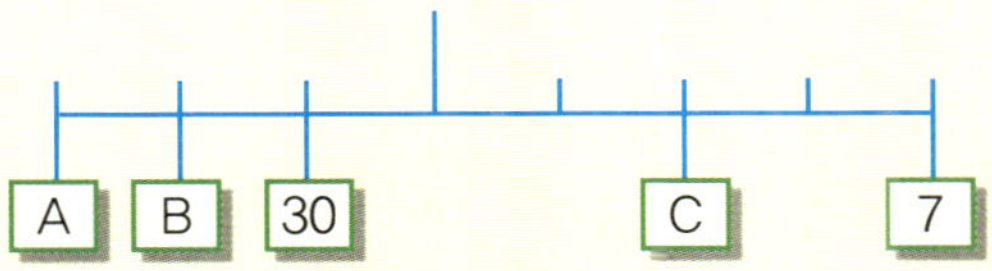

사용하고 남은 물체의 무게는 1g, 2g, 5g이고 등식으로 나타내면 아래와 같습니다.

$(A \times 3) + (B \times 2) + 30 \times 1 = (C \times 2) + (7 \times 4)$

$\Rightarrow (A \times 3) + (B \times 2) + 2 = C \times 2$

- $(A \times 3) + (B \times 2) + 2 = C \times 2$에서 C가 가장 커야 하므로 $C = 5g$
- C가 5이므로 $(A \times 3) + (B \times 2) + 2 = 5 \times 2$
  $\Rightarrow (A \times 3) + (B \times 2) = 8$에서 사용하고 남은 물체 1g, 2g을 매달아 평형이 되게 하려면 $A = 2g$, $B = 1g$

아하! 그렇구나

건망증인지 연구에 몰두한 것인지 모르는 학자들의 이야기가 있습니다.

- 물리학자이자 수학자인 앙페르는 강의에 열중하면 손수건을 칠판닦이로 착각하거나 걸레를 수건으로 착각하여 자신의 얼굴을 닦기도 했답니다.
- 물리학자인 뉴튼은 실험실에서 달걀을 삶는다고 시계를 삶은 적이 있다고 하며, 수학자인 힐버트는 넥타이를 맬 생각으로 방으로 갔는데 점심 시간으로 착각하여 잠이 들었다고 합니다.

8 복잡한 문제의 해결 전략은

01 아래와 같은 계산문제를 하나씩 더하는 것은 복잡하고 귀찮은 일입니다. 따라서 규칙을 발견하여 해결하는 것이 좋습니다. 다음 문제의 해결 방법을 연구해 봅시다.

$$1+2+3+\cdots\cdots+98+99+100+99+98+\cdots\cdots+3+2+1$$

안내된 학습

① $1+2+1=4$

② $1+2+3+2+1=9$

③ $1+2+3+4+3+2+1=16$

④ $1+2+3+4+5+4+3+2+1=25$

⑤ $1+2+3+4+5+6+5+4+3+2+1=36$

▶▶ 먼저 안내된 학습과 같은 방법으로 간단한 문제에서 좀 더 복잡한 문제로 전개하며 규칙을 발견합니다.

▶▶ 규칙을 발견하지 못했다면 오른쪽의 안내된 학습에서 문제해결 방법을 찾아봅시다. 안내된 학습과 같이 문제의 가운데 숫자를 거듭 곱한 결과와 같습니다.

안내된 학습

① $1+2+1=4=2\times 2$

② $1+2+3+2+1=9=3\times 3$

③ $1+2+3+4+3+2+1=16=4\times 4$

④ $1+2+3+4+5+4+3+2+1=25=5\times 5$

⑤ $1+2+3+4+5+6+5+4+3+2+1$
$=36=6\times 6$

- $1+2+3+\cdots\cdots+98+99+100+99+98+\cdots\cdots+3+2+1$
$=100\times 100=10000$

02 $1+2+3+\cdots\cdots+98+99+100+100+99+98+\cdots\cdots+3+2+1$의 해결방법을 연구해 봅시다.

안내된 학습

① $1+2+2+1=6$

② $1+2+3+3+2+1=12$

③ $1+2+2+1=6=2\times3$

④ $1+2+3+3+2+1=12=3\times4$

⑤ $1+2+3+4+4+3+2+1=20=4\times5$

⑥ $1+2+3+4+5+5+4+3+2+1=30=5\times6$

▶▶ 위의 안내된 학습을 연구하면 가장 큰 수와 그 수보다 1 더 큰 수의 곱임을 알 수 있습니다.
따라서 $1+2+3+\cdots\cdots+98+99+100+100+99+98+\cdots\cdots+3+2+1$을 계산하면 10100입니다.

- $1+2+3+\cdots\cdots+98+99+100+100+99+98+\cdots\cdots+3+2+1$
  $=100\times101=10100$

아하! 그렇구나

적혈구는 $1mm^3$의 부피에 약 500만 개가 들어있습니다. 혈액의 양은 사람의 몸무게의 약 $\frac{1}{14}$L정도가 되므로, 몸무게가 56kg인 사람의 몸 속에는 약 $\frac{1}{14}$L(400만mm^3)의 혈액이 들어 있습니다. 여기에서 적혈구의 수가 $1mm^3$에 약 500만 개가 들어 있으므로 몸두게가 56kg인 사람의 몸속에는 약 20조 개의 적혈구가 들어 있습니다. 또 적혈구 한 개의 지름의 길이가 0.007mm이므로 56kg인 사람의 적혈구를 한 줄로 늘어놓으면 약 140000km가 됩니다.

{(400만 × 500만) × 0.007} ÷ 1000000 = 140000

☞ $1L=1000cm^3$, $1cm^3=1000mm^3$ ⇒ $1L=1000000mm^3$

1km = 1000m, 1m = 100cm, 1cm = 10mm ⇒ 1km = 1000000mm

9 모양과 크기가 같게 나누는 방법은

01 왼쪽 그림은 그림 ①과 같이 모양과 크기가 같은 직사각형 3개를 붙여서 만든 도형입니다. 이 도형을 모양과 크기가 같은 4개의 도형으로 나누는 방법을 연구해 봅시다.

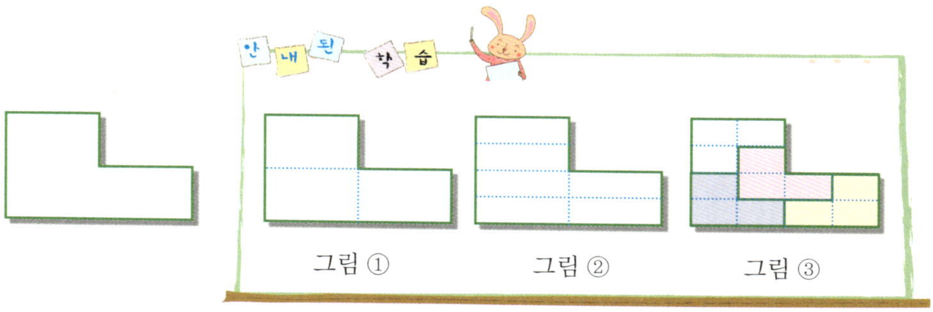

☞ 그림 ①과 같이 3개의 직사각형으로 나누어 보고 문제를 해결할 수 있는지 연구해봅니다. 만약 문제해결 방법이 불가능하면 그림 ②, 그림 ③과 같이 모양과 크기가 같게 6조각, 12조각으로 나누어 해결합니다.

▶▶ 그림 ①과 같이 3조각으로 나누고, 이를 다시 4조각으로 나눌 수 있는지 연구해보면 나눌 수 없습니다.

▶▶ 두 번째, 그림 ②와 같이 6조각으로 나누고, 이를 다시 4조각으로 나눌 수 있는지 연구해보면 나눌 수 없습니다.

▶▶ 세 번째, 그림 ③과 같이 12조각으로 나누고, 이를 다시 4조각으로 나눌 수 있는지 연구해보면 4조각으로 나눌 수 있습니다.

02 왼쪽 그림은 크기가 같은 정사각형 3개를 붙여서 만든 드형입니다. 모양과 크기가 같은 4개의 도형으로 나누는 방법을 연구해 봅시다.

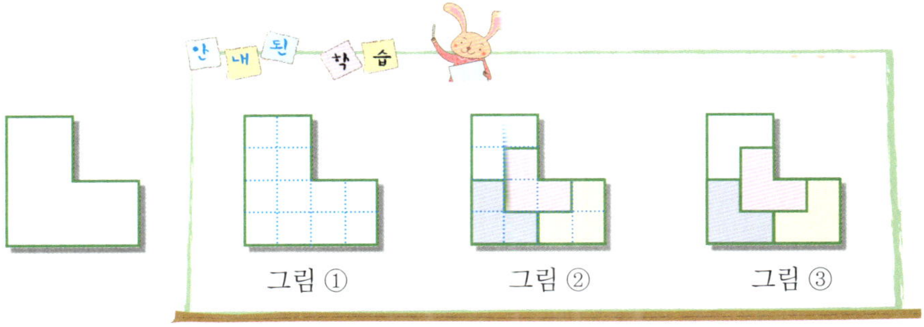

▶▶ 정사각형 3개를 4개로 나누는 방법이 없으므로 그림 ①과 같이 정사각형 3개를 4등분하여 12조각으로 나누고, 3개씩 묶어 4개로 나누면 그림 ③과 같이 모양과 크기가 같게 4조각으로 나눌 수 있습니다.

03 왼쪽의 그림은 크기가 같은 정사각형 5개를 붙여서 만든 도형입니다. 모양과 크기가 같은 4개의 도형으로 나누는 방법을 연구해 봅시다.

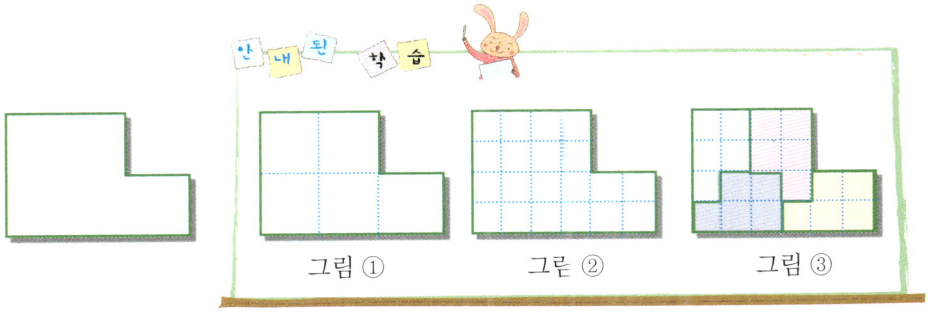

▶▶ 먼저 5조각으로 나누어보고 이를 다시 4조각으로 나눌 수 있는지 연구해보아야 합니다. 그림 ①에서 살펴보면 점선을 따라 모양과 크기가 같은 4개의 도형으로 나눌 수 없습니다.
따라서 그림 ②와 같이 20조각(4 × 5)으로 나누고 그림 ③과 같이 5개씩 묶어서 모양과 크기가 같게 4조각으로 나눕니다.

10 다양한 방법으로 나누는 방법은

평행사변형을 점선을 따라 모양과 크기가 같게 2조각으로 나누는 방법은 안내된 학습과 같이 4가지가 있습니다.

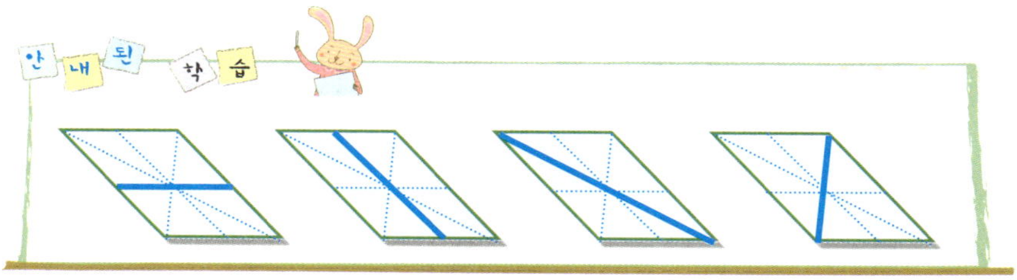

01 그림 ①과 같은 직사각형을 점선을 따라 모양과 크기가 같게 두 조각으로 나누는 방법은 세 가지가 있습니다. 점선을 따라 나누는 방법을 연구해 봅시다.

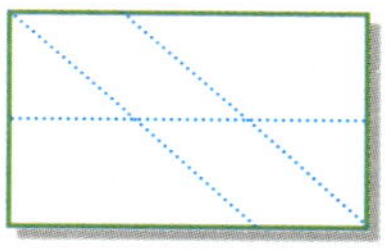
그림 ①

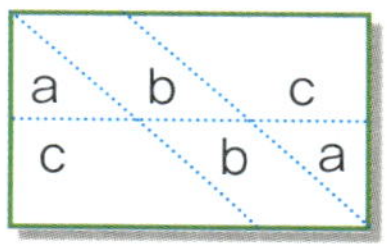

그림 ②

▶▶ 그림 ②에서 모양이 서로 다른 a, b, c 세 종류의 도형이 각각 2개씩 있으므로 2조각으로 나누려면 한 조각에 a, b, c가 각각 한 개씩 들어가야 합니다.
먼저 제일 쉬운 방법은 그림 ③과 같이 가로 방향으로 나누는 것입니다.
그리고 그림 ④, 그림 ⑤와 같이 a, b, c가 각각 한 개씩 들어가게 나누면 됩니다.

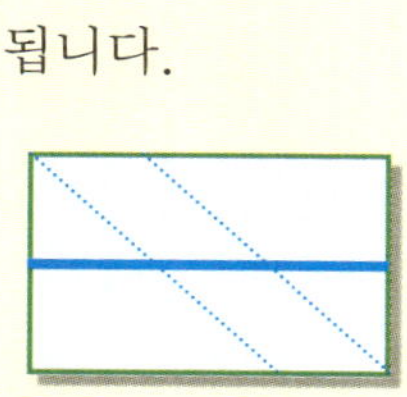
그림 ③

그림 ④

그림 ⑤

02 다음 평행사변형을 모양과 크기가 같게 4조각으로 나누는 방법을 연구해 봅시다. 단, 회전하여 크기와 모양이 같은 것은 한 가지로 하고 점선을 따라 나누지 않아도 됩니다.

♣ 그림 ①과 같이 가로 방향으로 두 조각으로 나누고 이를 기초로 하여 네 조각으로 나누는 방법을 연구해 봅시다.

▶▶ 가장 쉬운 방법은 그림 (1 – 1)과 같이 가로 방향으로 네 조각을 만드는 것이나 그림 (1 – 2)와 같이 나누는 것입니다.

▶▶ 그림 (1–2)를 변형하여 그림 (1–3)~그림 (1–6)과 같이 만듭니다.

▶▶ 그림 (1–6)을 변형하여 그림 (1–7)같이 대각선 방향으로 나누어 네 조각으로 만듭니다.

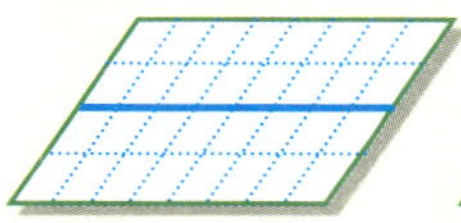
그림 ①

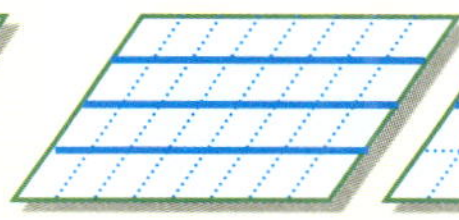
그림 (1 – 1)

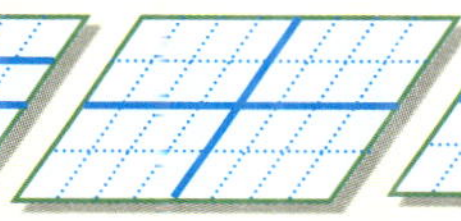
그림 (1 – 2)

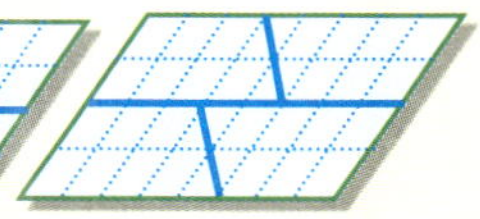
그림 (1 – 3)

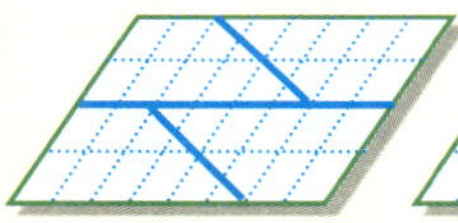
그림 (1 – 4)

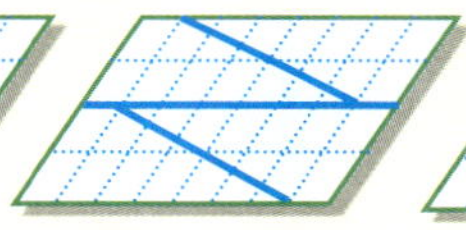
그림 (1 – 5)

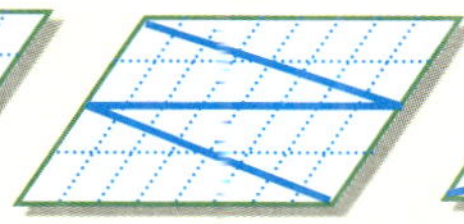
그림 (1 – 6)

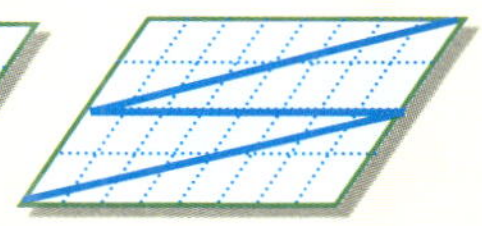
그림 (1 – 7)

♣ 그림 ②와 같이 세로 방향으로 두 조각으로 나누고 이를 기초로 하여 네 조각으로 나누는 방법을 연구해 봅시다.

▶▶ 그림 (2 – 1)과 같이 세로 방향으로 네 조각으로 나눕니다.

▶▶ 그림 (2 – 2)와 같이 네 조각으로 나누고 이를 변형하여 그림 (2 – 3)과 같이 나눕니다.

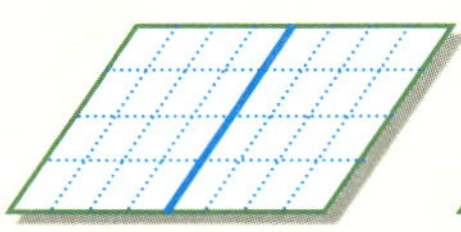
그림 ②

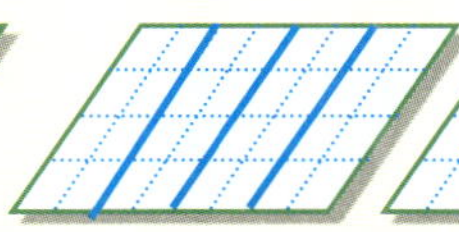
그림 (2 – 1)

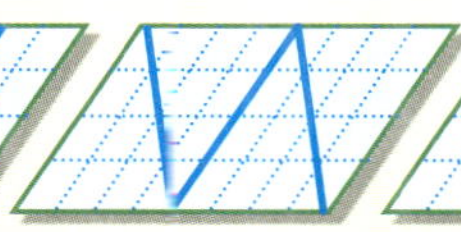
그림 (2 – 2)

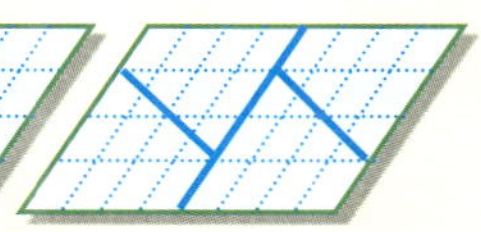
그림 (2 – 3)

11 어느 것부터 어디에 조립해야 하지

01 왼쪽의 7조각의 도형을 조립하여 오른쪽과 같은 정사각형으로 만드는 방법을 연구해 봅시다.

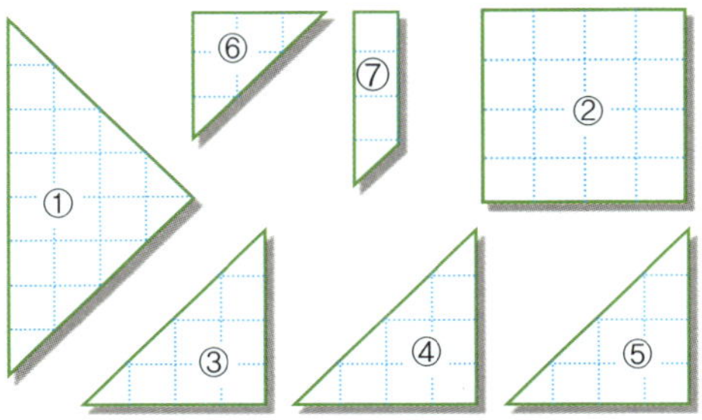

- 오른쪽 정사각형의 한 변의 길이와 왼쪽 도형의 한 변의 길이가 같은 것을 찾아보면 도형 ①입니다. 따라서 도형 ①을 그림 ①과 같이 조립합니다.
- 도형 ①을 배치한 후 도형 ②를 배치할 공간을 찾아보면 그림 ②와 같이 모서리에 꼭 맞으므로 그림 ②와 같이 조립합니다.
- 그림 ③과 같이 도형 ③, ④, ⑤를 빈 공간에 조립합니다.
- 그림 ④와 같이 도형 ⑥, ⑦을 빈 공간에 조립하여 완성합니다.

안내된 학습

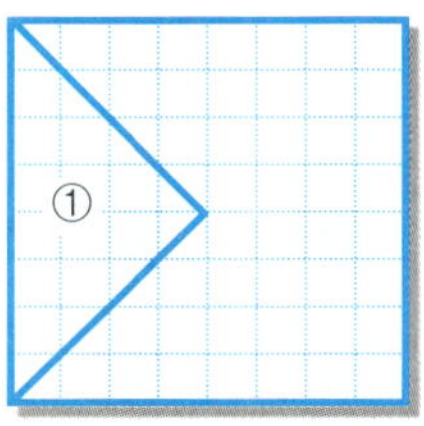

그림 ①

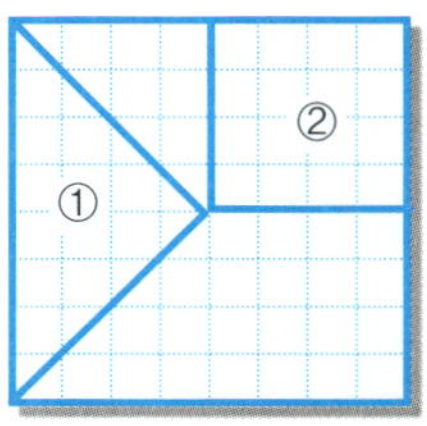

그림 ②

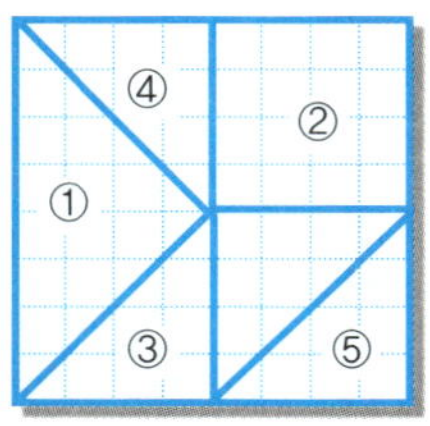

그림 ③

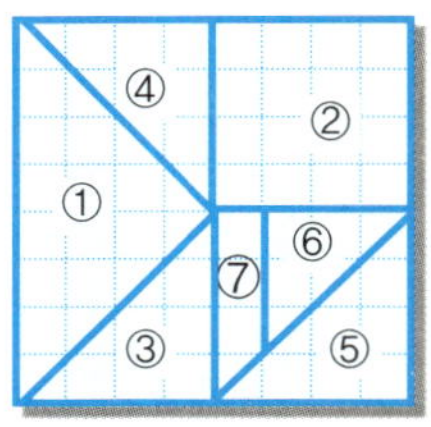

그림 ④

02 왼쪽의 7조각의 도형을 조립하여 오른쪽 그림과 같은 정사각형(6 × 6)으로 만드는 방법을 연구해 봅시다.

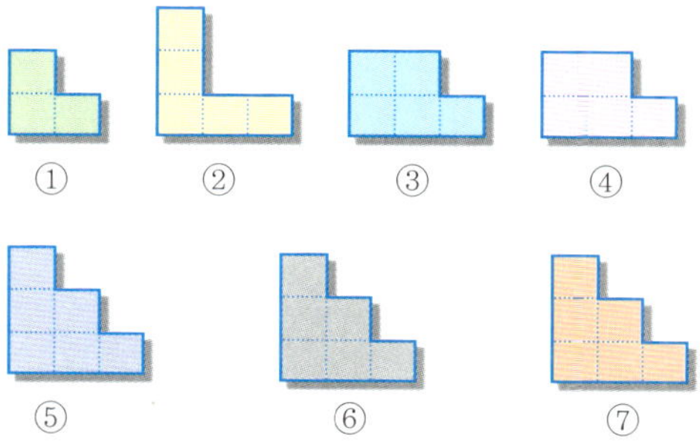

▶▶ 먼저 안내된 학습과 같이 2조각씩 묶어 3개의 직사각형으로 만듭니다.

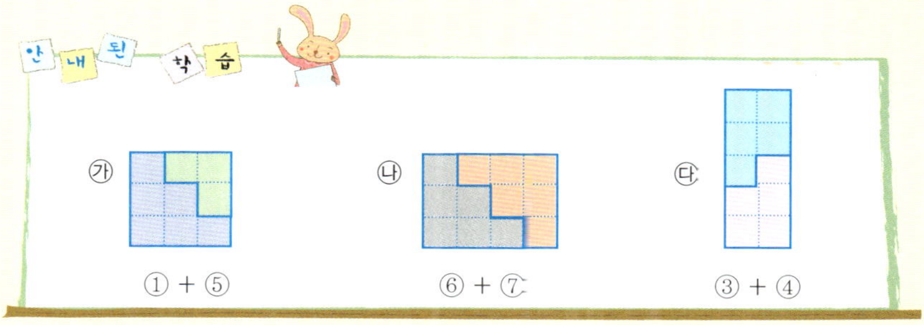

▶▶ ㉮와 ㉯를 합하면 한 변의 길이가 6이 되므로 조각을 그림 ①과 같이 맞춥니다.

▶▶ 그림 ①의 아래쪽의 가로의 길이가 4이므로 ㉰를 그림 ②와 같이 맞춥니다.

▶▶ 나머지 한 조각인 ②를 그림 ③과 같이 조립하여 정사각형을 완성합니다.

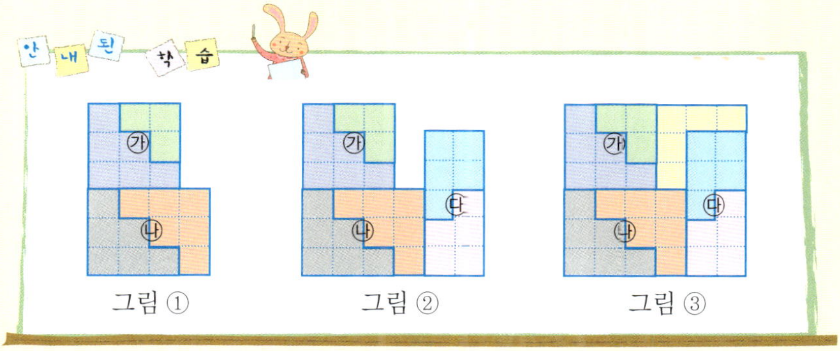

12 어떻게 나누고 붙여야 하지

※ 도형을 여러 조각으로 나누고 이를 다시 맞추어 다른 도형으로 만드는 방법을 연구해 봅시다.

01 오른쪽의 그림은 정사각형 2개로 이루어진 직사각형 모양의 도형입니다. 이 도형을 4조각으로 나누고 이를 다시 조립하여 정사각형으로 만드는 방법을 연구해 봅시다.

▶ 첫 번째, 먼저 2개의 정사각형으로 나누고 문제해결 방법을 생각해봅니다. 그런데 두 조각으로 정사각형을 만들 수 있는 방법이 없습니다. 그렇다면 좀 더 나누어야 된다는 것을 알 수 있습니다.

▶ 두 번째, 두 개의 정사각형을 어떤 방법으로, 몇 조각으로 나누는 것이 문제해결에 도움이 되는지 연구해야 합니다.
아래의 그림 ①, 그림 ②와 같이 4조각으로 나누고 다시 조립하면 직사각형 밖에 만들 수 없습니다. 따라서 그림 ③과 같이 4조각으로 나누는 지혜가 필요합니다.

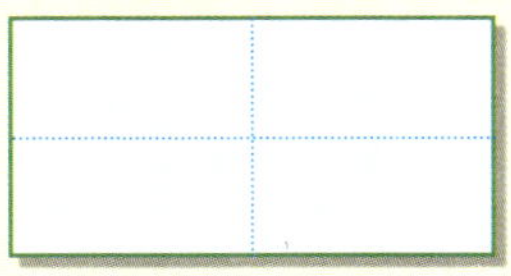

그림 ①

그림 ②

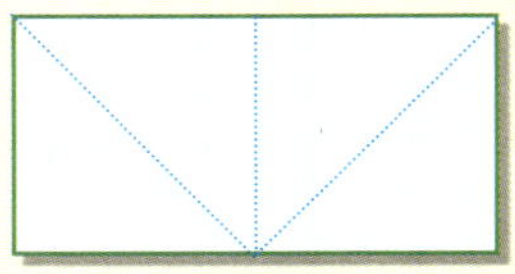

그림 ③

▶ 세 번째, 오른쪽의 그림과 같이 아래의 2조각을 위로 이동하면 정사각형을 만들 수 있습니다.

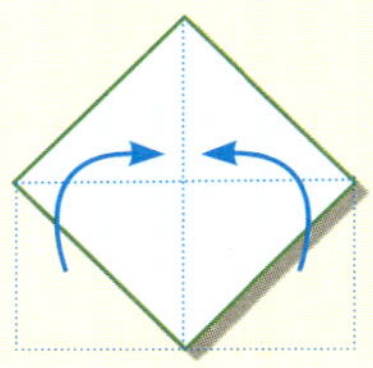

02 정사각형 8개를 붙여서 그림 ①과 같은 도형을 만들었습니다. 이 도형을 3조각으로 나누고 이를 다시 조립하여 정사각형 모양으로 만드는 방법을 연구해 봅시다.

그림 ①

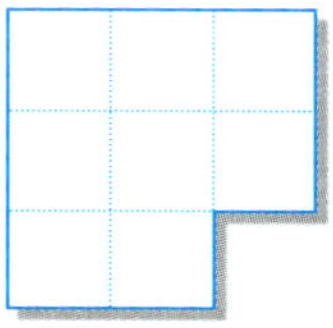

그림 ②

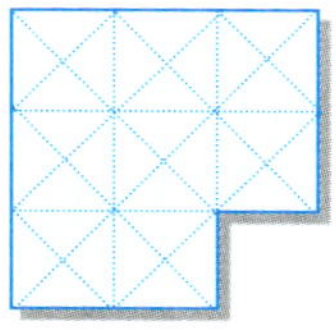

그림 ③

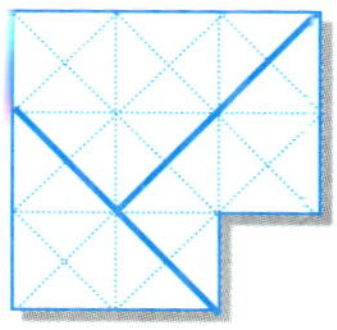

그림 ④

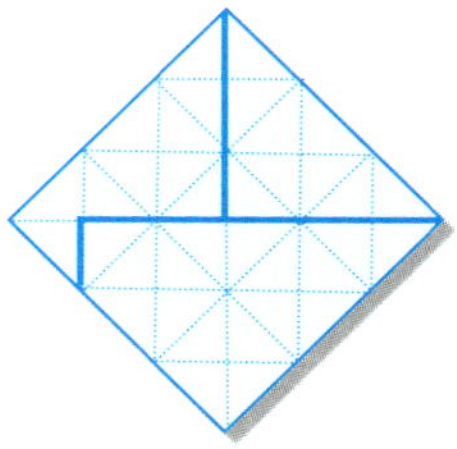

그림 ⑤

▶▶ 먼저 그림 ②와 같이 8조각으로 나누고 이를 다시 조립하여 정사각형을 만들 수 있는지 연구해 보면 정사각형으로 만들 수 없습니다. 따라서 그림 ③과 같이 32조각으로 나눈 다음 그림 ④와 같이 3조각으로 나누는 지혜가 필요합니다.

마지막으로 그림 ⑤와 같이 조각을 이동하여 조립하면 정사각형을 만들 수 있습니다.

아하! 그렇구나

자동차 사고로 사망할 확률이 3만분의 1, 비행기 사고로 사망할 확률이 10만분의 1, 화재로 사망할 확률이 40만분의 1, 벼락 맞아 죽을 확률이 50만분의 1, 산에 오르다 사고로 사망할 확률은 100만분의 1입니다.

그럼 로또 1등 당첨 확률은 얼마일까요?

로또는 나온 공을 다시 집어넣지 않고 순서에 관계없이 45개 숫자 가운데 6개의 숫자를 맞추는 방식으로 814만 5060분의 1입니다.

13 접었다 펼친 곳을 자른 모양은

01 아래의 그림과 같이 정사각형 모양의 종이를 두 번 접은 후 가위로 잘랐습니다. 자른 부분을 펼친 그림에 나타내는 방법을 연구해 봅시다.

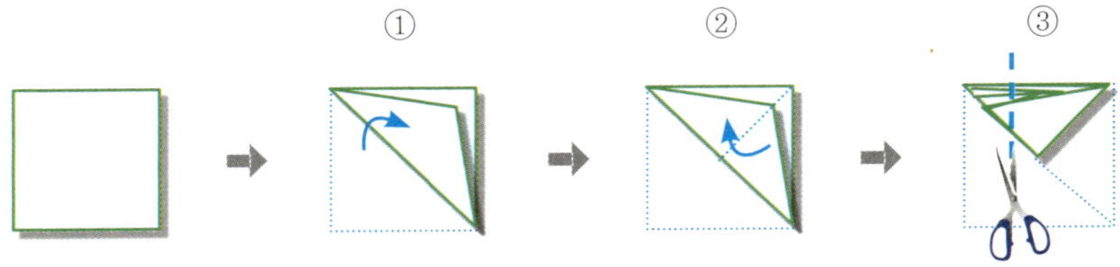

▶▶ 안내된 학습과 같이 그림 ③ → 그림 ② → 그림 ①의 순서로 거꾸로 펼쳐가며 대칭이 되게 자른 부분을 나타내면 쉽게 해결할 수 있습니다.

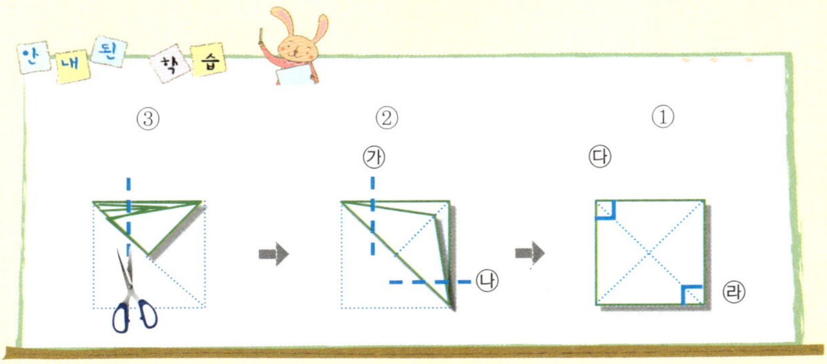

- 그림 ②와 같이 펼쳐서 ㉮를 먼저 그린 후 접는 선과 대칭이 되게 ㉯를 그립니다.
- 그림 ①과 같이 펼쳐서 ㉰를 먼저 그린 후 접는 선과 대칭이 되게 ㉱를 그리면 완성됩니다.

02 아래의 그림과 같이 정사각형 모양의 종이를 두 번 접은 후 가위로 잘랐습니다. 자른 부분을 펼친 그림에 나타내는 방법을 연구해 봅시다.

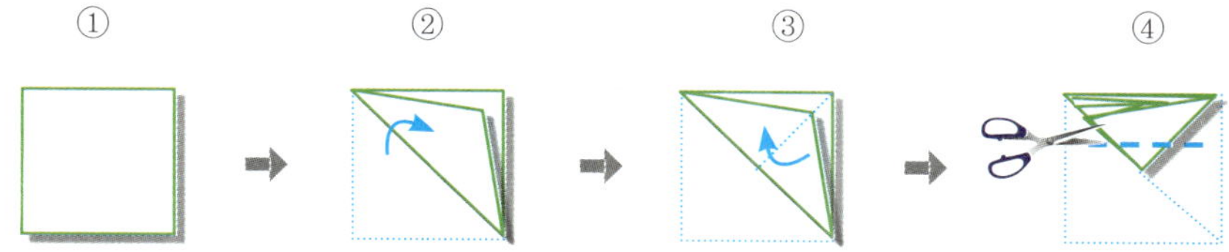

▶▶ 안내된 학습과 같이 거꾸로 펼쳐가며 해결합니다.
그림 ④에서 그림 ③과 같이 펼친 그림에 대칭이 되게 그린 후 그림 ②와 같이 펼친 그림에 대칭이 되게 그려 완성합니다.

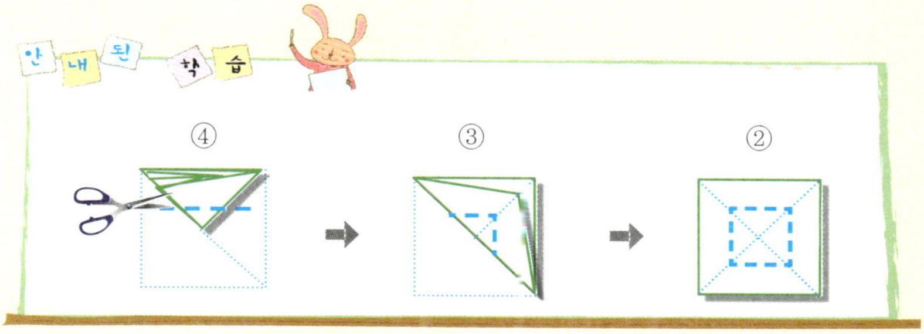

아하! 그렇구나

종이접기는 정사각형의 종이 한 장을 접어서 조형을 만드는 놀이로서 중국의 종이접기가 가장 오래되었다고 추측합니다.

종이접기는 19세기 무렵 일본에서 크게 유행하였는데 종이접기를 세계로 전파한 사람들은 유럽의 마술사들이었습니다.

현대에는 많은 사람들에게 사랑을 받고 있는데 종이 한 장만 있으면 장소와 시간에 구애를 받지 않고 누구나 재미있게 즐길 수 있을 뿐만 아니라 어린이들의 지능 개발, 신체장애자들의 재활, 노인들의 치매예방 등에 이용되기 때문입니다.

14 어떤 순서로 해결해야 하지

01 아래와 같이 일곱 종류의 바둑알이 있습니다. 바둑알 3개를 뛰어넘어 겹쳐지게 하는 방법으로 한 무더기에는 3개, 다른 한 무더기에는 4개씩 쌓는 방법을 연구해 봅시다. 단, 겹쳐진 경우에는 겹쳐진 개수만큼 뛰어넘어야 합니다.

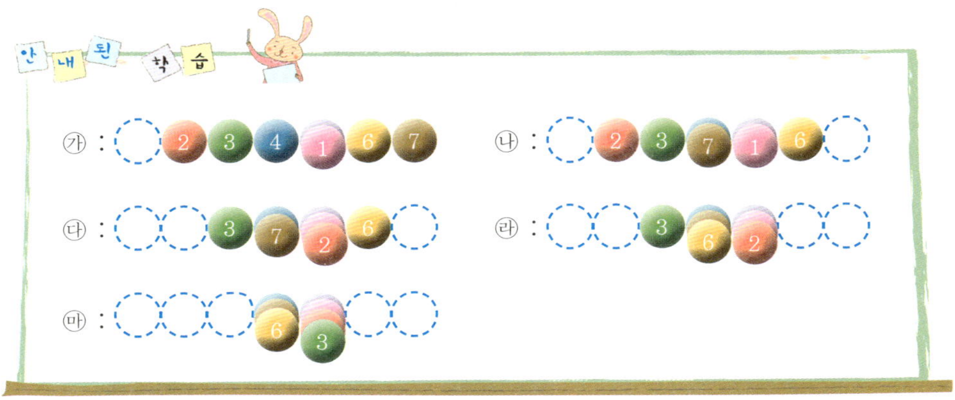

▶▶ ㉮와 같이 1번 바둑알을 5번 바둑알 위에 올려놓습니다.

▶▶ ㉯와 같이 7번 바둑알을 4번 바둑알 위에 올려놓습니다.

▶▶ ㉰와 같이 2번 바둑알을 1번 바둑알 위에 올려놓습니다.

▶▶ ㉱와 같이 6번 바둑알을 7번 바둑알 위에 올려놓습니다.

▶▶ ㉲와 같이 3번 바둑알을 2번 바둑알 위에 올려놓으면 한 무더기에는 3개, 다른 무더기에는 4개를 쌓을 수 있습니다.

02 아래와 같이 여섯 종류의 바둑알이 있습니다. 바둑알 3개를 뛰어넘어 겹쳐지게 하는 방법으로 두 무더기에 각각 3개씩 쌓는 방법을 연구해 봅시다. 단, 겹쳐진 경우에는 겹쳐진 개수만큼 뛰어넘어야 합니다.

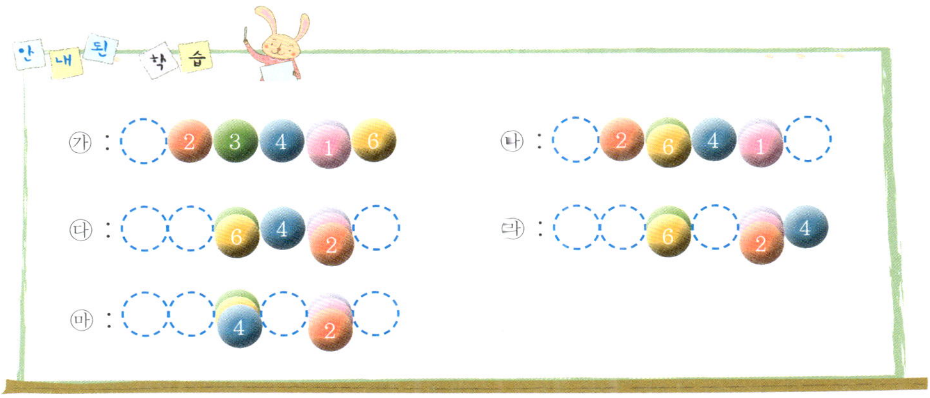

- ㉮와 같이 1번 바둑알을 5번 바둑알 위에 올려놓습니다.
- ㉯와 같이 6번 바둑알을 3번 바둑알 위에 올려놓습니다.
- ㉰와 같이 2번 바둑알을 1번 바둑알 위에 올려놓습니다.
- ㉱와 같이 4번 바둑알을 처음의 6번 자리로 옮깁니다.
- ㉲와 같이 4번 바둑알을 6번 바둑알 위에 올려놓으면 두 무더기에 각각 3개씩 쌓을 수 있습니다.

아하! 그렇구나

A4용지의 가로, 세로의 비율은 1 1.414로 A4용지를 반으로 접고 또 접어도 비율은 변하지 않습니다.

15 주어진 조건을 활용하는 방법은?

01 8L, 5L, 3L들이 그릇이 3개 있습니다. 8L들이 그릇에 가득 채워진 물을 3개의 그릇을 이용해서 4L씩 똑같이 나누는 방법을 연구해 봅시다. 눈금이 없는 그릇이지만 이해를 돕기 위해 편의상 표시했습니다. 따라서 눈금은 고려하지 않습니다.

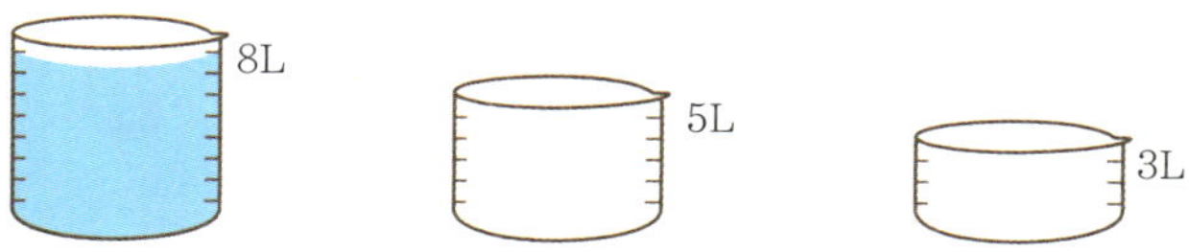

▶▶ 첫 번째, 8L의 물을 5L들이 그릇에 가득 부으면 각각의 그릇에는 3L, 5L, 0L의 물이 들어있습니다.

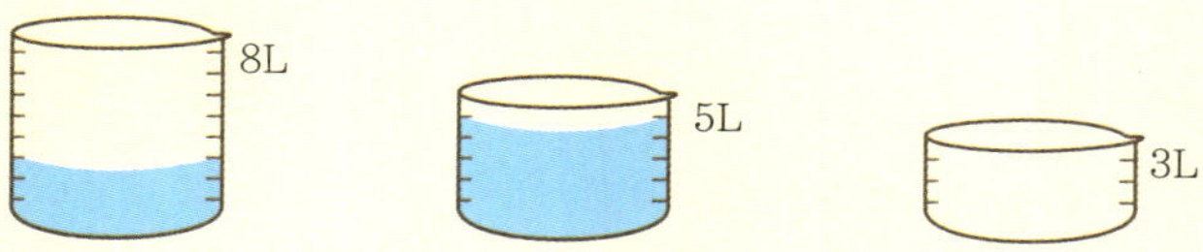

▶▶ 두 번째, 5L의 물을 3L들이 그릇에 가득 부으면 각각의 그릇에는 3L, 2L, 3L의 물이 들어있습니다.

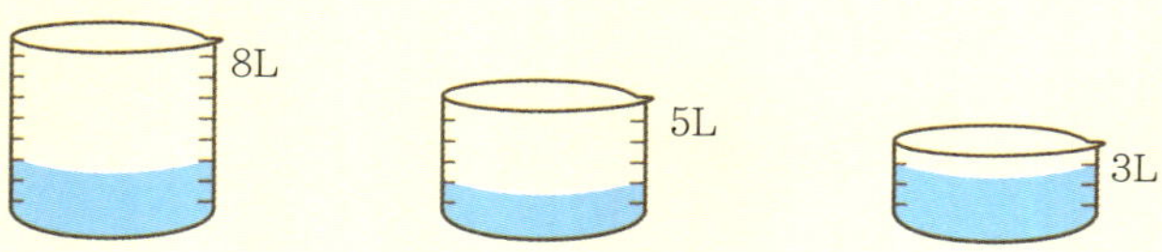

▶▶ 세 번째, 3L의 물을 8L들이 그릇에 모두 부으면 각각의 그릇에는 6L, 2L, 0L의 물이 들어있습니다.

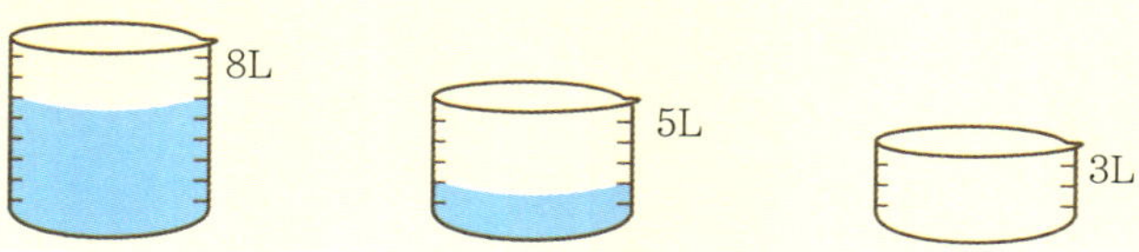

▶ 네 번째, 5L의 물을 3L들이 그릇에 모두 부으면 각각의 그릇에는 6L, 0L, 2L의 물이 들어있습니다.

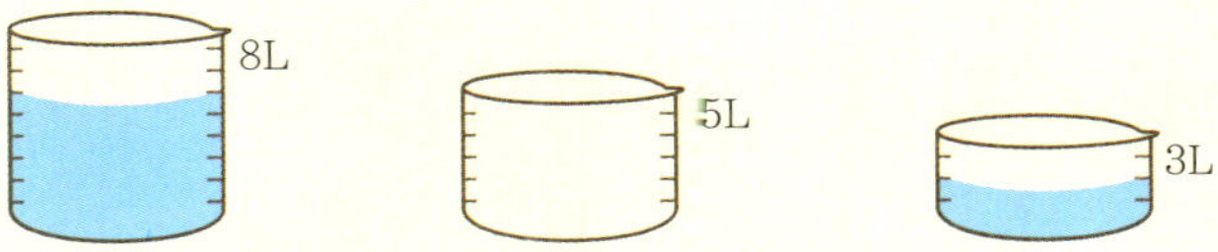

▶ 다섯 번째, 8L의 물을 5L들이 그릇에 가득 부으면 각각의 그릇에는 1L, 5L, 2L의 물이 들어있습니다.

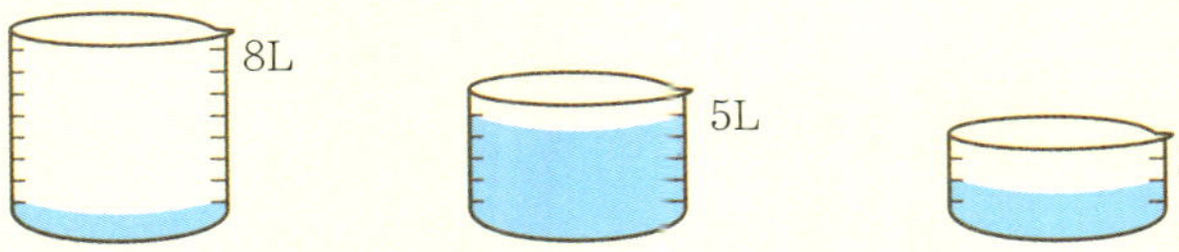

▶ 여섯 번째, 5L의 물을 3L들이 그릇에 가득 부으면 각각의 그릇에는 1L, 4L, 3L의 물이 들어있습니다.

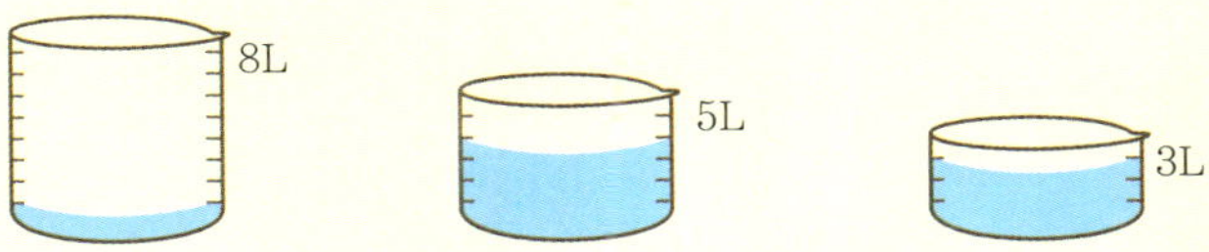

▶ 일곱 번째, 3L의 물을 8L들이 그릇에 모두 부으면 각각의 그릇에는 4L, 4L, 0L의 물이 들어있으므로 4L씩 똑같이 나눌 수 있습니다.

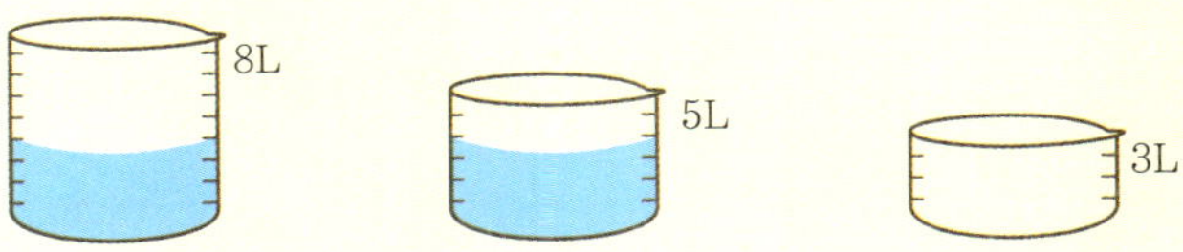

아하! 그렇구나

두께가 0.1mm인 종이를 반으로 접고 그것을 다시 반으로 접는 활동을 50번 정도 하면 두께가 약 112,590,000km로 지구에서 태양까지의 거리의 3분의 2가 됩니다. 단, 종이는 실제로 접을 수는 없으며 수학적으로만 가능합니다.

우리 생활 속의 큰 수와 작은 수 이야기

50대의 어른에게 돈의 값어치를 물어 보면 1원으로 사탕을 사 먹었느니, 몇 천 원으로 집을 사고팔고 했다는 전설적인 이야기를 합니다.

그러나 지금의 어린이들은 운동장에 떨어져 있는 10원짜리조차 거들떠보지도 않고 용돈은 만 단위를 육박합니다. 또 어른들이 자주 쓰는 단위는 '천 만'에서 '억' 단위까지의 수를 쓰고 있으며, 정부의 예산 책정 과정에서는 '조' 단위의 수가 빈번하게 등장하고 있습니다.

세계에서 인플레이션이 가장 높은 나라인 짐바브웨에서는 2008년에 물가가 다섯 달 사이에 220만%가 올랐고, 지폐로 1000억 짐바브웨 달러를 발행하였는데 달걀 한 개의 값이 350억 짐바브웨 달러이니까 달걀 3개도 구입할 수 없다고 합니다. 그리고 눈으로 볼 수 있는 별자리 중 가장 멀리 떨어져 있는 별자리는 오리온 별자리의 베텔게우스(Betelgeuse)인데 지구로부터 약 5676조km 떨어져 있고, 지구에서 가장 먼 은하는 약 128해km 떨어져 있습니다.

또, 수를 세는 가장 작은 단위인 청정은 소수 21번째 자리를 말하며 광합성의 비밀을 캐내는 데는 펨토초(1000조 분의 1초)로 레이저를 쏘아야 합니다.

이와 같이 큰 수는 예산액이나 천문학에서 사용되며 작은 수는 과학이나 컴퓨터 처리 속도를 나타내는 데에 많이 사용하고 있습니다.

큰 수는 중국이나 인도의 옛 기록에 의하면 일(1), 십(10), 백(100), 천(1000 ☜ 10을 3번 곱한 수), 만(10000 ☜ 10을 4번 곱한 수), 억(100000000 ☜ 10을 8번 곱한 수), 조(☜ 10을 12번 곱한 수), 경(☜ 10을 16번 곱한 수), 해(☜ 10을 20번 곱한 수), 자, 양, 구, 간, 정, 재, 극, 항하사(☜ 10을 52번 곱한 수), 아승기, 나유타, 불가사의(☜ 10을 64번 곱한 수), 무량수(☜ 10을 68번 곱한 수)가 있습니다.

그리고 1보다 작은 수는 푼(0.1 ☜ 소수 첫째 자리), 리(0.01 ☜ 소수 둘째 자리), 모(0.001 ☜ 소수 셋째 자리), 사(0.0001 ☜ 소수 넷째 자리), 홀, 미, 섬, 사, 진, 애, 묘, 막, 모호(소수 열셋째 자리), 준순, 수유, 순식, 탄지, 찰나(소수 열여덟째 자리), 육덕, 공허(소수 스무 번째 자리), 청정(소수 스물한 번째 자리)으로 나타냈습니다.

참고로 옛날에는 소수 첫째 자리를 '푼'으로 읽고 '할'은 사용하지 않았습니다.

♣ 수학적 힘 기르기 활용 방법

- 일주일에 1~2개의 주제를 선택하여 매일 2~3문제씩 해결합니다.
- 생각의 샘을 충분히 이해하고 수학적 힘 기르기 문제를 해결합니다.
- 문제해결 전략을 선택하여 해결합니다.
- 문제해결이 어려우면 안내된 학습을 충분히 활용합니다.
- 다양한 방법으로 문제를 해결해도 같은 답이 나오는지 확인합니다.
- 각 단계를 신중하게 검토하여 실수를 줄여야 합니다.
- 문제해결과정은 자세하지만 간결하게 나타내어야 합니다.
- 문제해결과정은 잘 정리하여 보기 좋고, 찾아보기 쉽게 합니다.
- 문제해결방법을 친구들과 토의하거나 협력하여 해결하는 것도 좋습니다.
- 선생님이 되어 문제해결방법을 친구에게 설명하는 것도 좋습니다.

☞ 본 교재의 '수학적 힘 기르기'를 수학공책에 정리하면서 해결하면 학습의 효과가 크고 여러 번 복습할 수 있는 장점이 있습니다.

수학적 힘 기르기

수학적 힘 기르기는
생각의 샘에서 숙지한 다양한 문제를 바탕으로
풍부한 문제를 본격적으로 경험할 수 있도록
꼭 필요하면서도 반드시 알아야 할 문제들로 구성되었습니다.

1

01 아래의 그림은 각각 0~5의 자연수를 나타냅니다. 그림을 숫자로 나타내시오.

밤 : ☐ 고추 : ☐ 버섯 : ☐ 포도 : ☐ 수박 : ☐ 딸기 : ☐

02 안내된 학습을 참고하여 머리셈으로 1분 안에 해결하시오.

안내된 학습

- $97 + 25 + 3 = (97 + 3) + 25 = 125$
- $123 + 47 - 23 = (123 - 23) + 47 = 147$
- $9 \times 4 \times 25 = 9 \times (4 \times 25) = 9 \times 100 = 900$
- $5 \times 12 \times 20 \div 300 = (5 \times 20) \times 12 \div 300 = 1200 \div 300 = 4$

1) $99 + 23 + 1 =$ ☐

2) $43 + 79 + 57 =$ ☐

3) $146 + 23 - 46 =$ ☐

4) $167 + 58 - 67 =$ ☐

5) $25 \times 7 \times 4 =$ ☐

6) $15 \times 4 \times 25 =$ ☐

7) $2 \times 18 \times 50 =$ ☐

8) $25 \times 40 \times 4 =$ ☐

9) $5 \times 6 \times 20 \div 200 =$ ☐

10) $25 \times 16 \times 4 \div 800 =$ ☐

03 모양과 크기가 같은 4개의 도형으로 나누려고 합니다. 나누는 부분을 굵은 선으로 나타내시오.

04 16개의 바둑알을 한 줄에 4개씩 4줄로 늘어놓았습니다. 8개의 바둑알을 빼내어 가로, 세로, 대각선에 2개씩 배열하시오. 단, 안내된 학습은 제외합니다.

05 서로 엇갈리거나 울타리 밖으로 나가지 않고 같은 동물끼리 연결하는 방법을 그려보시오.

2

01 아래의 그림은 각각 1~6의 자연수를 나타냅니다. 그림을 숫자로 나타내시오.

딸기 : ☐ 포도 : ☐ 수박 : ☐ 고추 : ☐ 버섯 : ☐ 사과 : ☐

02 안내된 학습을 참고하여 머리셈으로 1분 안에 해결하시오.

안내된 학습

- $2 + 2 = 2 \times 2$
- $2 + 2 + 2 = 2 \times 3$
- $2 + 2 + 2 + 2 = 2 \times 4$
- $(48 + 48 + 48 + 48 + 48) \times 2 = 48 \times 5 \times 2 = 48 \times 10 = 480$

1) $25 + 25 + 25 + 25 =$ ☐

2) $(2006 + 2006) \times 5 =$ ☐

3) $(4567 + 4567 + 4567 + 4567 + 4567) \times 2 =$ ☐

4) $(12345 + 12345 + 12345 + 12345) \times 25 =$ ☐

03 만 원짜리 2장, 천 원짜리 3장, 오백 원짜리 동전 4개가 있습니다. 이 돈으로 물건을 살 수 있는 방법은 모두 몇 가지입니까?

04 각각의 그림을 모양과 크기가 같은 4개의 도형으로 나누려고 합니다. 나누는 부분을 굵은 선으로 나타내시오.

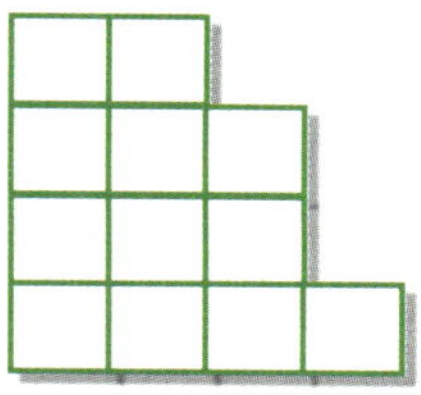

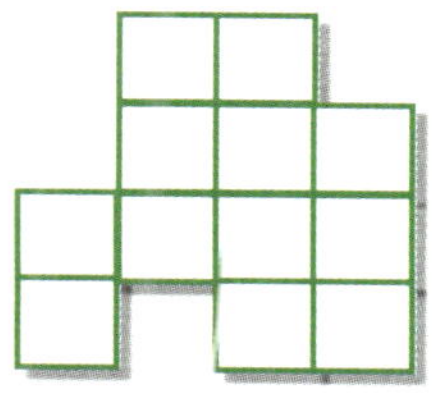

05 16개의 바둑알을 한 줄에 4개씩 4줄로 늘어놓았습니다. 8개의 바둑알을 빼내어 가로, 세로에 2개씩 있게 하시오. 단, 대각선에는 바둑알이 한 개도 없어야 합니다.

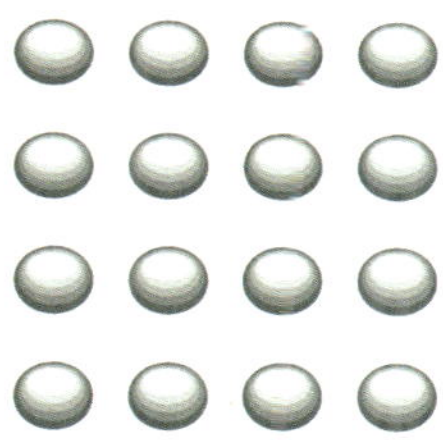

06 서로 엇갈리지 않고 같은 동물끼리 연결하는 방법을 선으로 나타내시오.

3

01 각각의 그림은 1~9의 자연수를 나타냅니다. 그림을 숫자로 나타내시오.

밤 : ☐ 옥수수 : ☐ 버섯 : ☐ 포도 : ☐ 수박 : ☐ 딸기 : ☐ 고추: ☐

02 2468 + 2468 + 2468 + 2468 + 2468의 계산을 안내된 학습과 같이 머리셈으로 하시오.

안내된 학습

- $24 + 24 + 24 + 24 + 24 = 24 \times 5 = 24 \times (10 \div 2)$
  $= 24 \times 10 \div 2 = 120$

03 아버지, 아들, 딸이 호텔에 머물게 되었는데, 지배인이 세 사람의 나이를 물어 아버지가 다음과 같이 대답을 했습니다.
"아들의 나이는 내 나이의 $\frac{1}{3}$이고, 딸의 나이는 내 나이의 $\frac{1}{8}$입니다."
그래서 지배인이 나그네의 얼굴을 보니 나이가 40은 넘어 보였고, 60은 안 되어 보였습니다. 그럼 아버지와 아들, 딸의 나이는 각각 몇 살입니까?

04 그림 ②는 그림 ①과 같이 크기가 같은 정삼각형 3개를 붙여서 만든 도형입니다. 이 도형을 모양과 크기가 같은 4개의 도형으로 나누려고 합니다. 그림 ②에 나누는 부분을 굵은 선으로 나타내시오.

안내된 학습

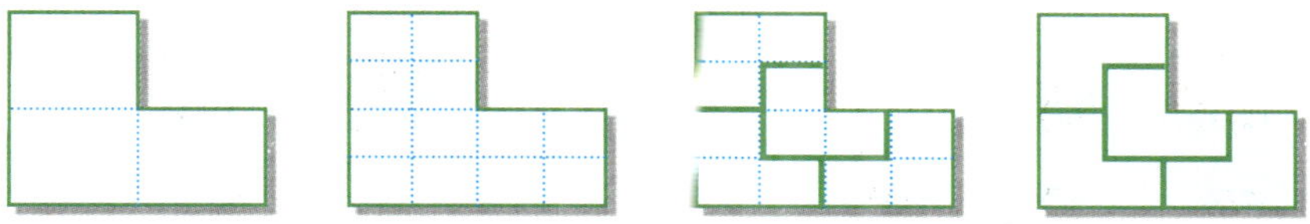

☞ 1단계(3조각을 12조각으로 똑같이 나누기) → 2단계(12조각을 3개씩 4조각으로 나누기) → 3단계(자르는 선만 남기고 보조선 지우기)

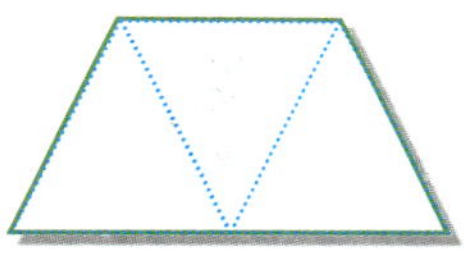

그림 ①

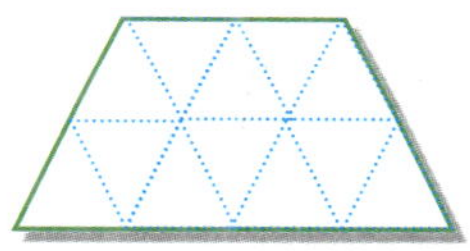

그림 ②

05 25개의 바둑알을 한 줄에 5개씩 5줄로 늘어놓았습니다. 10개의 바둑알을 빼내어 가로, 세로에 3개씩 있게 하시오.

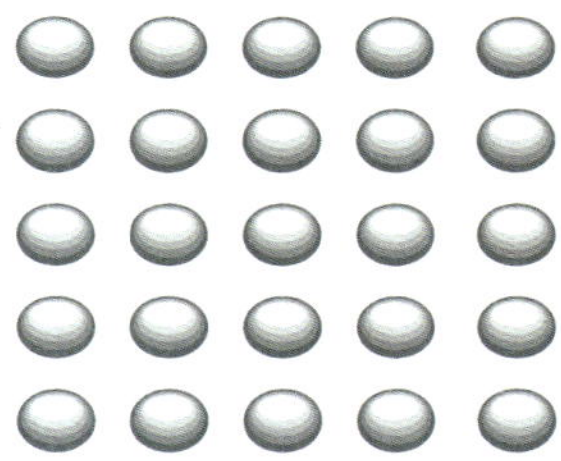

06 바둑판 모양의 길을 따라 같은 모양끼리 서로 엇갈리지 않고 연결하는 방법을 선으로 나타내시오. 단, '○'는 이미 연결되어 있으므로 제외합니다.

4

01 각각의 그림은 0~9의 자연수를 나타냅니다. 그림을 숫자로 나타내시오.

밤 : ☐ 옥수수 : ☐ 버섯 : ☐ 포도 : ☐ 수박 : ☐

딸기 : ☐ 고추: ☐ 바나나: ☐ 사과: ☐ 호박: ☐

02 안내된 학습을 참고하여 123 − 456 + 789의 계산을 머리셈으로 해결하시오.

안내된 학습

- $7-5+6=8$ $7+6-5=8$ ⇒ $7-5+6=7+6-5$
- $6-3+4=7$ $6+4-3=7$ ⇒ $6-3+4=6+4-3$

03 15개의 사탕을 4개의 봉지에 개수가 다르게 넣었습니다. 각각의 봉지에 있는 사탕의 개수를 구하시오. 단, 봉지에는 1개 이상의 사탕이 들어 있어야 합니다.

04 그림 ①의 도형을 모양과 크기가 같은 4개의 도형으로 나누려고 합니다. 그림 ②에 나누는 부분을 굵은 선으로 나타내시오.

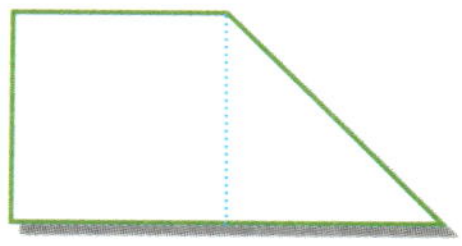

그림 ①

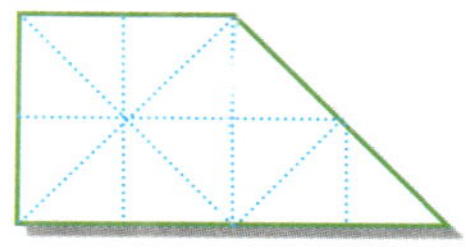

그림 ②

05 6개의 바둑알을 한 줄에 3개씩 4줄로 아래와 같이 놓았습니다. 1개의 바둑알을 추가하여 한 줄에 3개씩 6줄이 되게 하려면 바둑알을 어디에 놓아야 합니까?

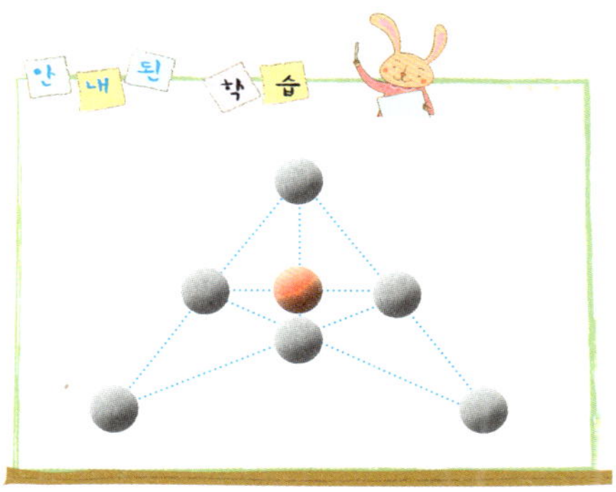

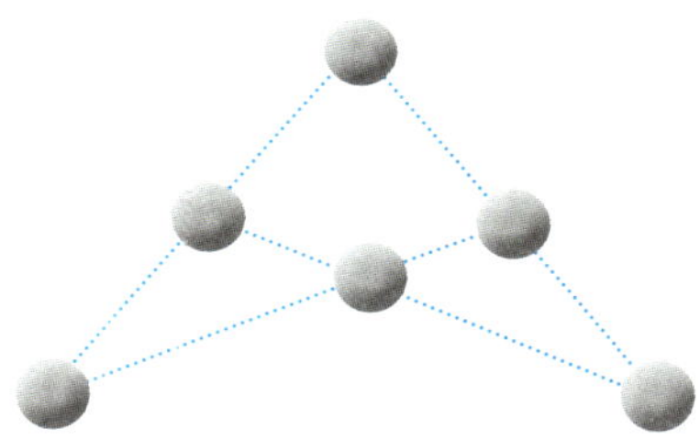

06 바둑판 모양의 길을 따라 같은 문자끼리 서로 엇갈리지 않고 연결하는 방법을 선으로 나타내시오. 단, C는 이미 연결되어 있으므로 제외합니다.

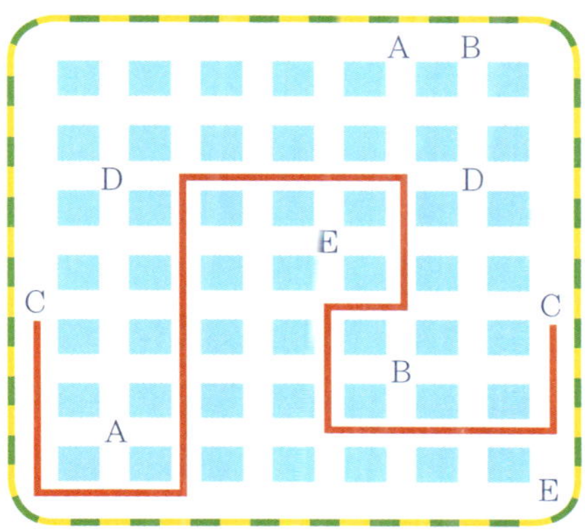

5

01 각각의 그림은 1~9의 자연수를 나타냅니다. 그림을 숫자로 나타내시오.

밤 : ☐ 옥수수 : ☐ 버섯 : ☐ 포도 : ☐ 수박 : ☐

딸기 : ☐ 고추: ☐ 바나나: ☐ 사과: ☐

02 안내된 학습을 참고하여 머리셈으로 해결하시오.

(345 + 347 + 349 + 351 + 353 + 355) − (344 + 346 + 348 + 350 + 352 + 354)

안내된 학습

- (5 + 6) − (3 + 4) = 4, (5 − 3) + (6 − 4) = 4에서
  (5 + 6) − (3 + 4) = (5 − 3) + (6 − 4)

03 엘리베이터가 고장이 나서 1층에서 15층까지 걸어가려고 합니다. 1층에서 5층까지 걸어가는데 20초가 걸렸습니다. 나머지 층을 올라가는데 걸리는 시간은 몇 초입니까? 단, 걸음의 빠르기는 일정합니다.

04 빈 칸에 알맞은 수를 써넣으시오.

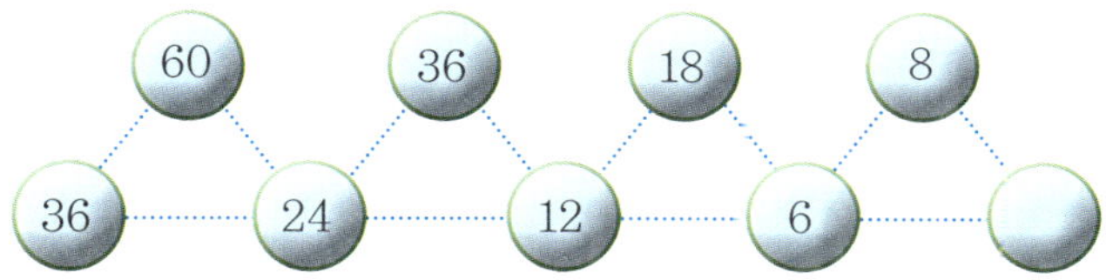

05 크기가 같은 정사각형 5개로 이루어진 도형을 모양과 크기가 같은 4개의 도형으로 나누려고 합니다. 나누는 부분을 굵은 선으로 나타내시오.

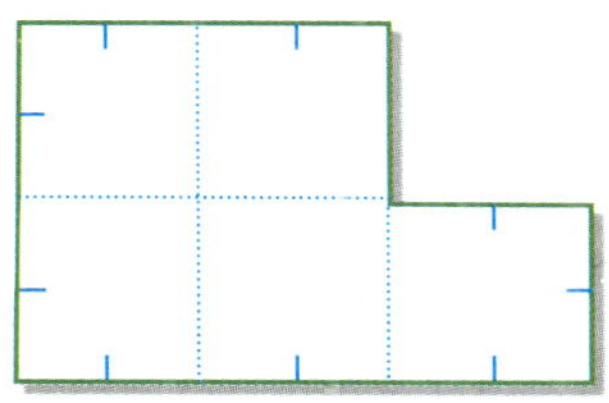

06 같은 문자끼리 서로 엇갈리지 않게 연결하는 방법을 선으로 나타내시오. 단, A와 D는 이미 연결되어 있으므로 제외합니다.

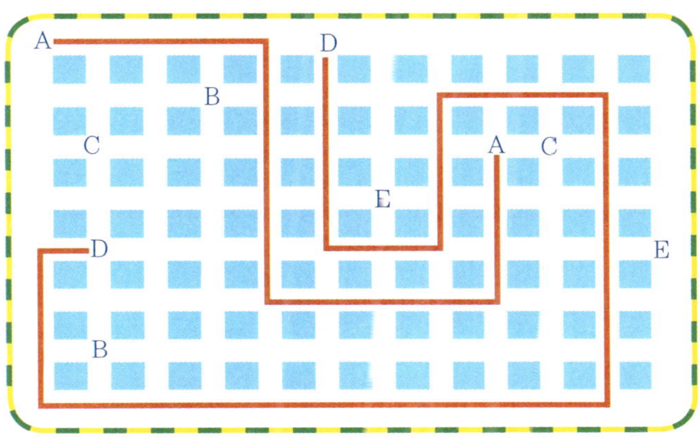

6

01 각각의 그림은 1~9의 자연수를 나타냅니다. 그림을 숫자로 나타내시오.

밤 : ☐ 옥수수 : ☐ 버섯 : ☐ 포도 : ☐ 수박 : ☐

딸기 : ☐ 고추: ☐ 바나나: ☐ 사과: ☐

02 안내된 학습을 참고하여 머리셈으로 해결하시오.

안내된 학습

- $17 + 28 + 39 + 6 = 17 + 28 + 39 + (3 + 2 + 1)$
  $= (17 + 3) + (28 + 2) + (39 + 1)$

1) 9 + 19 + 29 + 39 + 49 + 5

2) 36 + 47 + 58 + 9

03 정사각형 5개를 이어서 만든 도형을 모양과 크기가 같은 4개의 도형으로 나누려고 합니다. 나누는 부분을 굵은 선으로 나타내시오.

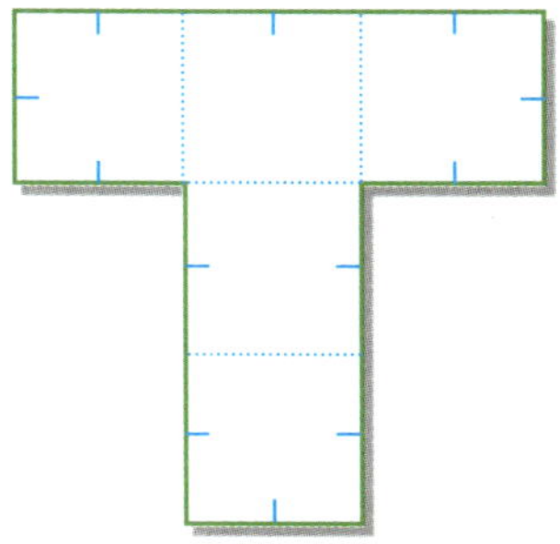

04 8개의 동전을 한 줄에 3개씩 네 줄로 놓았습니다. 1개의 동전을 추가하여 한 줄에 3개씩 여덟 줄로 만드는 방법을 그림으로 나타내시오.

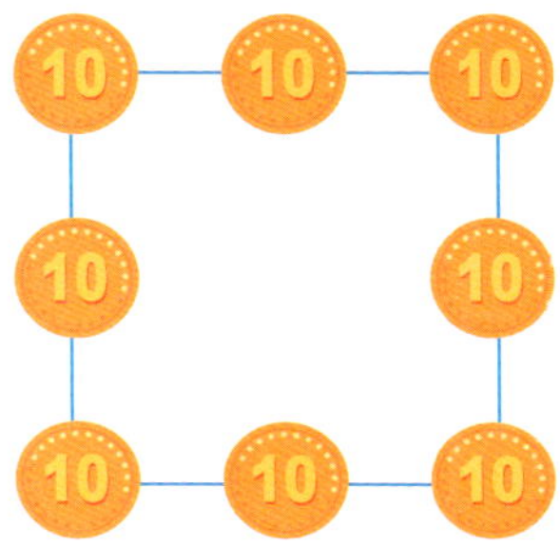

05 개구리가 미로에 있는 무당벌레를 모두 잡아먹고 화살표 방향으로 나가려고 합니다. 어떤 방법으로 잡아먹어야 가능한지 선으로 나타내시오. 단, 한 번 지나갔던 길은 다시 지나갈 수 없습니다.

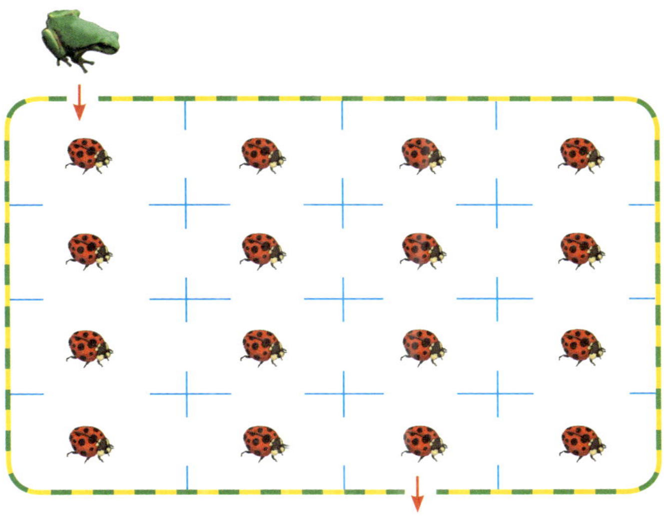

7

01 각각의 그림은 1~9의 자연수를 나타냅니다. 그림을 숫자로 나타내시오.

밤 : ☐ 버섯 : ☐ 포도 : ☐ 수박 : ☐ 딸기 : ☐ 고추: ☐

바나나: ☐ 사과: ☐ 호박: ☐

02 머리셈으로 해결하시오.

1 + 12 + 23 + 34 + 45 + 56 + 67 + 78 + 89 + 45

03 그림 ①과 같은 그릇에 물을 일정한 비율로 넣었습니다. 그림 ②는 시간이 지남에 따라 물의 높이 변화를 나타낸 그래프입니다.
그림 ①과 관련이 있는 그래프를 그림 ②에서 찾아 선으로 연결하시오.

그림 ①

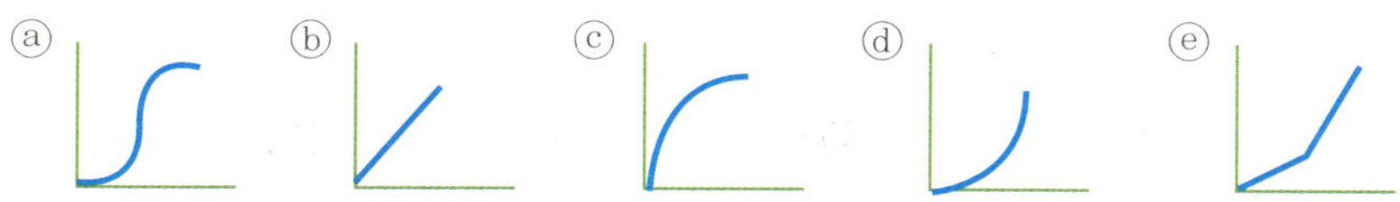

그림 ②

04 왼쪽의 4조각의 도형을 조립하여 오른쪽과 같은 직사각형으로 만들려고 합니다. 직사각형에 조립한 부분을 굵은 선으로 나타내시오.

05 6개의 바둑알을 한 줄에 3개씩 네 줄로 놓았습니다. 이 그림에 4개의 바둑알을 추가하여 한 줄에 4개씩 다섯 줄로 만드는 방법을 그림으로 나타내시오.

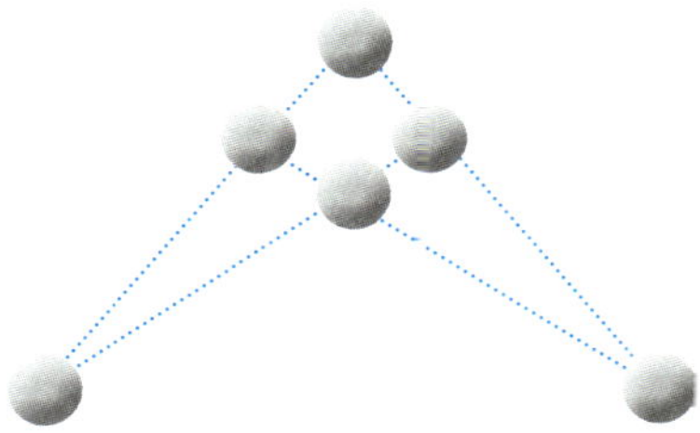

06 같은 문자끼리 서로 엇갈리거나 울타리 밖으로 나가지 않고 연결하는 방법을 선으로 나타내시오. 단, B는 이미 연결되어 있으므로 제외합니다.

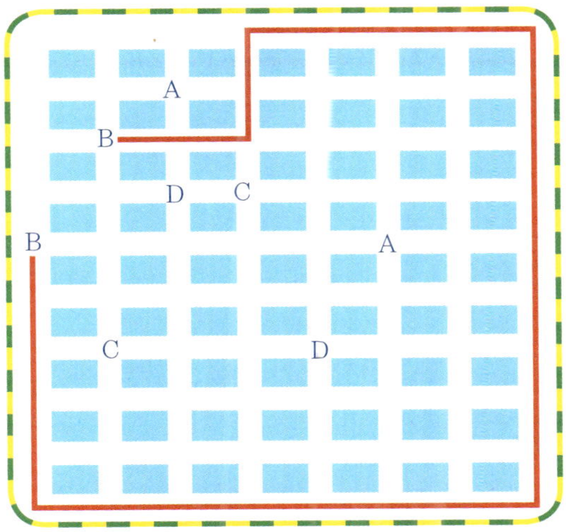

8

01 각각의 그림은 1~9까지의 자연수를 나타냅니다. 그림을 숫자로 나타내시오.

밤 : ☐ 고추: ☐ 버섯 : ☐ 수박 : ☐ 딸기 : ☐

02 안내된 학습을 참고하여 머리셈으로 해결하시오.

안내된 학습

- $24 \times 0.5 = 12$, $24 \div 2 = 12$에서 $24 \times 0.5 = 24 \div 2$
- $(1+3+5+7) \div 2 + (2+4+6+8) \div 2 = (1+2+3+4+5+6+7+8) \div 2$
- $1+2+3+4+ \cdots\cdots + 99 + 100 = 5050$

1) 2468642×0.5

2) $(1+3+5+ \cdots\cdots +97+99) \div 2 + (2+4+6+ \cdots\cdots +98+100) \times 0.5$

03 $\frac{1}{7}$, $\frac{2}{7}$, $\frac{3}{7}$, $\frac{4}{7}$, $\frac{5}{7}$, $\frac{6}{7}$을 전자계산기를 이용하여 소수 여섯째 자리까지 구하고 공통점을 찾아보시오.

04 1만 원짜리 돈의 가로의 길이는 148mm, 세르의 길이는 68mm입니다. 1억 원을 1만 원짜리로 바꾸어 가로로 붙여나가면 몇 m가 됩니까?

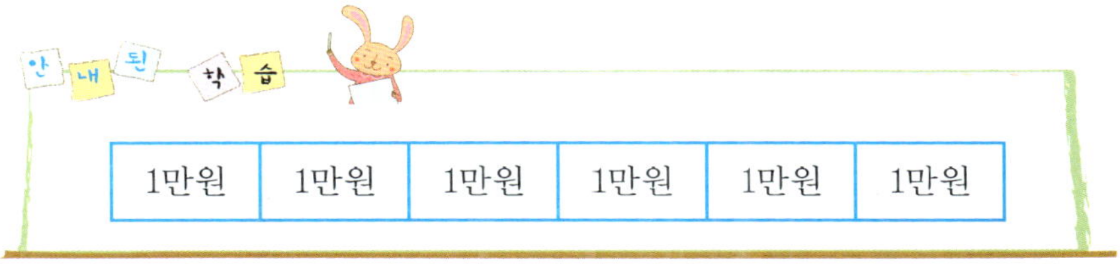

05 왼쪽의 4조각의 도형을 조립하여 직사각형으로 만들려고 합니다. 오른쪽의 직사각형에 굵은 선으로 나타내시오.

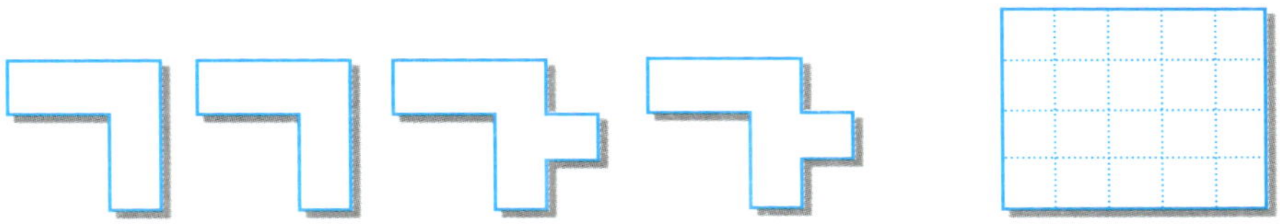

06 5개의 바둑알을 한 줄에 3개씩 두 줄로 배열했습니다. 아래의 그림에 2개의 바둑알을 추가하여 한 줄에 3개씩 다섯 줄로 배열하시오.

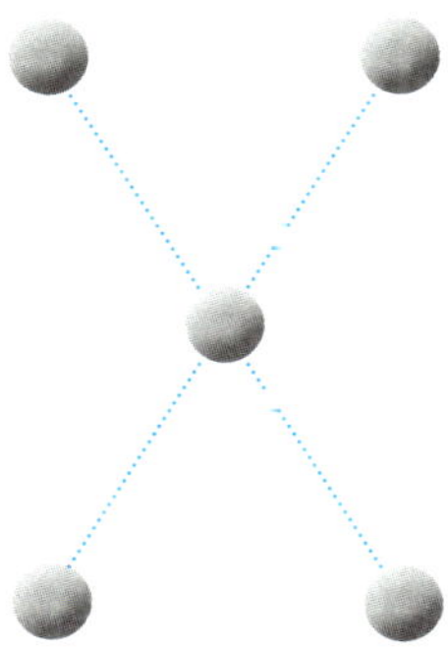

9

01 각각의 그림은 0~9의 자연수를 나타냅니다. 그림을 숫자로 나타내시오.

밤 : ☐ 옥수수 : ☐ 버섯 : ☐ 포도 : ☐ 수박 : ☐

딸기 : ☐ 고추: ☐ 바나나: ☐ 사과: ☐ 호박: ☐

02 안내된 학습을 참고하여 머리셈으로 해결하시오.

$0.2+9.2+99.2+999.2+9999.2+4$

안내된 학습

- $0.4+1.4+2.4+3.4+4.4+3=0.4+1.4+2.4+3.4+4.4+0.6\times5$
  $=(0.4+0.6)+(1.4+0.6)+(2.4+0.6)+(3.4+0.6)+(4.4+0.6)$
  $=1+2+3+4+5=15$

03 전자시계로 오전 중에 시, 분, 초의 숫자가 모두 같은 숫자인 경우는 몇 번입니까? 단, 전자시계의 1시는 1, 1분은 01, 3초는 03과 같은 방법으로 나타냅니다.

04 비밀주머니에 빨간색 양말 10켤레와 주황색 양말 10켤레가 들어있습니다. 최소한 몇 개를 꺼내야 같은 색의 양말 한 켤레를 꺼낼 수 있습니까?

05 왼쪽의 네 조각의 도형을 조립하여 한 개의 직사각형으로 만들려고 합니다. 오른쪽의 직사각형에 굵은 선으로 나타내시오.

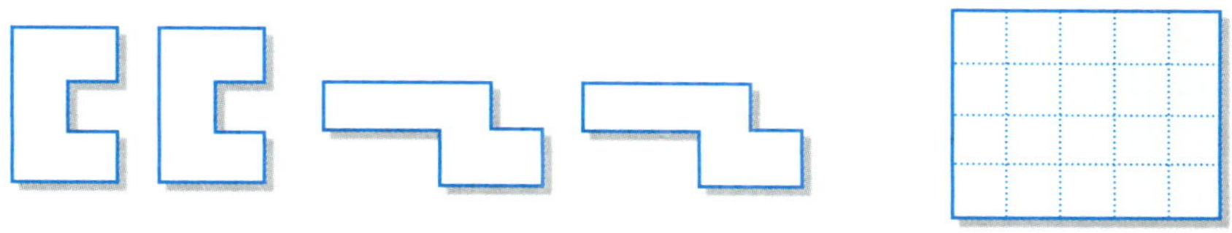

06 9개의 점을 연필을 떼지 않고 연속된 4개의 직선으로 연결하려고 합니다. 나머지 부분을 완성하시오.

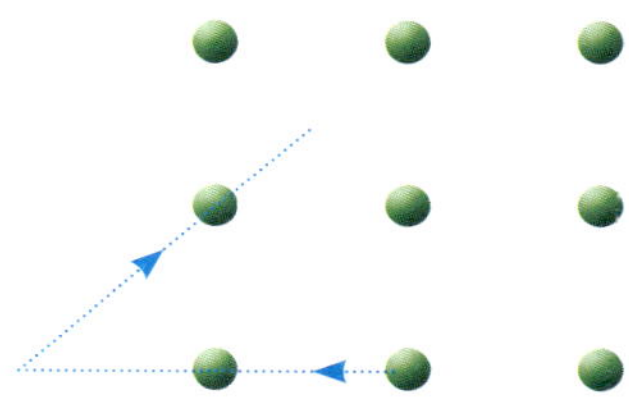

안내된 학습

12개의 점을 연필을 떼지 않고 연속된 5개의 직선으로 연결하기

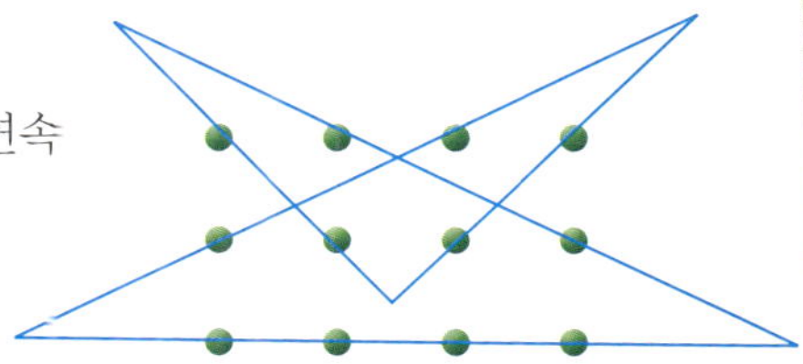

07 사과를 끊어지지 않게 나선형으로 깎으면 어떤 모양이 됩니까?

10

01 각각의 그림은 0~9의 자연수를 나타냅니다. 그림을 숫자로 나타내시오.

밤 : □ 옥수수 : □ 버섯 : □ 포도 : □ 수박 : □

딸기 : □ 고추: □ 바나나: □ 사과: □ 호박: □

02 분자의 크기를 같게 하여 $\frac{12}{25}$와 $\frac{24}{51}$의 크기를 비교하시오.

03 5명의 환경감시위원을 뽑으려고 합니다. 환경감시위원의 선출 방법은 10000명의 주민이 한 표씩 행사하여 득표 수가 많은 순서대로 5명을 뽑는 것입니다. 그러면 8명의 후보자가 환경감시위원으로 입후보하였다면 최저 몇 표를 얻으면 당선이 확실하다고 할 수 있습니까?

안내된 학습

- 1명의 위원을 선출한다면 유권자 수(10000명)의 $\frac{1}{2}$을 초과한 5001표를 얻으면 당선이 확실하다고 할 수 있습니다.

04 왼쪽의 네 조각의 도형을 조립하여 직사각형을 만들려고 합니다. 오른쪽의 직사각형에 굵은 선으로 나타내시오.

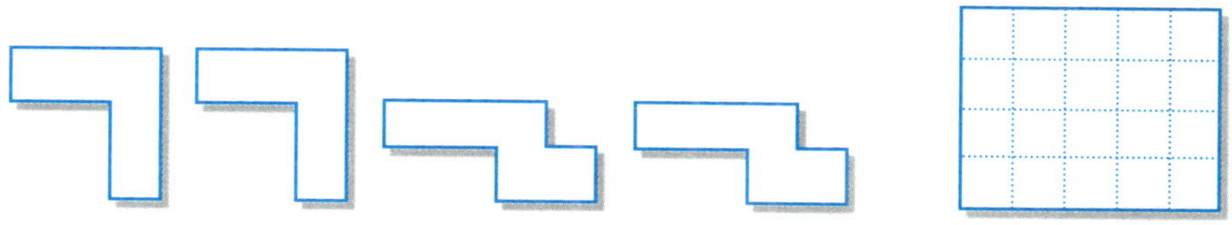

05 4개의 바둑알을 빼어서 가로, 세로, 대각선에 3개씩 배치하시오.

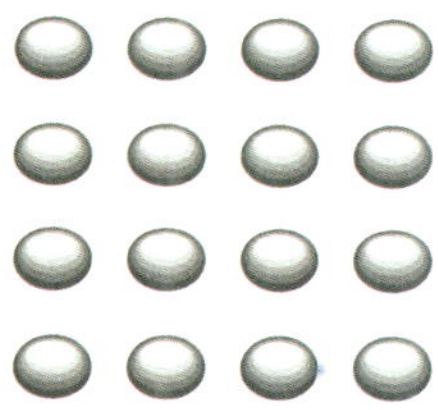

06 16개의 점을 연필을 떼지 않고 연속된 6개의 직선으로 연결하려고 합니다. 2개의 직선을 그려 넣어 완성하시오.

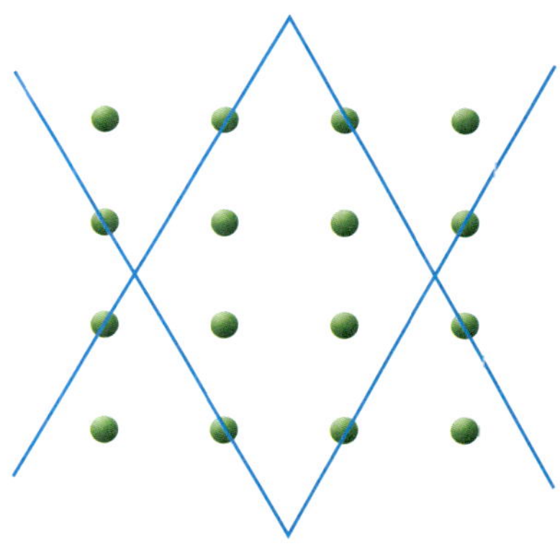

07 투명한 고무호스 속에 빨간 구슬이 한 개 들어있습니다. 파란 구슬을 꺼내지 않고 빨간 구슬만 꺼내는 방법을 설명하시오

11

01 각각의 그림은 0~9의 자연수를 나타냅니다. 그림을 숫자로 나타내시오.

밤 : ☐ 포도 : ☐ 수박 : ☐ 딸기 : ☐ 고추: ☐

바나나: ☐ 사과: ☐

02 빈칸에 알맞은 수를 써넣으시오.

1) $9 \times 1 + 2 =$ ☐　　2) $9 \times 12 + 3 =$ ☐

3) $9 \times 123 + 4 =$ ☐　　4) $9 \times$ ☐ $+ 10 = 1111111111$

03 상혁이와 여진이는 가위, 바위, 보 게임으로 초콜릿을 갖기로 했습니다. 첫 번째 게임에서 이기면 초콜릿 1개를 갖고, 두 번째 게임에서 이기면 초콜릿 2개를 갖고, 세 번째 게임에서 이기면 초콜릿 4개를 갖고, 네 번째 게임에서 이기면 초콜릿 8개를 갖고, 다섯 번째 게임에서 이기면 초콜릿 16개를 갖기로 했습니다. 이와 같은 방법으로 다섯 번 경기를 했더니 상혁이가 여진이보다 3개를 더 많이 가졌습니다. 그러면 상혁이가 이긴 게임은 몇 번째 게임입니까? 단, 게임에서 비긴 경우는 한 번도 없습니다.

04 여섯 조각의 도형을 조립하여 직사각형으로 만들려고 합니다. 직사각형에 굵은 선으로 나타내시오.

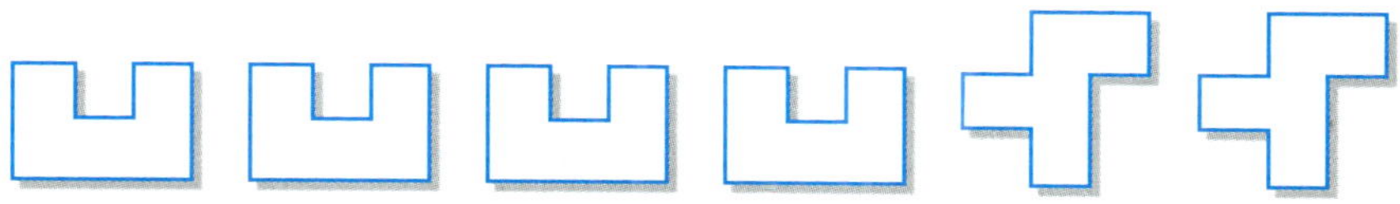

05 12개의 바둑알을 한 줄에 4개씩 네 줄로 배열하는 방법을 그림으로 나타내시오.

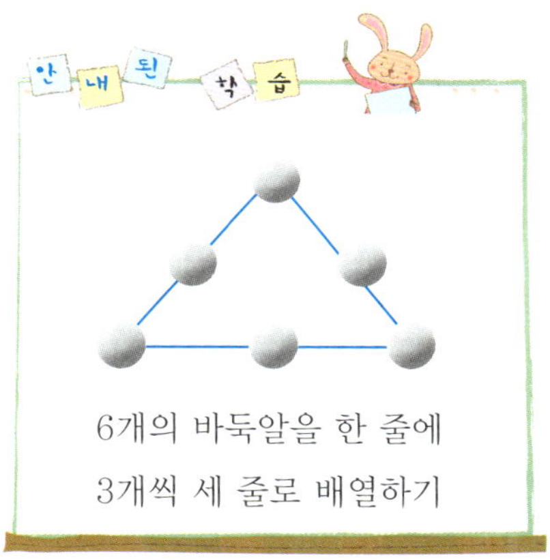

06 직사각형, 정사각형, 삼각형을 아래와 같이 겹쳐 놓았습니다. 아래의 그림에서 규칙이 다른 것을 찾고 그 이유를 말하시오.

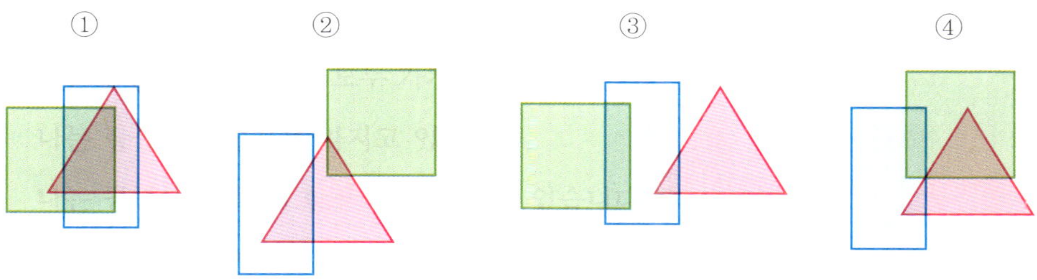

12

01 각각의 그림은 1~9의 자연수를 나타냅니다. 그림을 숫자로 나타내시오.

밤 : ☐ 옥수수 : ☐ 버섯 : ☐ 포도 : ☐ 수박 : ☐

딸기 : ☐ 고추: ☐ 바나나: ☐ 사과: ☐

02 전자계산기로 해결하시오.

1) 9 × 1234567891 + 92

2) 9 × 12345678912 + 903

3) 9 × 123456789123 + 9004

4) 9 × 1234567891234 + 90005

03 여섯 명이 쌀 여섯 가마를 창고에서 트럭으로 옮기는데 2분이 걸렸습니다. 그러면 여섯 가마의 쌀을 세 명이 옮기는데 최소 몇 분이 걸리겠습니까? 단, 한 사람이 한 번에 옮길 수 있는 쌀의 양은 한 가마이고, 쌀을 들고 가거나 빈손으로 돌아오거나 걸리는 시간은 똑같다고 합니다.

04 그림 ①의 4조각의 도형을 이용하여 그림 ②와 같은 피라미드 모양을 만들려고 합니다. 그림 ②에 굵은 선으로 나타내시오.

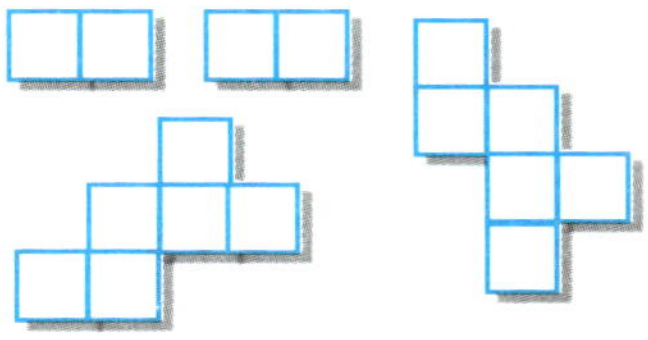

그림 ①

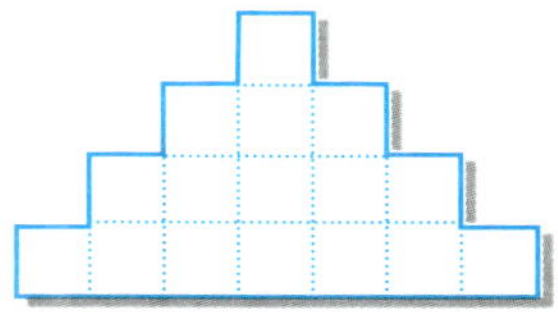

그림 ②

05 12개의 바둑알을 한 줄에 4개씩 여섯 줄로 버열했습니다. 아래의 그림에 7개의 바둑알을 추가하여 한 줄에 5개씩 아홉 줄로 나타내는 방법을 그림으로 나타내시오.

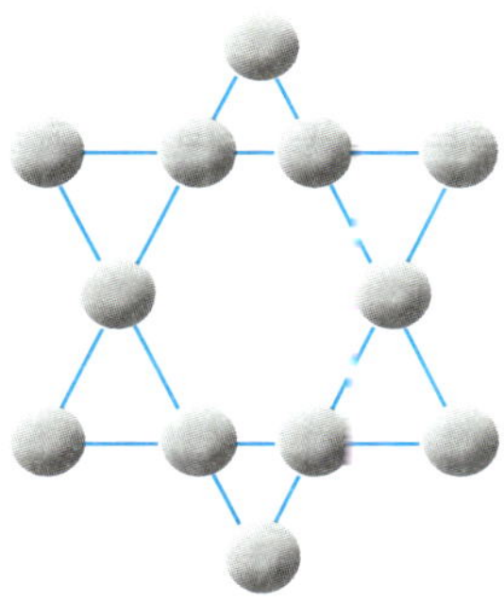

06 아래와 같이 철자와 문장부호를 나타낸 표가 있습니다. 이 표를 참고하여 그림을 글로 나타내시오.

ㄱ	ㄴ	ㄷ
ㄹ	ㅁ	ㅂ
ㅅ	ㅇ	ㅈ

♥

ㅊ	ㅋ	ㅌ
ㅍ	ㅎ	ㅏ
ㅑ	ㅓ	ㅕ

♥♥

ㅗ	ㅛ	ㅜ
ㅠ	ㅡ	ㅣ
.	?	!

13

01 각각의 그림은 1~9의 자연수를 나타냅니다. 그림을 숫자로 나타내시오.

밤 : ☐ 옥수수 : ☐ 버섯 : ☐ 포도 : ☐ 수박 : ☐

딸기 : ☐ 고추: ☐ 바나나: ☐ 사과: ☐

02 500원짜리 동전 6개가 있습니다. 이 중에 한 개의 위조동전이 있는데 다른 것보다 약간 가볍습니다. 윗접시저울을 두 번 사용하여 위조동전을 찾는 방법을 설명하시오.

안내된 학습

동전 8개를 윗접시저울을 세 번 사용하여 위조동전 찾기

- 동전 8개를 윗접시저울의 양쪽에 4개씩 똑같이 나누어 올려놓으면 가벼운 쪽이 위로 올라갑니다.
- 가벼운 쪽의 동전 4개를 양쪽에 2개씩 나누어 놓으면 가벼운 쪽이 위로 올라갑니다.
- 가벼운 쪽의 동전 2개를 양쪽에 한 개씩 나누어 놓으면 가벼운 쪽이 위로 올라가서 가벼운 동전을 찾을 수 있습니다.

03 그림 ①의 다섯 조각의 도형을 이용하여 그림 ②와 같은 피라미드 모양을 만들려고 합니다. 그림 ②에 굵은 선으로 나타내시오.

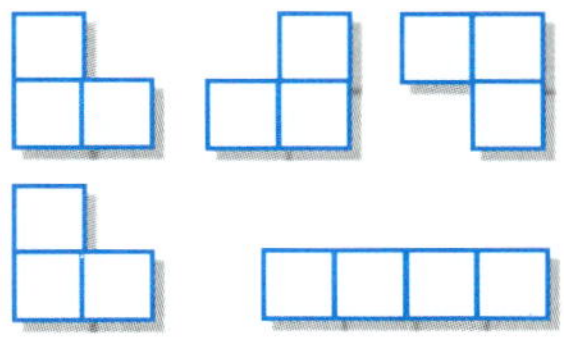

그림 ①

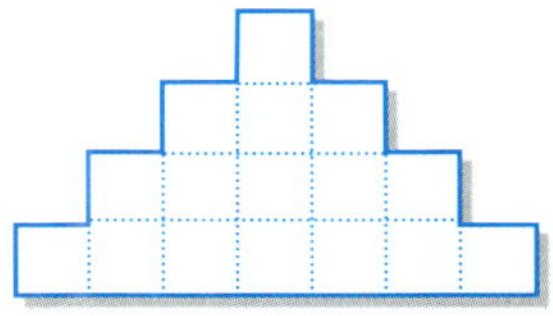

그림 ②

04 9개의 바둑알을 한 줄에 3개씩 10줄로 만드는 방법을 선으로 나타내시오.

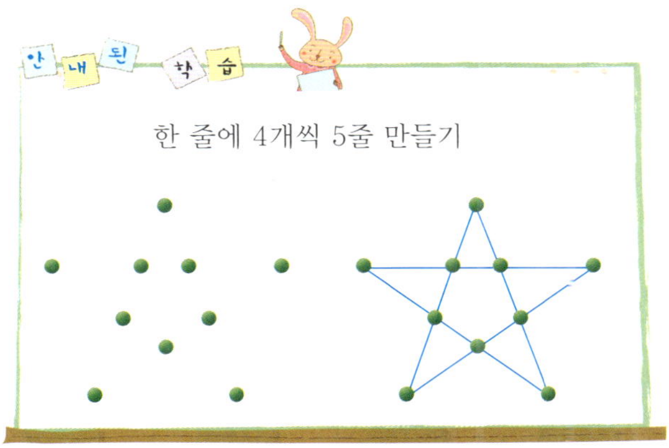

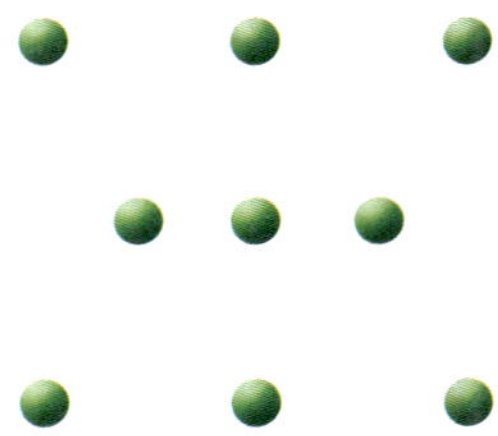

05 안내된 학습은 4개의 십자가 모양의 도형을 모서리가 맞닿게 놓아 십자가 모양을 1개 더 만든 것입니다. 안내된 학습과 같이 오른쪽의 빈칸에 화살표를 재배치하여 화살표 5개를 만드시오.

14

01 각각의 그림은 1~9의 자연수를 나타냅니다. 그림을 숫자로 나타내시오.

밤 : ☐ 옥수수 : ☐ 버섯 : ☐ 포도 : ☐ 수박 : ☐

딸기 : ☐ 고추: ☐ 바나나: ☐ 사과: ☐

02 안내된 학습을 참고하여 물음에 답하시오.

1) 26을 연속된 네 수의 합으로 나타내시오.

2) 15를 연속된 수의 합으로 나타내는 방법을 모두 쓰시오.

안내된 학습

- 10을 연속된 네 수의 합으로 나타내면 $1+2+3+4$
- 27을 연속된 수의 합으로 나타내면 $13+14$, $8+9+10$, $2+3+4+5+6+7$

03 나래가 문방구에서 학용품을 사려고 주머니 속을 뒤져보았더니 3종류의 동전 10개가 손에 잡혔습니다. 그래서 동전을 꺼내어 돈의 액수를 계산해 보니 480원이었습니다. 나래가 가지고 있는 동전의 종류와 종류별 개수를 구하시오.

04 아래의 도형을 그림 ②, 그림 ③과 같이 점선을 따라 모양과 크기가 같게 2조각으로 나누시오. 단, 그림 ③, ④는 회전하면 모양이 같은 것으로 한 가지로 합니다. 또, 그림 ②와 그림 ③은 이미 제시되어 있으므로 정답에서 제외합니다.

그림 ① 그림 ② 그림 ③ 그림 ④

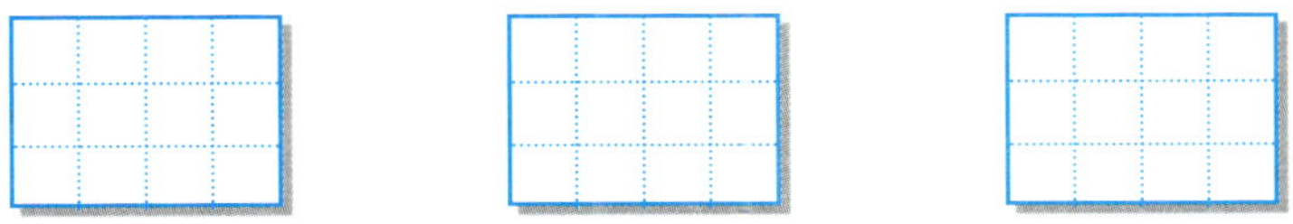
그림 ⑤ 그림 ⑥ 그림 ⑦

05 6개의 바둑알을 이용하여 한 줄에 3개씩 서 줄로 만들었습니다. 바둑알 1개를 움직여 한 줄에 3개씩 네 줄로 만드는 방법을 그림으로 나타내시오.

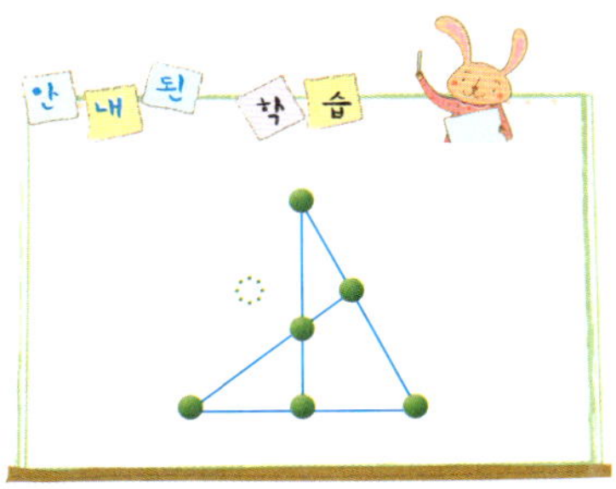

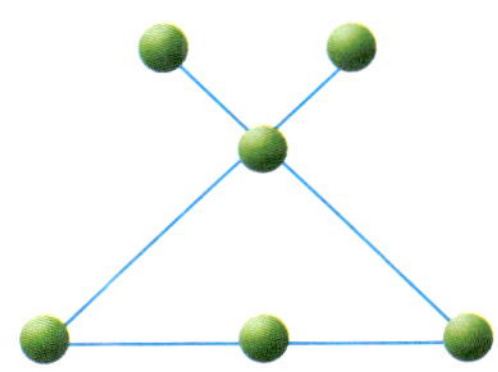

06 원을 직선을 이용하여 그림과 같이 분할했는데 그림 ①은 2개, 그림 ②는 4개로 나누었습니다. 그러면 그림 ③과 그림 ④는 각각 몇 부분으로 나누었습니까? 또, 5개의 직선으로 나누면 최대 몇 개의 부분으로 나눌 수 있습니까?

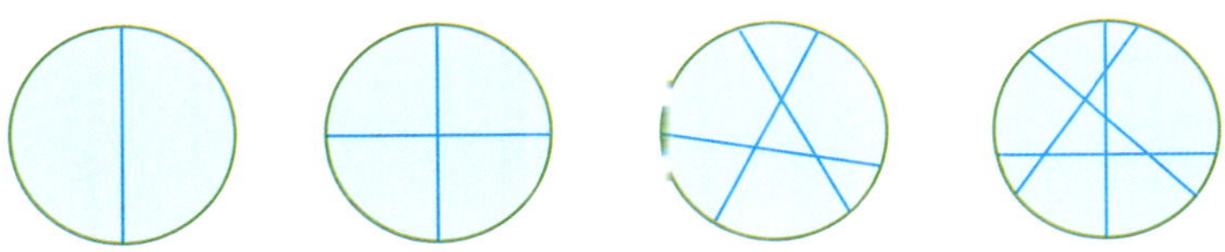
그림 ① 그림 ② 그림 ③ 그림 ④

15

01 각각의 그림은 1~9의 자연수를 나타냅니다. 그림을 숫자로 나타내시오.

밤 : ☐ 옥수수 : ☐ 버섯 : ☐ 포도 : ☐ 수박 : ☐

딸기 : ☐ 고추: ☐ 바나나: ☐ 사과: ☐

02 빈칸에 알맞은 수를 써넣으시오. 단, ☐ 안의 수는 같은 수입니다.

1) $5 \times 7 + 1 = \square \times \square$ 2) $6 \times 8 + 1 = \square \times \square$

3) $8 \times 10 + 1 = \square \times \square$ 4) $89 \times 91 + 1 = \square \times \square$

03 범수네 농장에서는 배추 100000포기를 수확했습니다. 아래의 자료를 참고하여 배추를 언제 팔아야 얼마의 이익이 되는지 알아보시오.

- 수확한 즉시 팔게 되면 한 포기에 600원.
- 저장했다가 한 달 후에 팔면 한 포기에 800원.
- 배추를 한 달 동안 보관하면 전체의 20%가 썩으며 보관비는 2000000원

04 자신이 좋아하는 한 자리의 수를 연속으로 늘어놓아 세 자리의 수를 만들고 3과 37로 차례로 나누어 보고 그 결과를 말하시오.

05 정사각형 5개를 붙여서 오른쪽과 같은 도형을 만들고 3조각으로 나누었습니다. 3조각을 다시 조립하여 정사각형 모양으로 만드는 방법을 그림으로 나타내시오.

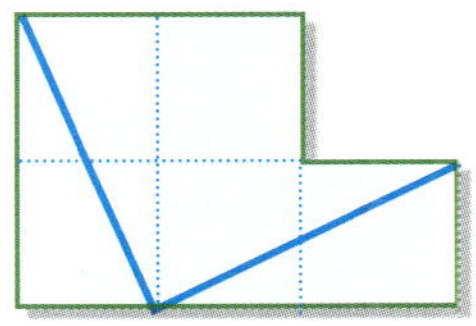

06 어머니는 아들의 능력을 시험해 보려고 8칸의 상자에 초콜릿 32개를 넣고 다음과 같이 말했습니다.

"하루에 2개씩 꺼내먹되 각 줄에 있는 초콜릿의 개수의 합이 항상 11개로 같게 해야 한다."

영리한 아들은 하루에 2개씩 4일 동안 8개를 꺼내 먹고 각 줄에 있는 초콜릿의 개수의 합이 11개로 같게 했습니다. 그러면 아들은 어떤 방법으로 초콜릿을 꺼내 먹었습니까? 단, 각각의 상자에는 최소 1개 이상의 초콜릿이 있어야 합니다.

3	5	3
5		5
3	5	3

32개

첫째 날

30개

둘째 날

23개

셋째 날

26개

넷째 날

24개

안내된 학습

그림과 같이 40개의 초콜릿에서 4개의 초콜릿을 꺼내 먹고 각 줄에 있는 초콜릿의 개수의 합이 11이 되게 배치하기

1	9	1
9		9
1	9	1

1	7	3
7		7
3	7	1

2	7	2
7		7
2	7	2

16

01 여러 종류의 정사각형을 이용하여 큰 정사각형을 만들었습니다. 정사각형 A의 한 변의 길이가 1cm라면 각각의 정사각형의 한 변의 길이는 몇 cm입니까?.

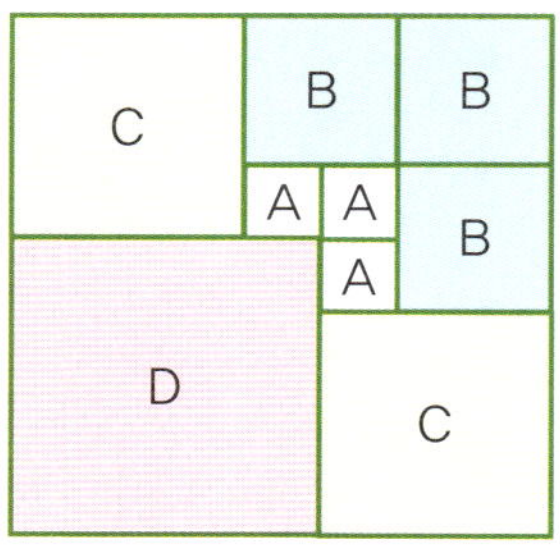

A = ☐ cm B = ☐ cm

C = ☐ cm D = ☐ cm

02 0, 1, 2, 3, 4, …… 를 아라비아숫자, Ⅰ, Ⅱ, Ⅲ, Ⅳ, …… 를 로마숫자라고 합니다. 아래의 아라비아숫자를 로마숫자로 나타내시오.

① 234 ② 3609

안내된 학습

Ⅰ	Ⅱ	Ⅲ	Ⅳ	Ⅴ	Ⅵ	Ⅶ	Ⅷ	Ⅸ	Ⅹ
1	2	3	4	5	6	7	8	9	10
XX	XXX	XL	L	C	CC	CD	D	CM	M
20	30	40	50	100	200	400	500	900	1000

325는 CCCXXV 874는 DCCCLXXIV 2756은 MMDCCLVI

03 음식점에서 생일파티를 하고 영수증을 받았더니 120달러가 나왔습니다. 'Good' 수준의 팁(음식값의 15%)을 주는 방법을 머리셈으로 해결하시오.

04 삼각형 ABC를 4개의 이등변삼각형으로 나누려고 합니다. 나누는 방법을 그림으로 나타내고 설명하시오. (변AD = 변DB = 변DE, 변AF = 변FE = 변FC)

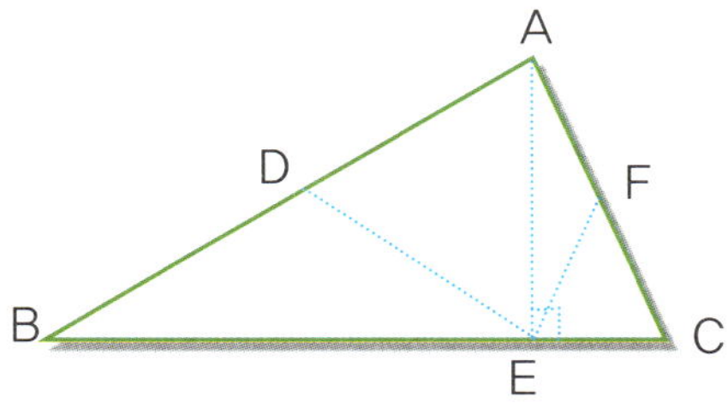

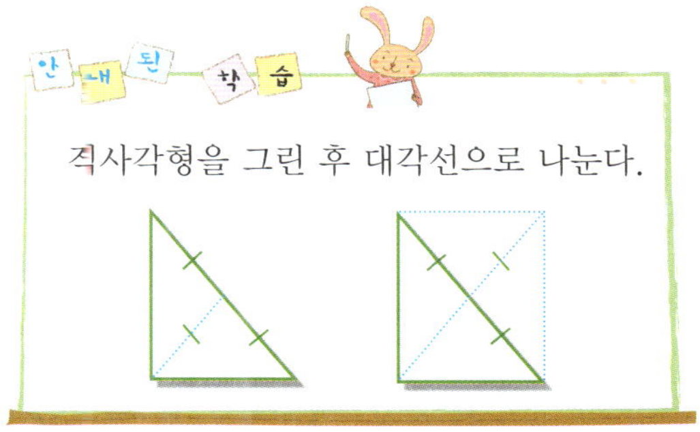

05 한 변의 길이가 1cm인 정사각형 6개를 이용하여 그림 ①과 같은 도형 A, B를 만들었습니다. 도형 B를 고정시키고 도형 A를 화살표 방향으로 1초에 1cm씩 이동시켰을 때 겹쳐진 부분의 넓이는 어떻게 변하는지 그림 ②에 꺾은선그래프로 나타내시오.

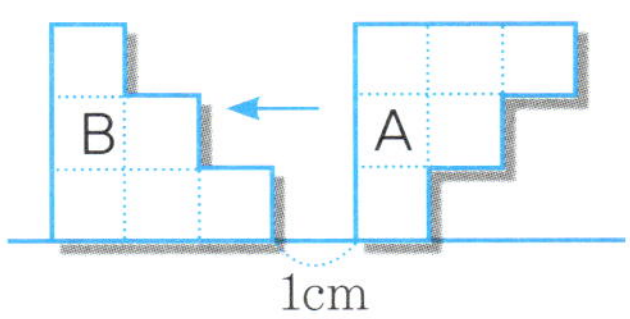

그림 ①

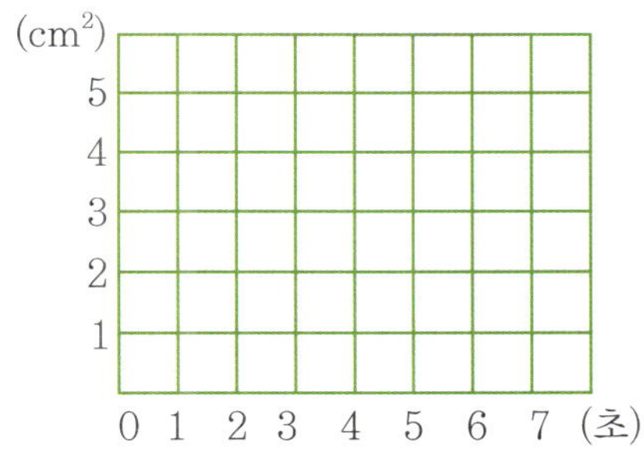

그림 ②

06 그림 ①의 두 모서리를 잘라내어 그림 ②와 같은 도형을 만들었습니다. 그림 ②의 도형을 모양과 크기가 같게 두 조각으로 나누고, 이를 다시 조립하여 그림 ③과 같은 도형으로 만들려고 합니다. 그림 ②에는 나누는 부분을 굵은 선으로 표시하고, 그림 ③에는 조립한 부분을 굵은 선으로 표시하시오.

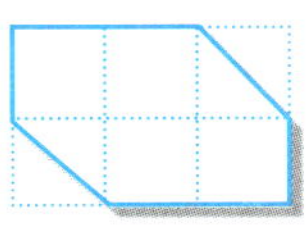
그림 ①

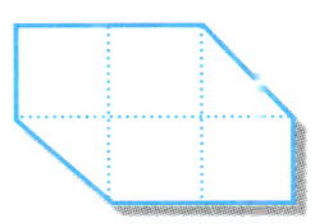
그림 ②

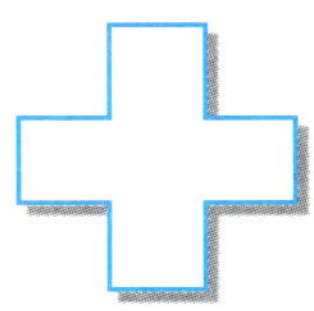
그림 ③

17

01 다섯 종류의 정사각형으로 아래와 같은 정사각형을 만들었습니다. 정사각형 A의 한 변의 길이가 1cm라면 각각의 정사각형의 한 변의 길이는 몇 cm입니까?

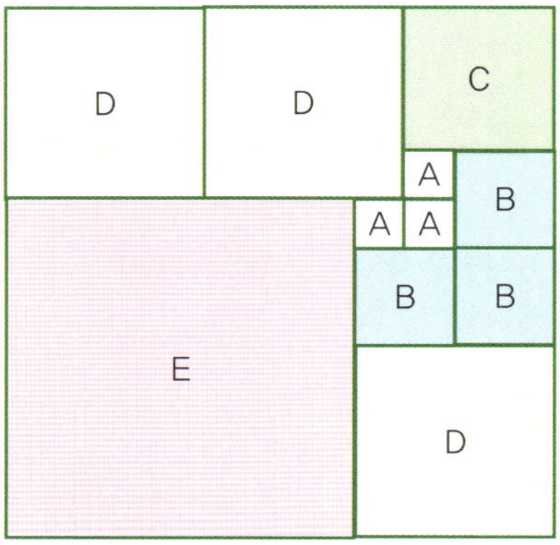

A = ☐ cm　　B = ☐ cm

C = ☐ cm　　D = ☐ cm

E = ☐ cm

02 안내된 학습을 참고하여 문제를 해결하시오.

$$(9 \times 9) - (8 \times 8) + (7 \times 7) - (6 \times 6) + (5 \times 5) - (4 \times 4) + (3 \times 3) - (2 \times 2) + (1 \times 1)$$

안내된 학습

- $(3 \times 3) - (2 \times 2) = 5$, $(3 + 2) \times (3 - 2) = 5$ $\Rightarrow$ $(3 \times 3) - (2 \times 2) = (3 + 2)$)
- $(4 \times 4) - (3 \times 3) = 7$, $(4 + 3) \times (4 - 3) = 7$ $\Rightarrow$ $(4 \times 4) - (3 \times 3) = (4 + 3)$
- $(5 \times 5) - (4 \times 4) + (3 \times 3) - (2 \times 2) + (1 \times 1) = \{(5 \times 5) - (4 \times 4)\} + \{(3 \times 3) - (2 \times 2)\} + (1 \times 1) = (5 + 4) + (3 + 2) + 1 = 5 + 4 + 3 + 2 + 1 = 15$

03 A, B, C, D, E 다섯 종류의 장미꽃이 있습니다. 이 장미꽃 중에서 두 종류의 꽃을 선택하는 방법은 모두 몇 가지입니까?

04 그림 ①을 모양과 크기가 같게 2조각으로 나누어 그림 ②와 같은 도형으로 만들려고 합니다. 그림 ①에는 나누는 부분을 굵은 선으로 나타내고, 그림 ②에는 조립한 부분을 굵은 선으로 나타내시오.

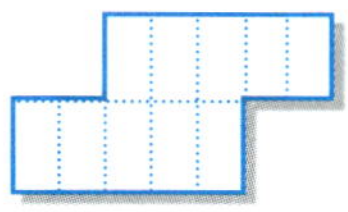

그림 ①

그림 ②

05 7개의 컵을 한 번에 3개씩 세 번 뒤집어 모든 컵을 바르게 세우려고 합니다. 뒤집는 순서를 안내된 학습과 같이 번호로 나타내시오.

첫 번째(　　　　　　　), 두 번째(　　　　　　　), 세 번째(　　　　　　　)

안내된 학습

5개의 컵을 한 번에 3개씩 세 번 뒤집어 컵을 바르게 세우기

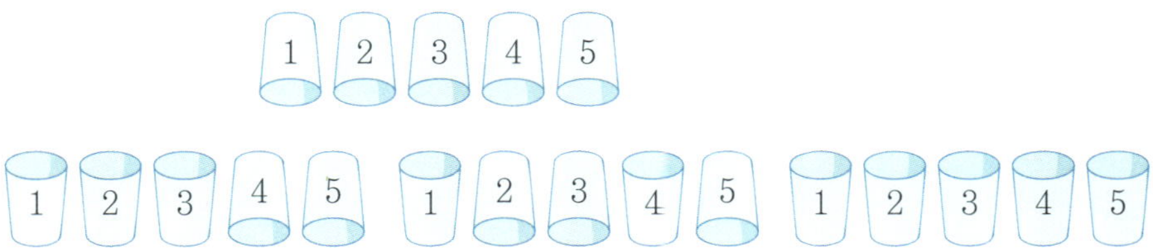

첫 번째(1 − 2 − 3)　　두 번째(2 − 3 − 4)　　세 번째(2 − 3 − 5)

06 아래의 그림은 영어 알파벳 'G'안에 'K'를 쓴 것으로 영어의 단어(4개의 철자로 만든 글자)를 나타냅니다. 이 그림이 의미하는 글자는 무엇입니까?

18

01 여섯 종류의 정사각형으로 아래와 같은 정사각형을 만들었습니다. 정사각형 A의 한 변의 길이가 1cm라면 각각의 정사각형의 한 변의 길이는 몇 cm입니까?

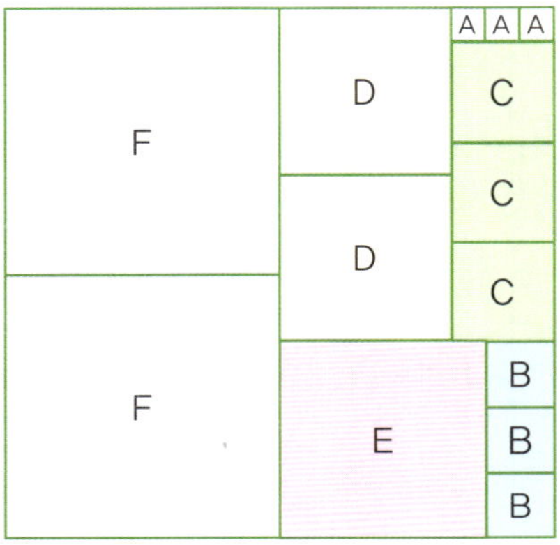

A = ☐ cm B = ☐ cm

C = ☐ cm D = ☐ cm

E = ☐ cm F = ☐ cm

02 ☐ 안에 알맞은 수를 써넣으시오. 단, ☐ 의 수는 같은 수입니다.

1) $11 \times 15 + 2 \times 2 = \square \times \square$ 2) $11 \times 17 + 3 \times 3 = \square \times \square$

안내된 학습

- $12 \times 16 + 2 \times 2 = (12 + 2) \times (16 - 2) = 14 \times 14 = 196$
- $13 \times 19 + 3 \times 3 = (13 + 3) \times (19 - 3) = 16 \times 16 = 256$

03 문항의 개수가 10개이고, 100점이 만점인 시험을 A, B, C, D 네 사람이 보았습니다. A와 C의 점수의 차이는 10점, B와 D의 점수의 차이는 20점, C와 D의 점수의 차이는 30점입니다. 또, B의 점수가 80점이고, D의 점수가 최저 점수라면 각각의 점수는 몇 점입니까?

04 그림 ①과 같이 가로축에 있는 점과 세로축에 있는 점을 이었더니 선분이 서로 만나는 점의 개수가 각각 1개, 3개, 6개였습니다. 그림 ②에서 선분이 서로 만나는 점의 개수를 직접 그려 구하시오.

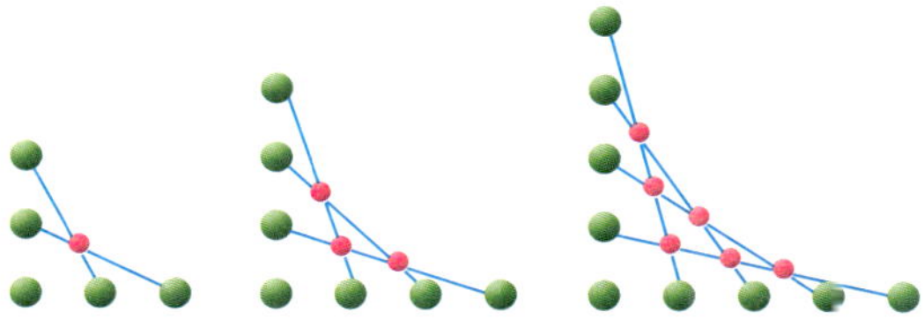

그림 ①

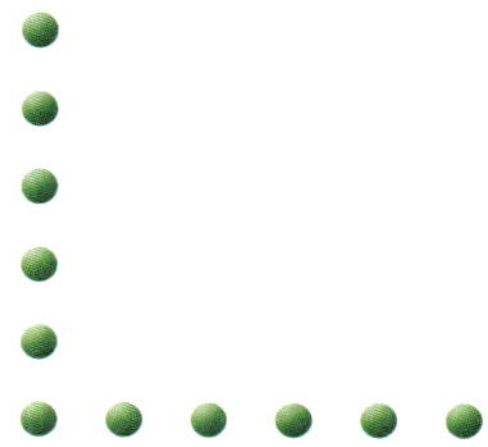

그림 ②

05 넓이가 5cm²인 정사각형의 가운데를 넓이가 1cm²인 정사각형 모양으로 오려냈습니다. 모양과 크기가 같은 4개의 직각삼각형으로 나누시오.

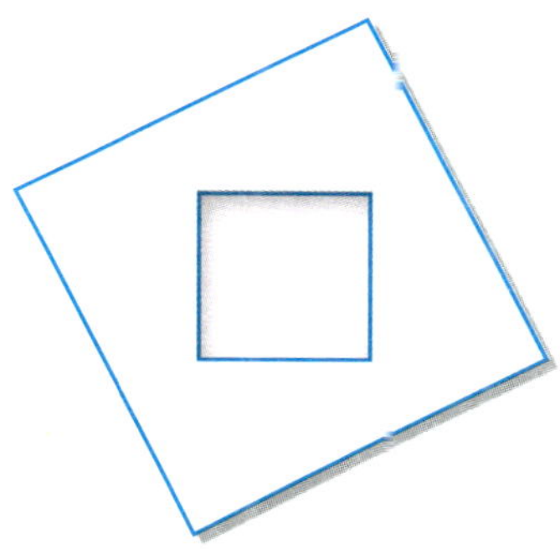

06 4개의 컵을 한 번에 3개씩 네 번 뒤집어 모든 컵을 바르게 세우려고 합니다. 뒤집는 순서를 번호로 나타내시오.

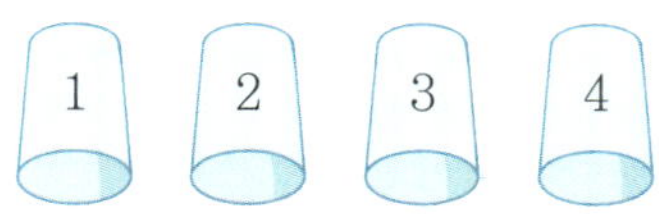

첫 번째(　　　), 두 번째(　　　), 세 번째(　　　), 네 번째(　　　)

19

01 여섯 종류의 정사각형으로 아래와 같은 정사각형을 만들었습니다. 정사각형 A의 한 변의 길이가 2cm라면 각각의 정사각형의 한 변의 길이는 몇 cm입니까?

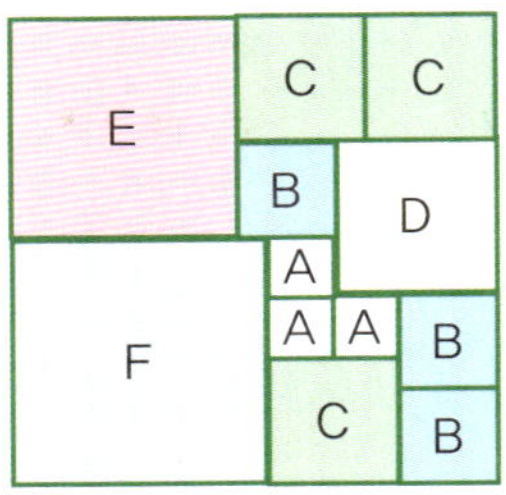

A = ☐ cm　　B = ☐ cm

C = ☐ cm　　D = ☐ cm

E = ☐ cm　　F = ☐ cm

02 다음 계산을 하시오.

1) 999 × 2　　2) 999 × 3

3) 999 × 4　　4) 999 × 5

5) 999 × 6　　6) 999 × 9

03 아래의 그림과 같이 왼쪽에 있는 직사각형을 직선 AB 위로 이동시킬 때 두 도형이 겹쳐서 만들어진 도형의 이름을 모두 쓰시오.

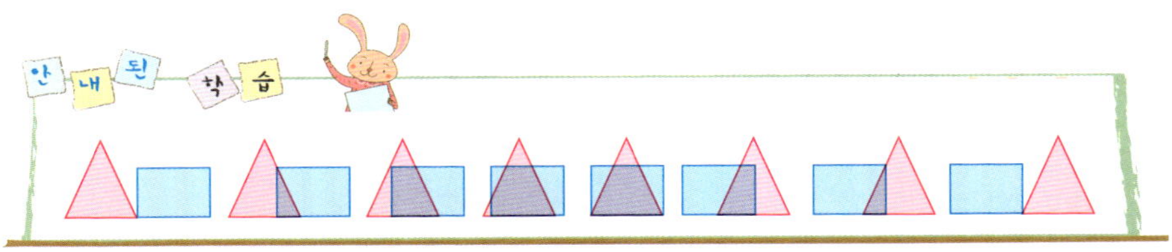

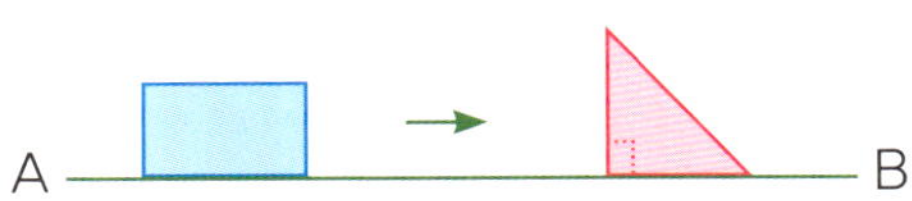

04 그림 ①과 같은 정사각형 4개를 잘라서 4개의 직각삼각형을 만들고 이를 붙여서 그림 ②와 같은 정사각형을 만들려고 합니다. 자르는 부분은 그림 ①에, 붙이는 부분은 그림 ②에 표시하시오.

그림 ①

그림 ②

안내된 학습

정사각형을 2조각으로 나누어 밑변과 높이의 비가 2 : 1인 직각삼각형 만들기

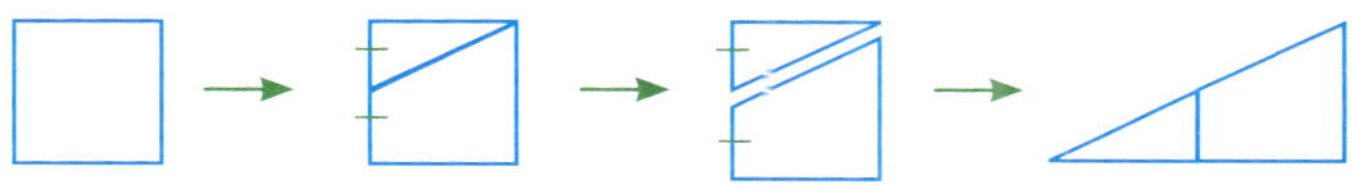

05 8개의 컵을 한 번에 3개씩 네 번 뒤집어 도든 컵을 바르게 세우려고 합니다. 뒤집는 순서를 번호로 나타내시오.

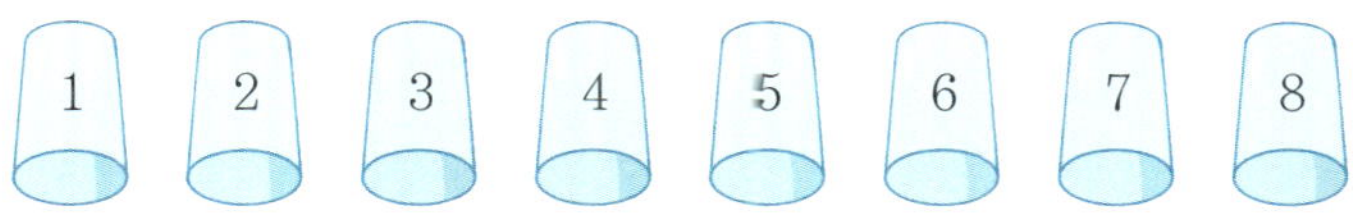

첫 번째(　　　　), 두 번째(　　　　), 세 번째(　　　　), 네 번째(　　　　)

06 나는 누구입니까?

- 나는 1에서 6의 숫자를 모두 가지고 있습니다.
- 나는 항상 7의 숫자를 가지고 있습니다.
- 나는 공중에 있을 때 항상 21을 가지고 있습니다.
- 나는 책상에 놓여 있을 때 한 개의 숫자가 보이지 않습니다.

20

01 열 종류의 정사각형으로 아래와 같은 직사각형을 만들었습니다. 정사각형 A의 한 변의 길이가 10이라면 각각의 정사각형의 한 변의 길이는 몇 입니까?

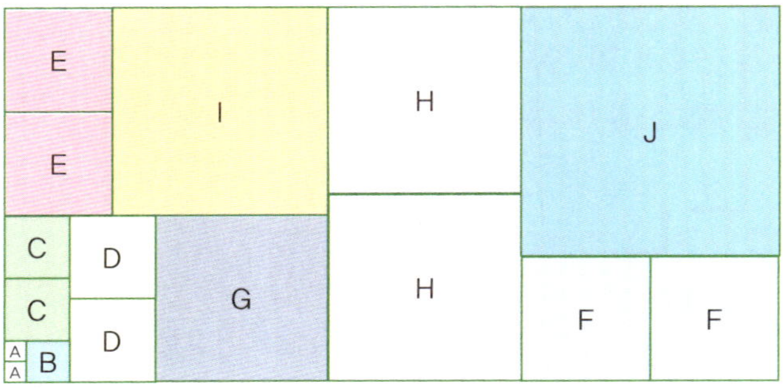

A = ☐ B = ☐

C = ☐ D = ☐

E = ☐ F = ☐

G = ☐ H = ☐

I = ☐ J = ☐

02 특징이 있는 전화번호가 있습니다. 이삿짐센터의 전화번호는 ○○○ – **2424(이사이사)**, 물건을 배달하는 가게는 ○○○ – **8282(빨리빨리)** 등의 번호가 많습니다. 그러면 다음 전화번호는 어떤 특징이 있습니까?

1) 149 – 1625

2) 749 – 1681

03 한 통의 무게가 100g이고, 한 상자에 20통씩 들어 있는 다섯 상자의 오렌지주스가 있습니다. 그런데 다섯 개의 상자 중에는 각각의 통마다 1g씩 모자라는 불량품이 한 상자가 있습니다. 그래서 각각의 상자에서 오렌지주스를 몇 개씩 꺼내어 전자저울에 한꺼번에 올려놓고 무게를 재어 불량품 상자를 골라내려고 합니다.
전자저울을 한 번만 사용하여 불량품 상자를 골라낼 수 있는 방법을 설명하시오. 단, 저울에 올려놓을 수 있는 오렌지주스는 15통까지 올려놓을 수 있으며, 오렌지주스 통에 색연필로 꺼낸 상자의 표시를 해도 좋습니다. 예를 들어 첫 번째 통에서 한 개를 꺼내 1이라고 표시해도 좋습니다.

04 수학 문제나 수학 공식을 이용하여 자신의 생일을 친구에게 알려보시오.

(예: "내 생일은 원주율과 똑같아. 단, 원주율은 소수 둘째 자리까지를 말해.")

05 오른쪽의 정사각형에 2개의 직선을 그어 모양과 크기가 같은 일반사각형 4개로 만드시오.

☞ 네 변의 길이와 네 각의 크기가 서로 다른 사각형을 일반사각형이라고 약속합니다.

06 7개의 컵을 한 번에 5개씩 세 번 뒤집어 모든 컵을 바르게 세우려고 합니다. 뒤집는 순서를 번호로 나타내시오.

첫 번째(　　　　　　), 두 번째(　　　　　　), 세 번째(　　　　　　)

07 숫자가 있는 곳에서 숫자만큼 방향을 이동하여 한 곳에서 만나게 하려고 합니다. 안내된 학습을 참고하여 문제를 해결하시오. 단, 서로 엇갈리거나 지나간 길을 다시 지나갈 수 없습니다.

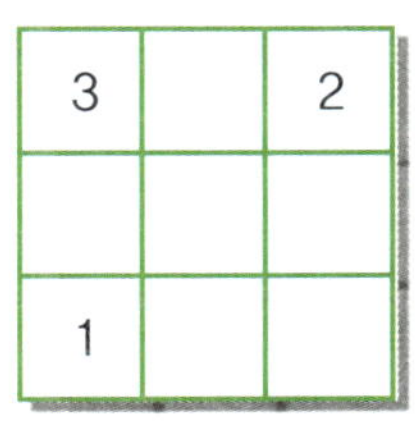

21

01 여섯 종류의 정사각형으로 아래와 같은 정사각형을 만들었습니다. 정사각형 A의 한 변의 길이가 1이고, 정사각형 B의 한 변의 길이가 2이라면 각각의 정사각형의 한 변의 길이는 몇 입니까?

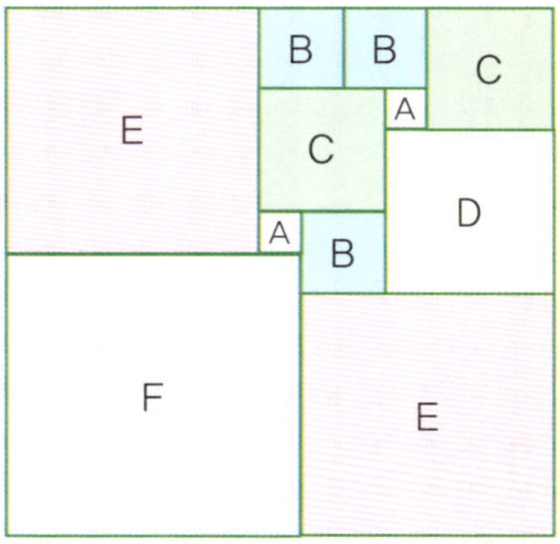

A = ☐ B = ☐

C = ☐ D = ☐

E = ☐ F = ☐

02 단풍은 하루 평균기온이 15도일 때부터 나타나며 기온이 갑자기 떨어지는 달의 단풍보다는 천천히 떨어지는 달의 단풍이 훨씬 아름답습니다.
우리나라에서는 설악산, 오대산에서 시작하여 하루에 25km씩 남쪽으로 내려오고, 같은 산에서는 정상에서 산 아래로 하루에 약 40m씩 내려옵니다. 그리고 대체로 단풍은 물들기 시작한 지 보름이면 절정에 도달합니다.

1) 높이가 1800m인 산의 정상에서 시작한 단풍이 산의 가장 아래까지 내려오는데 며칠이 걸립니까?

2) 단풍이 설악산에서 9월 15일 시작했다고 가정하면 설악산에서 남쪽으로 100km 떨어진 지역에서는 언제 단풍이 들기 시작합니까?

03 다음 문제를 쉽게 해결할 수 있는 방법을 연구하시오.

$1+2-3+4+5-6+7+8-9+10+11-12+13+14-15+16+17-18+19+20-21$

04 아래의 수를 쉽게 외울 수 있고, 오랫동안 기억할 수 있는 방법을 연구해보시오.

149162536496481

05 모양과 크기가 같은 네 조각의 천을 조립하여 한 가운데가 구멍이 난 정사각형 모양의 카펫을 완성하려고 합니다. 오른쪽의 정사각형에 굵은 선으로 나타내시오.

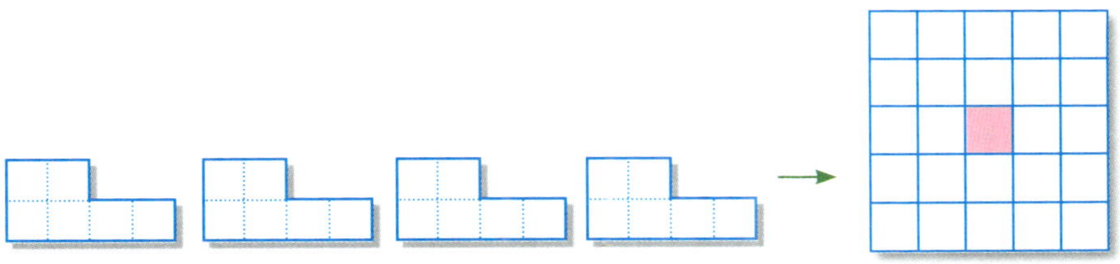

06 10개의 컵을 한 번에 3개씩 네 번 뒤집어 모든 컵을 바르게 세우려고 합니다. 뒤집는 순서를 번호로 나타내시오.

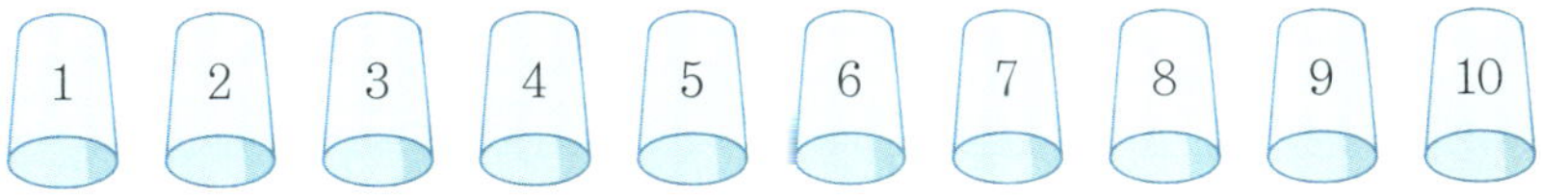

첫 번째(　　　　), 두 번째(　　　　), 세 번째(　　　　), 네 번째(　　　　)

22

01 열 종류의 정사각형으로 아래와 같은 직사각형을 만들었습니다. 정사각형 A의 한 변의 길이가 1이고, 정사각형 B의 한 변의 길이가 2라면 각각의 정사각형의 한 변의 길이는 몇 입니까?

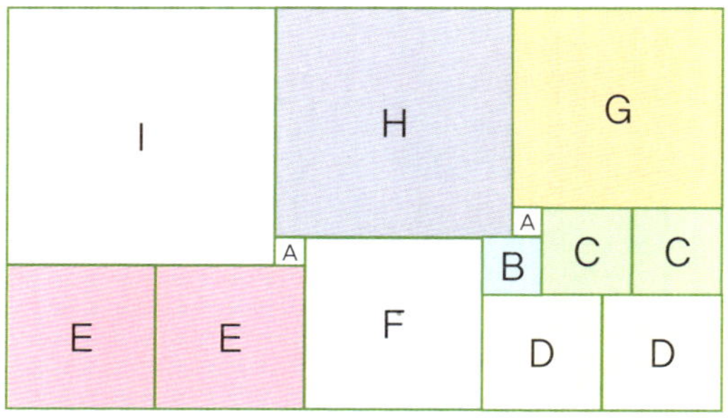

A = ☐　B = ☐
C = ☐　D = ☐
E = ☐　F = ☐
G = ☐　H = ☐
I = ☐

02 두 수의 합과 두 수의 곱이 같은 경우는 2 + 2 = 2 × 2입니다. 물음에 답하시오.

1) 세 수의 합과 세 수의 곱이 같은 경우를 찾으시오.

2) 네 수의 합과 네 수의 곱이 같은 경우를 찾으시오. 단, 같은 수를 두 번 써도 좋습니다.

3) 다섯 수의 합과 다섯 수의 곱이 같은 경우를 찾으시오. 단, 같은 수를 세 번 써도 좋습니다.

03 혜원이는 베트남 여행 기념품으로 목걸이, 반지, 목각 인형을 구입했습니다. 반지의 값은 목각 인형보다 4배 비쌌고, 목걸이의 값은 반지의 값보다 2배 비쌌습니다. 기념품 값이 모두 130달러라면 각각의 기념품 값은 얼마입니까?

04 모양과 크기가 같은 네 조각의 천을 조립하여 한 가운데가 구멍이 난 정사각형 모양의 카펫을 완성하려고 합니다. 오른쪽의 정사각형에 굵은 선으로 나타내시오.

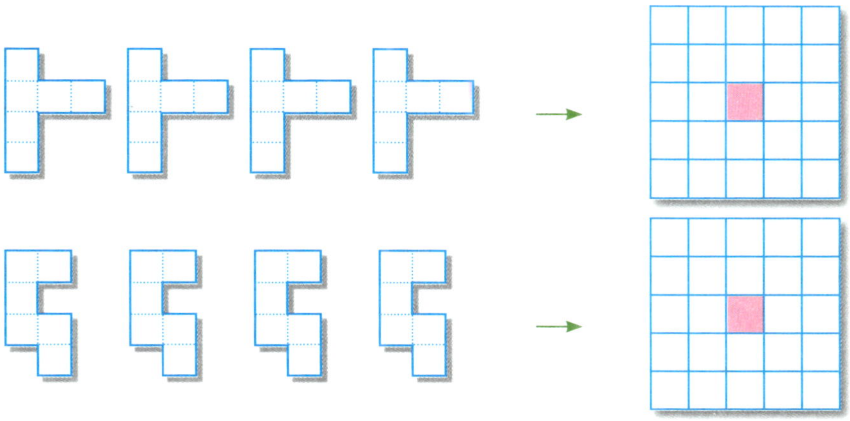

05 연필을 떼지 않고 한 번에 그려 보시오. 단, 같은 길은 두 번 지나갈 수 없습니다.

06 숫자가 있는 곳에서 숫자만큼 방향을 이동하여 한 곳에서 만나게 하려고 합니다. 안내된 학습을 참고하여 오른쪽의 문제를 해결하시오. 단, 서로 엇갈리거나 지나간 길은 다시 지나갈 수 없습니다.

	5		
	3		
2			

23

01 열 종류의 정사각형으로 아래와 같은 직사각형을 만들었습니다. 정사각형 A의 한 변의 길이가 1이고, 정사각형 B의 한 변의 길이가 2라면 각각의 정사각형의 한 변의 길이는 몇 입니까?

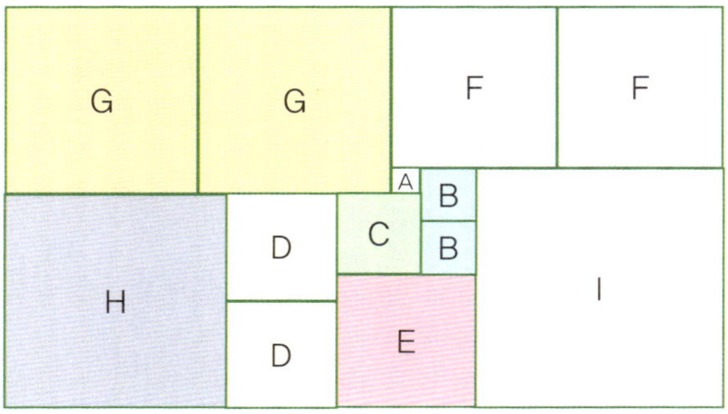

A = ☐ B = ☐

C = ☐ D = ☐

E = ☐ F = ☐

G = ☐ H = ☐

I = ☐ J = ☐

02 색칠한 부분의 4개의 수를 합하고, 이를 4로 나눈 후 4를 빼었을 때의 결과를 말하시오. 그리고 또 다른 4개의 수를 선택하여 앞의 방법과 같이 계산을 하고 계산 결과를 말하시오.

SUN	MON	TUE	WED	THU	FRI	SAT
	1	2	3	4	5	6
7	8	9	10	11	12	13
14	15	16	17	18	19	20
21	22	23	24	25	26	27
28	29	30	31			

03 어떤 수를 2로 나누면 1이 남고, 3으로 나누면 2가 남고, 4로 나누면 3이 남고, 5로 나누면 4가 남는 수 중에서 가장 작은 수를 구하시오.

04 그림 ①을 조립하여 그림 ②와 같은 정사각형으로 만들려고 합니다. 그림 ②에 굵은 선으로 나타내시오.

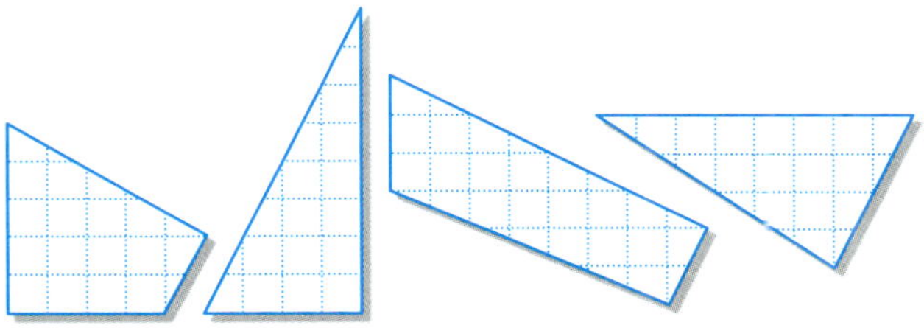

그림 ①

그림 ②

05 연필을 떼지 않고 한 번에 그려 보시오. 단, 같은 길은 두 번 지나면 안 됩니다.

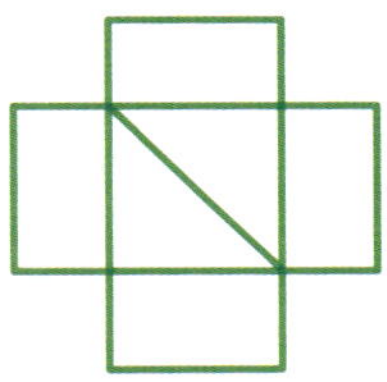

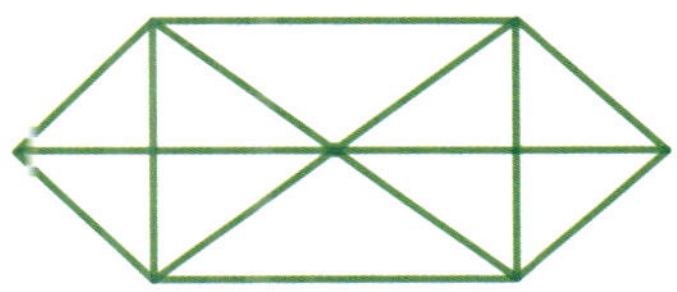

06 숫자가 있는 곳에서 숫자만큼 방향을 이동하여 한 곳에서 만나게 하려고 합니다. 안내된 학습을 참고하여 오른쪽의 문제를 해결하시오. 단, 서로 엇갈리거나 지나간 길을 다시 지나갈 수 없습니다.

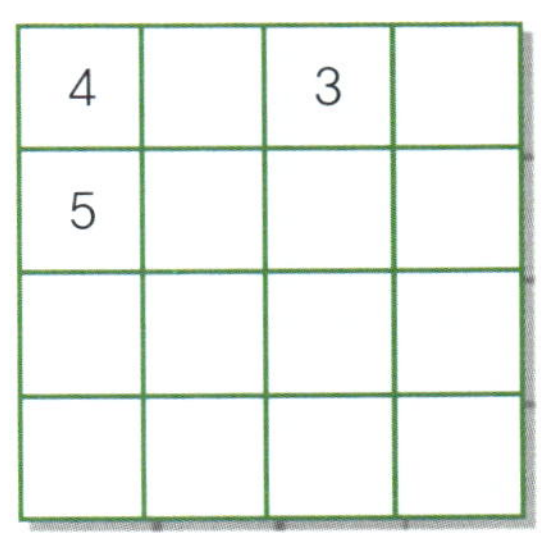

24

01 아홉 종류의 정사각형으로 아래와 같은 직사각형을 만들었습니다. 정사각형 B의 한 변의 길이가 2라면 각각의 정사각형 한 변의 길이는 몇 입니까?

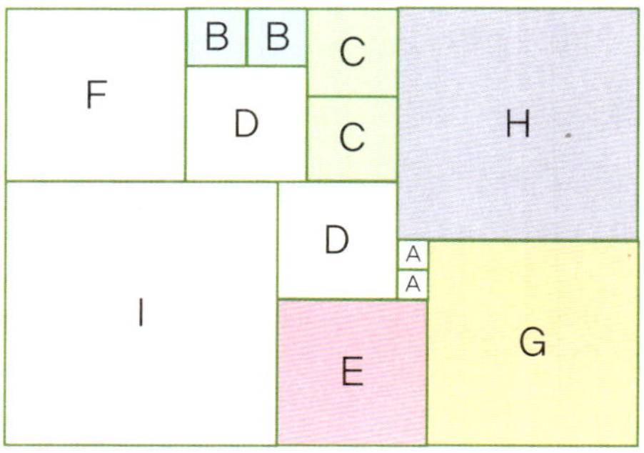

A = ☐　　B = ☐

C = ☐　　D = ☐

E = ☐　　F = ☐

G = ☐　　H = ☐

I = ☐

02 1에서 11까지의 합이 66임을 이용하여 아래의 숫자의 합을 구하시오.

1										
2	3									
3	4	5								
4	5	6	7							
5	6	7	8	9						
6	7	8	9	10	11					
7	8	9	10	11	1	2				
8	9	10	11	1	2	3	4			
9	10	11	1	2	3	4	5	6		
10	11	1	2	3	4	5	6	7	8	
11	1	2	3	4	5	6	7	8	9	10

03 왼쪽의 조각을 조립하여 정사각형으로 만들려고 합니다. 오른쪽의 모눈종이에 굵은 선으로 나타내시오.

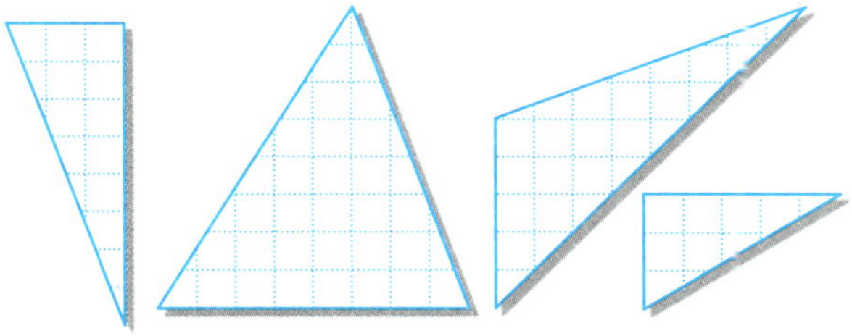

04 연필을 떼지 않고 한 번에 그려 보시오. 단, 같은 길은 두 번 지나면 안 됩니다.

05 숫자가 있는 곳에서 숫자만큼 방향을 이동하여 한 곳에서 만나게 하려고 합니다. 안내된 학습을 참고하여 오른쪽의 문제를 해결하시오. 단, 서로 엇갈리거나 지나간 길을 다시 지나갈 수 없습니다.

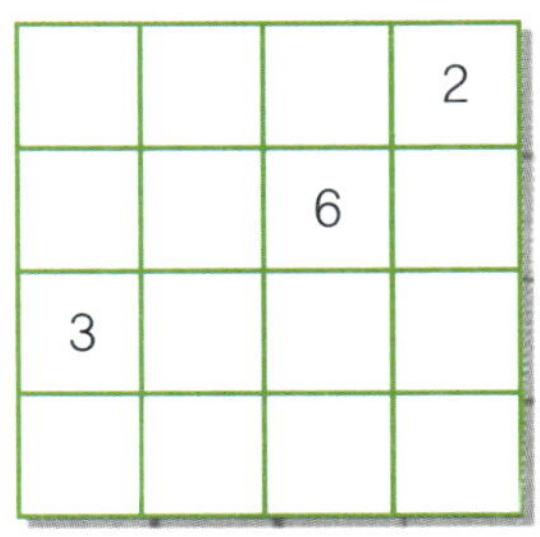

25

01 다섯 종류의 정사각형으로 아래와 같은 정사각형을 만들었습니다. 큰 정사각형의 한 변의 길이가 16cm라면 각각의 정사각형의 한 변의 길이는 몇 cm입니까?

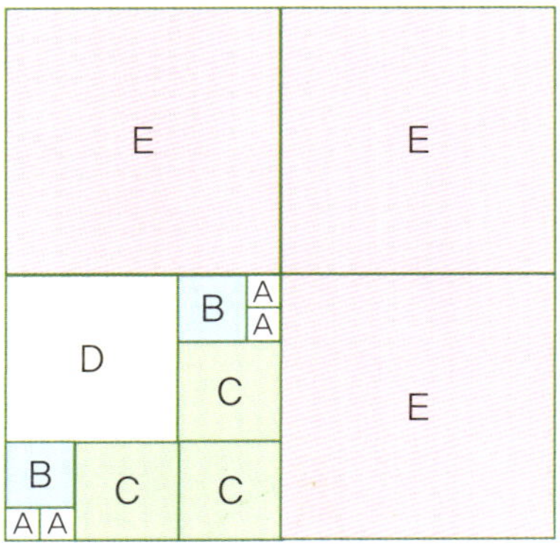

A = ☐ cm　　B = ☐ cm

C = ☐ cm　　D = ☐ cm

E = ☐ cm

02 아래의 수 중에서 2개 이상의 수를 더해서 100을 만드는 방법이 4가지가 있습니다. 4가지를 모두 찾으시오.

2, 3, 13, 24, 58, 61, 87, 95

안내된 학습

3, 11, 13, 27, 45, 49, 51, 73, 97을 이용하여 100을 만드는 방법

- 97 + 3,　73 + 27,　51 + 49,　49 + 11 + 13 + 27,　73 + 3 + 11 + 13

03 시간과 분을 두 자리 수(예: 05:34, 12:49)로 나타내는 전자시계가 있습니다. 전자시계에서 0, 1, 2, 3의 숫자가 모두 들어있는 경우는 몇 가지입니까?

04 왼쪽의 조각을 조립하여 정사각형으로 만들려고 합니다. 오른쪽의 모눈종이에 굵은 선으로 나타내시오.

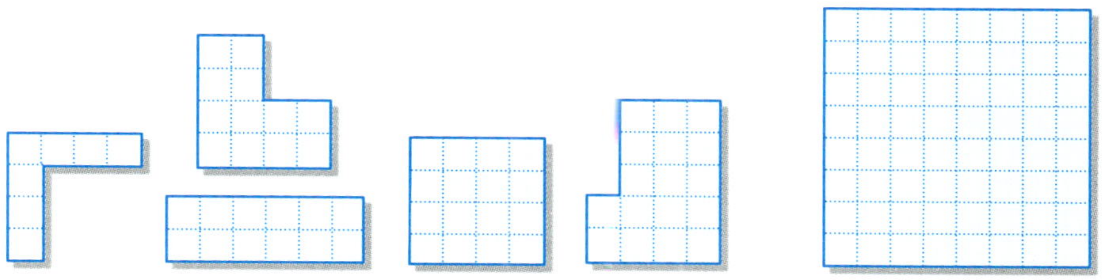

05 연필을 떼지 않고 한 번에 그려 보시오. 단, 같은 길은 두 번 지나면 안 됩니다.

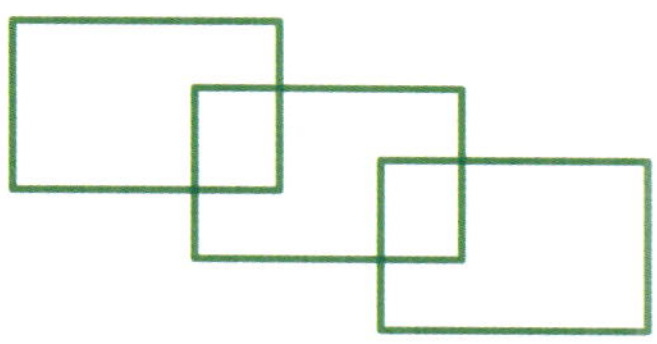

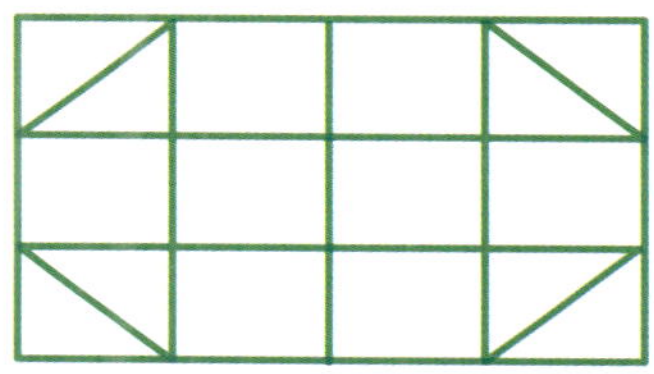

06 그림 ③에 숫자만큼 색칠하여 정사각형 모양이 되게 하시오. 단, 정사각형이 서로 만나거나 겹쳐지는 경우, 모서리나 변끼리 만나는 경우는 틀린 방법입니다.
안내된 학습에서 그림 ①은 규칙에 맞게 해결한 것이며, 그림 ②에서 A, B, C, D는 틀린 방법입니다.

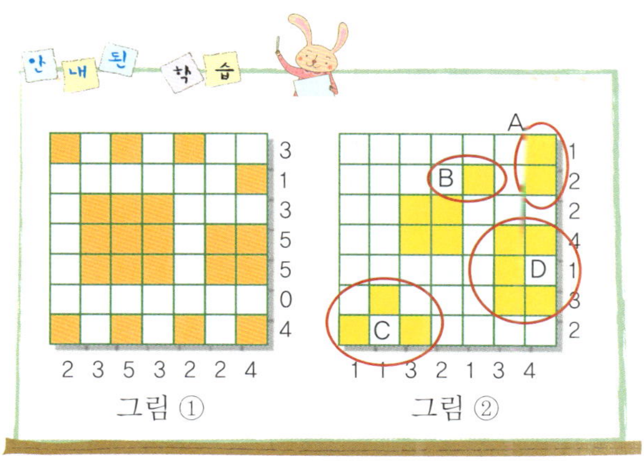

그림 ①　그림 ②

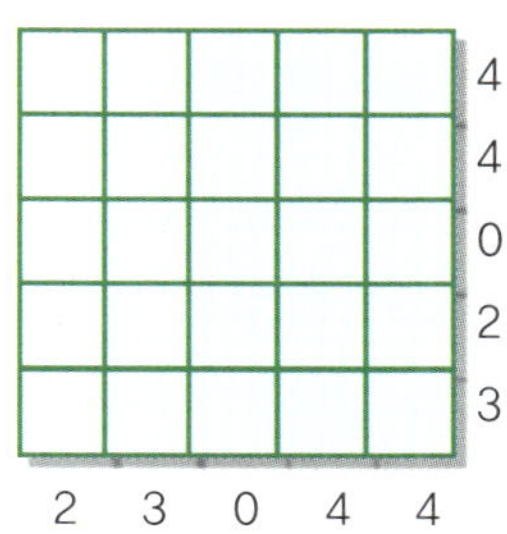

그림 ③

26

01 가로의 길이가 24cm이고, 세로의 길이가 20cm인 직사각형을 네 종류의 정사각형으로 나누었습니다. 각각의 정사각형의 한 변의 길이를 구하시오.

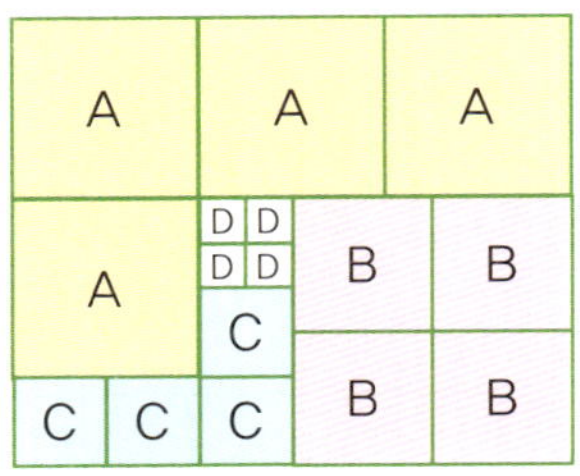

A = [ ] cm   B = [ ] cm

C = [ ] cm   D = [ ] cm

02 아래의 숫자의 합을 가장 합리적인 방법으로 구하시오.

3	4	5	6	7	8	9
4	5	6	7	8	9	1
5	6	7	8	9	1	2
6	7	8	9	1	2	3
7	8	9	1	2	3	4
8	9	1	2	3	4	5
9	1	2	3	4	5	6

03 왼쪽의 조각을 조립하여 정사각형으로 만들려고 합니다. 오른쪽의 모눈종이에 굵은 선으로 나타내시오.

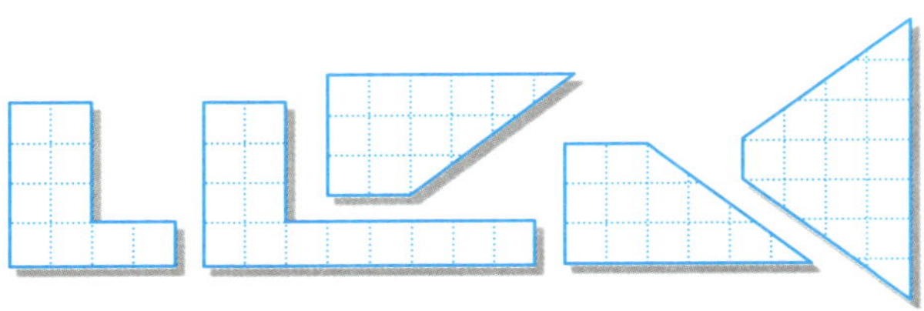

04 낮 12시부터 밤 12시 사이에 전자시계의 숫자가 3개 이상 연속하여 나란히 되는 경우는 17번입니다. 빈칸에 알맞은 숫자를 써넣으시오. 단, 이 전자시계는 초 단위가 나오지 않으며, 12시간 단위로 나타냅니다. 따라서 오후 2시는 '14 : 00'으로 나타내지 않고 '2 : 00'로 나타냅니다.

▶▶ 1 : ☐, 2 : ☐, 3 : ☐, 4 : ☐, 5 : ☐ ⇒ ☐ 번

▶▶ 11 : ☐, 11 : ☐, 11 : ☐, 11 : ☐, 11 : ☐, 11 : ☐,
11 : ☐, 11 : ☐, 11 : ☐, 11 : ☐ ⇒ ☐ 번

▶▶ 12 : ☐, 10 : ☐ ⇒ ☐ 번

05 연필을 떼지 않고 한 번에 그려 보시오. 단, 같은 길은 두 번 지나면 안 됩니다.

06 그림 ③에 숫자만큼 색칠하여 정사각형 모양이 되게 하시오. 단, 정사각형이 서로 만나거나 겹쳐지는 경우, 모서리나 변끼리 만나는 경우는 틀린 방법입니다.
안내된 학습에서 그림 ①은 규칙에 맞게 해결한 것이며, 그림 ②에서 A, B, C, D는 틀린 방법입니다.

안내된 학습

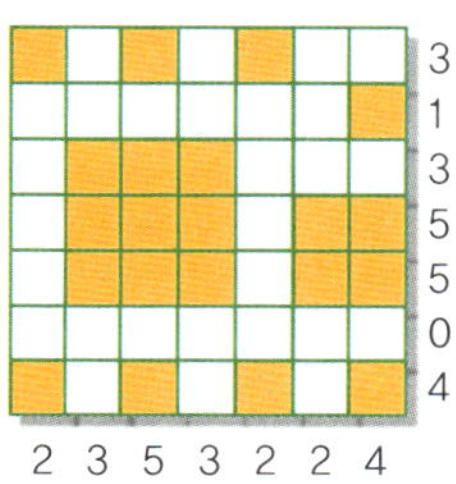

그림 ①

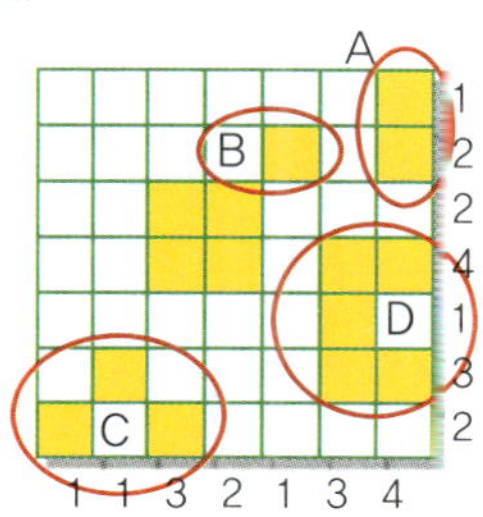

그림 ②

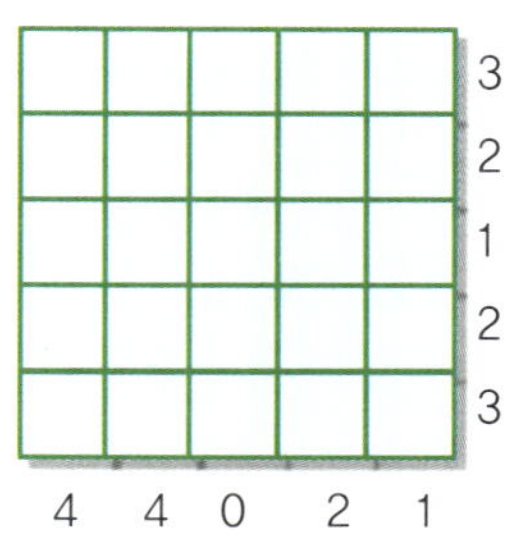

그림 ③

27

01 둘레의 길이가 36cm인 정사각형을 다섯 종류의 정사각형으로 나누었습니다. 각각의 정사각형의 한 변의 길이를 구하시오.

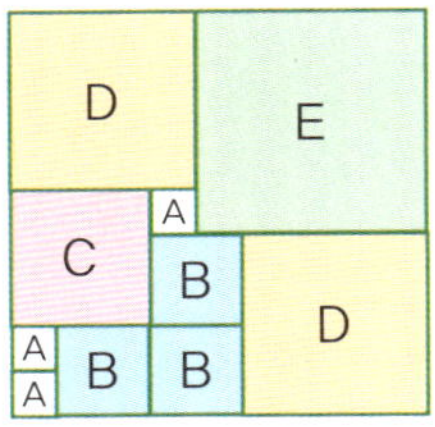

A = ☐ cm　　B = ☐ cm

C = ☐ cm　　D = ☐ cm

E = ☐ cm

02 아래의 표에 있는 숫자의 합을 가장 합리적인 방법으로 구하시오.

2	3	4	5	6
3	4	5	6	1
4	5	6	1	2
5	6	1	2	3
6	1	2	3	4

03 무게가 1g, 5g, 10g, 50g, 100g, 500g인 구슬이 각각 몇 개씩 있습니다. 이 구슬 10개를 저울에 달았더니 732g이었습니다. 사용한 구슬의 종류와 개수를 구하시오. 단, 각각의 구슬은 한 개 이상씩 사용했습니다.

04 다섯 번째 그림의 바둑알의 개수를 구하시오.

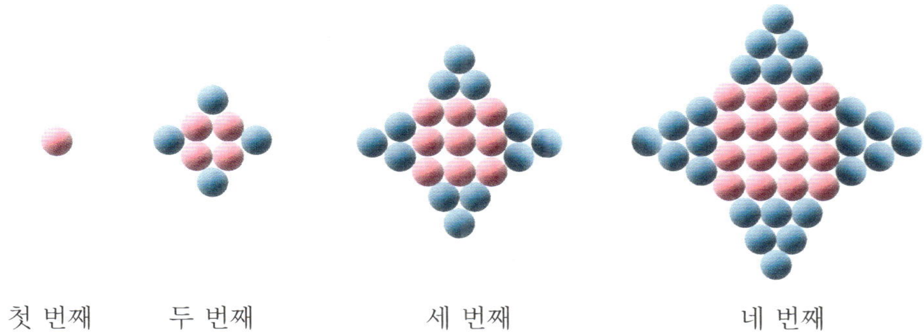

05 왼쪽의 조각을 조립하여 정사각형으로 만들려고 합니다. 오른쪽의 모눈종이에 굵은 선으로 나타내시오.

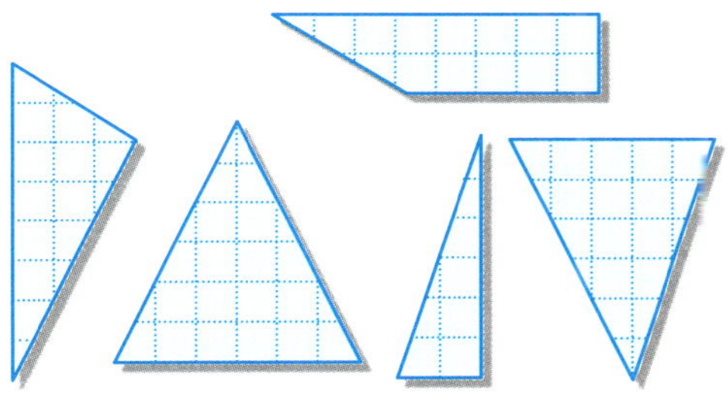

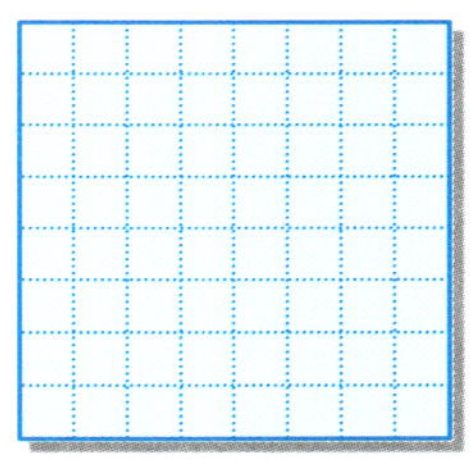

06 안내된 학습과 같이 연필을 떼지 않고 한 번에 그려보시오.

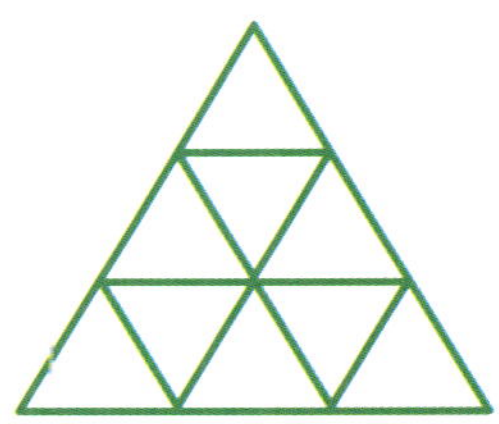

28

01 여섯 종류의 정사각형을 각각 4개씩 사용하여 세로의 길이가 28cm인 직사각형을 만들었습니다. 각각의 정사각형의 한 변의 길이를 구하시오.

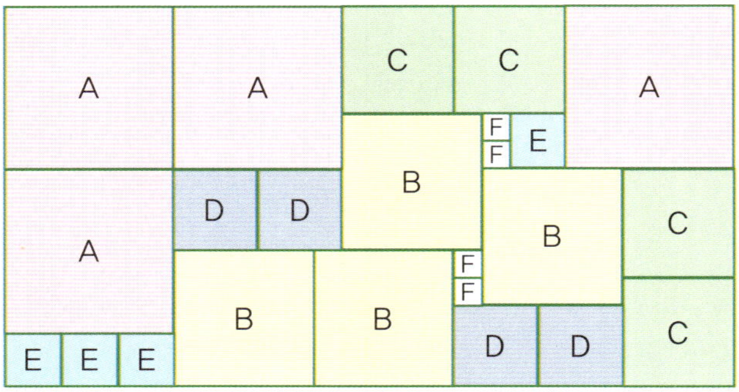

A = ☐ cm　B = ☐ cm　C = ☐ cm

D = ☐ cm　E = ☐ cm　F = ☐ cm

02 '22', '232', '1221'과 같이 앞에서부터 읽으나 뒤에서부터 읽으나 똑같은 수를 거울수(팰린드롬 수)라고 합니다. 200보다 크고, 300보다 작은 수 중에서 거울수를 모두 찾으시오.

03 직사각형 모양의 종이를 접었더니 그림 ①과 같이 한쪽 면이 다른 쪽 보다 2cm 더 길었습니다. 그래서 그림 ②와 같이 접었더니 이번에는 반대쪽 면이 2cm 더 길었습니다. 그러면 종이의 가운데 부근에 접힌 두 줄 사이의 간격은 몇 cm입니까?

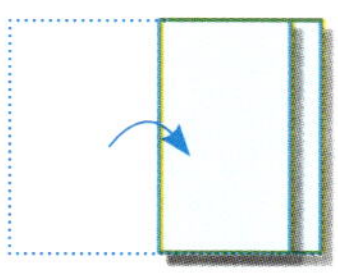
그림 ①

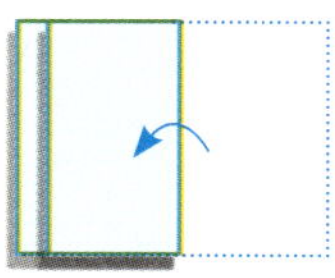
그림 ②

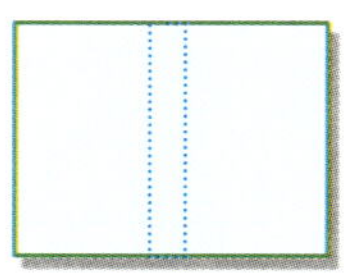
그림 ③

04 그림 ②의 정사각형을 3조각으로 나누고 그림 ①과 합쳐서 그림 ③과 같은 정사각형으로 만드는 방법을 그림 ②, ③에 나타내시오.

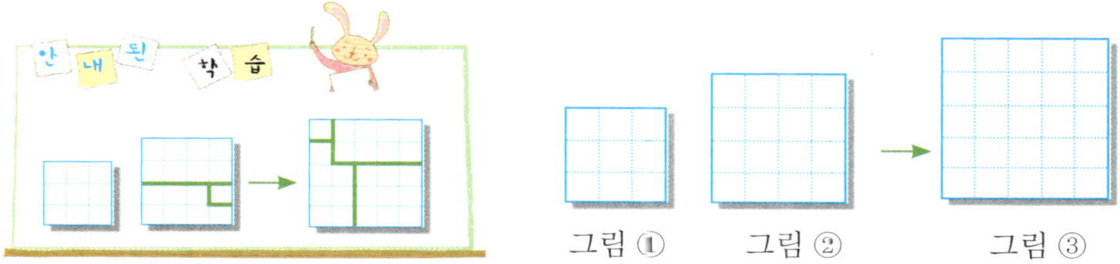

05 연필을 떼지 않고 한 번에 그려보시오. 단, 같은 길은 두 번 지나면 안 됩니다.

06 그림 ③에 숫자만큼 색칠하여 정사각형 모양이 되게 하시오. 단, 정사각형이 서로 만나거나 겹쳐지는 경우, 모서리나 변끼리 만나는 경우는 틀린 방법입니다.
안내된 학습에서 그림 ①은 규칙에 맞게 해결한 것이며, 그림 ②에서 A, B, C, D는 틀린 방법입니다.

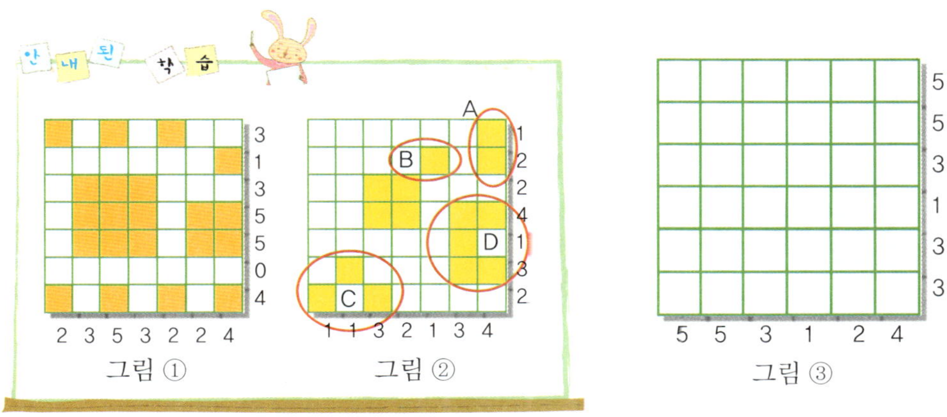

29

01 세로의 길이가 24인 직사각형을 여덟 종류의 정사각형으로 각각 4개씩 나누었습니다. 각각의 정사각형의 한 변의 길이를 구하시오.

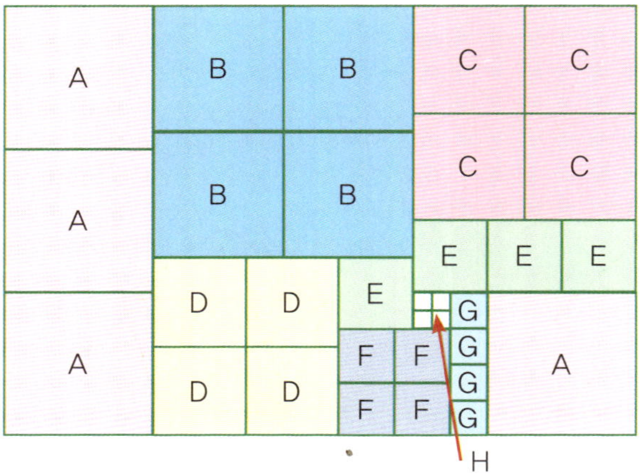

A = □　　B = □

C = □　　D = □

E = □　　F = □

G = □　　H = □

02 안내된 학습은 분모의 크기가 같은 두 분수의 합과 두 분수의 나눗셈의 결과가 같은 경우입니다. □ 안에 알맞은 수를 써넣으시오.

안내된 학습

- $\frac{1}{2}+\frac{1}{2}=1,\ \frac{1}{2}\div\frac{1}{2}=1$ 에서　$\frac{1}{2}+\frac{1}{2}=\frac{1}{2}\div\frac{1}{2}$
- $\frac{4}{3}+\frac{2}{3}=2,\ \frac{4}{3}\div\frac{2}{3}=2$ 에서　$\frac{4}{3}+\frac{2}{3}=\frac{4}{3}\div\frac{2}{3}$

① $\frac{\square}{4}+\frac{3}{4}=\frac{\square}{4}\div\frac{3}{4}$　　② $\frac{16}{5}+\frac{\square}{5}=\frac{16}{5}\div\frac{\square}{5}$

③ $\frac{\square}{6}+\frac{5}{6}=\frac{\square}{6}\div\frac{5}{6}$　　④ $\frac{\square}{101}+\frac{\square}{101}=\frac{\square}{101}\div\frac{\square}{101}$

03 숫자 카드 1, 2, 3을 이용하여 세 자리 수를 모두 만들어 보시오.
또, 이 중에서 5개의 수를 선택하여 더한 결과가 1200이 되게 하시오.

04 두 사람이 점심식사를 하려고 A는 김밥 5줄, B는 김밥 4줄을 가져왔습니다. 그런데 한 친구가 나타나서 세 사람이 김밥을 똑같이 나누어 먹었습니다. 김밥을 가져오지 않은 친구는 미안하여 두 친구에게 3600원을 공평하게 나누어주려면 두 사람에게 얼마씩 주어야 합니까?

05 육각형을 점 M을 지나는 한 개의 직선으로 정확하게 이등분하는 방법을 그림으로 그려보시오.

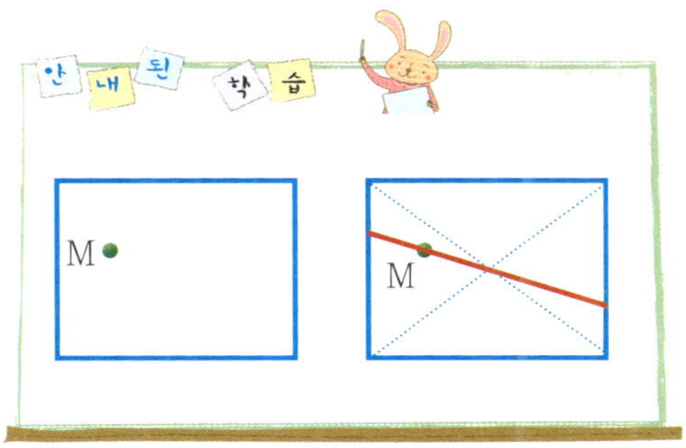

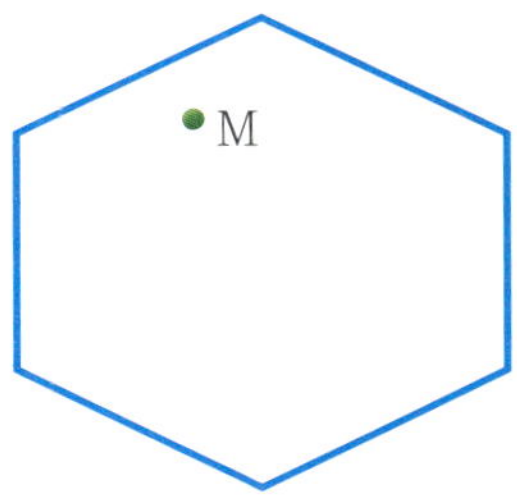

06 안내된 학습을 참고하여 오른쪽의 그림을 모양과 크기가 같게 3조각으로 나누시오.

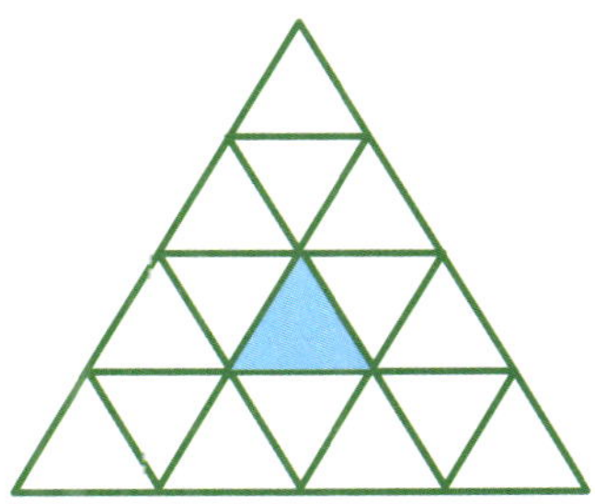

30

01 가로의 길이가 28인 직사각형을 일곱 종류의 정사각형으로 나누었습니다. 각각의 정사각형의 한 변의 길이를 구하시오.

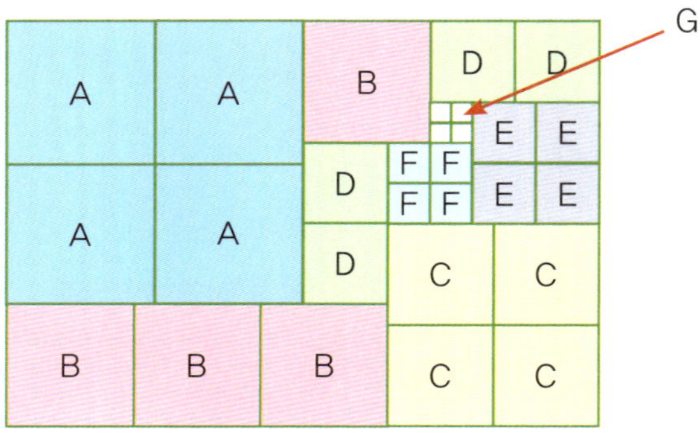

A = ☐ B = ☐

C = ☐ D = ☐

E = ☐ F = ☐

G = ☐

02 세 수의 가운데 수를 거듭 곱한 수와 처음의 수와 마지막의 수를 곱한 수의 차를 구하시오.

안내된 학습

- $5,\ 6,\ 7 \Rightarrow (6 \times 6) - (5 \times 7) = 1$
- $8,\ 9,\ 10 \Rightarrow (9 \times 9) - (8 \times 10) = 1$

1) 7, 8, 9　　　　2) 10, 11, 12

03 이긴 사람이 진 사람에게 자신이 가지고 있는 구슬의 반을 주는 조건으로 두 사람이 두 번 게임을 했습니다.
두 번의 게임에서 처음에는 A가 이기고, 두 번째는 B가 이겼습니다. 게임이 끝난 후 두 사람이 가지고 있는 구슬의 개수를 확인하니 A는 8개, B는 12개였습니다. 그러면 두 사람은 처음에 각각 몇 개의 구슬을 가지고 있었습니까?

04 두 종류의 정삼각형의 길이의 비는 1 : 4입니다. 색칠한 부분의 넓이가 5cm²라면 큰 정사각형의 넓이는 몇 cm²인지 그림을 그려 구하시오.

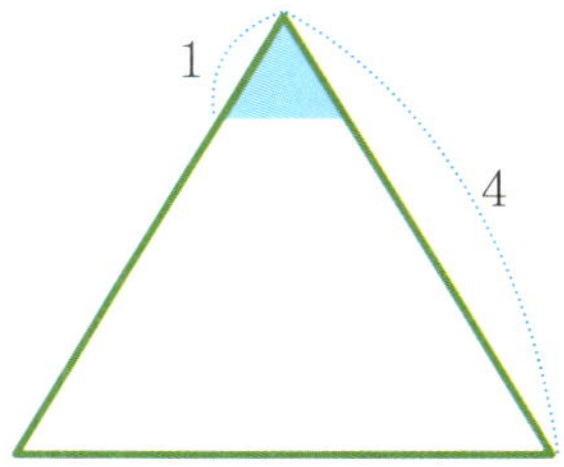

05 아래의 그림과 같이 가운데(검은 부분)가 비어있는 정사각형을 점선을 따라 모양과 크기가 같게 네 조각으로 나누려고 합니다. 나누는 부분을 굵은 선으로 나타내시오.

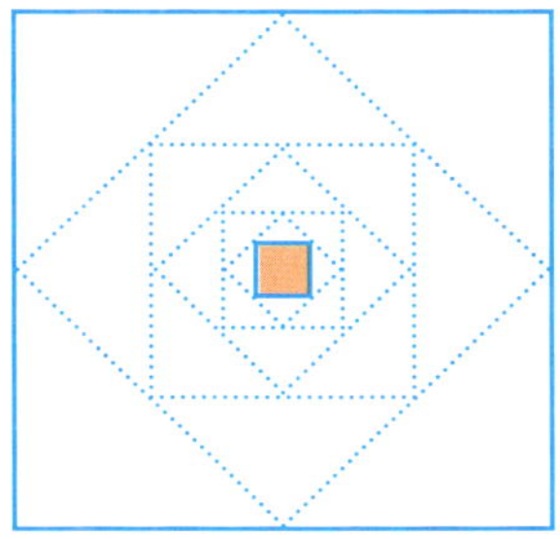

06 그림 ③에 숫자만큼 색칠하여 정사각형 모양이 되게 하시오. 단, 정사각형이 서로 만나거나 겹쳐지는 경우, 모서리나 변끼리 만나는 경우는 틀린 방법입니다.
안내된 학습에서 그림 ①은 규칙에 맞게 해결한 것이며, 그림 ②에서 A, B, C, D는 틀린 방법입니다.

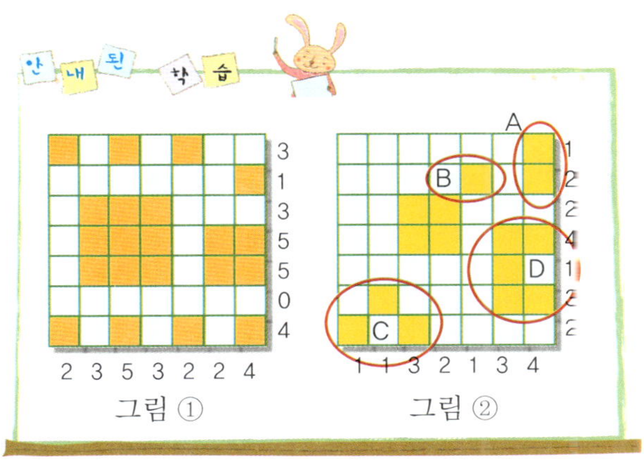

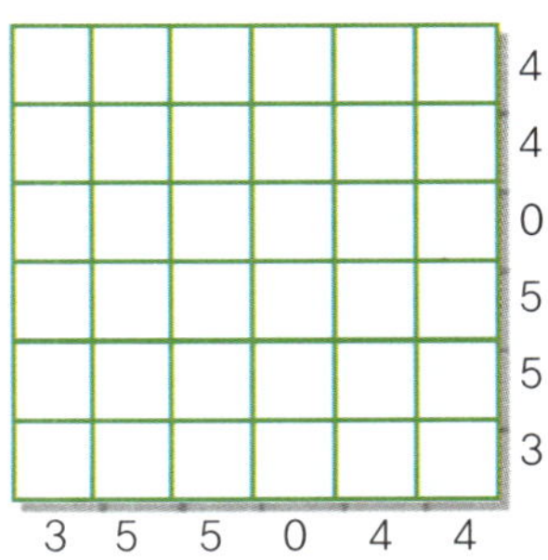

그림 ③

31

01 모빌의 왼쪽에 각각 4g, 8g의 물체를 매달았습니다. 모빌이 평형이 되게 하려면 A, B에 각각 몇 g의 물체를 매달아야 합니까? 단, 막대기와 실의 무게는 고려하지 않습니다.

02 세 수의 가운데 수를 두 번 곱한 수와 처음의 수와 마지막의 수를 곱한 수의 차를 구하시오.

안내된 학습

- 3, 5, 7 ⇒ $(5 \times 5) - (3 \times 7) = 4 = 2 \times 2$
- 2, 5, 8 ⇒ $(5 \times 5) - (2 \times 8) = 9 = 3 \times 3$

1) 2, 4, 6　　2) 4, 7, 10　　3) 3, 7, 11　　4) 5, 10, 15

03 첫 번째 그림은 한 변의 길이가 1cm인 정사각형 2개로 이루어진 직사각형입니다. 그리고 두 번째 그림은 한 변의 길이가 1cm인 정사각형 2개와 한 변의 길이가 2cm인 정사각형 1개로 이루어진 직사각형이고, 세 번째, 네 번째 그림도 아래와 같은 방법으로 만들었습니다. 다섯 번째 그림을 그려보시오.

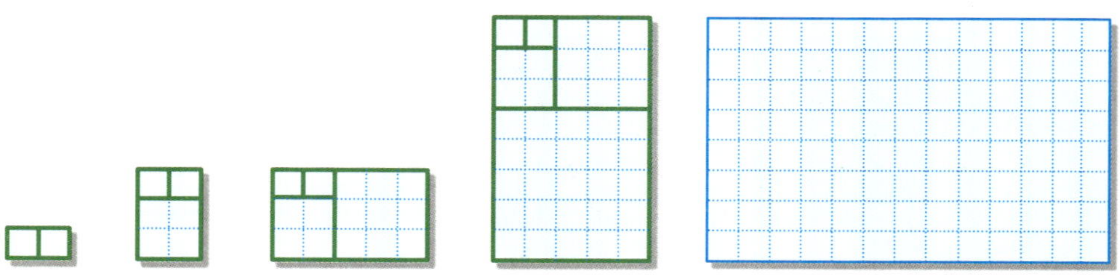

첫 번째　두 번째　세 번째　네 번째　다섯 번째

04 가로, 세로, 대각선의 숫자가 바로 옆의 숫자와 연속되지 않게 1~8의 수를 배치하시오.

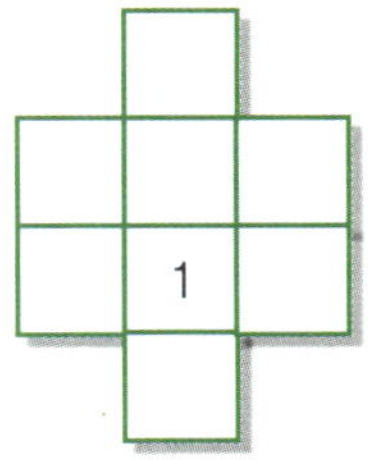

안내된 학습

오른쪽 그림에서 5와 6은 가로줄에, 3과 4는 세로줄에, 7과 8은 대각선에 연속된 숫자가 있어 조건에 맞지 않습니다.

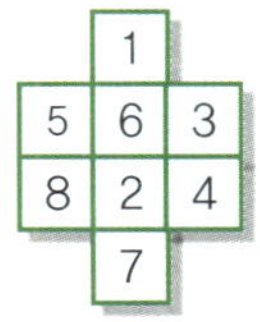

05 오른쪽 도형은 24개의 정삼각형으로 이루어졌습니다. 이 육각형을 안내된 학습과 같이 선을 따라 모양과 크기가 같게 6조각으로 나누시오. 단, 회전하여 모양과 크기가 같은 것은 한 가지로 합니다.

안내된 학습

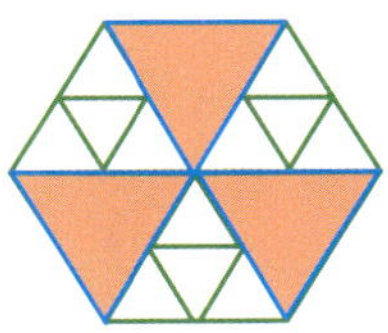

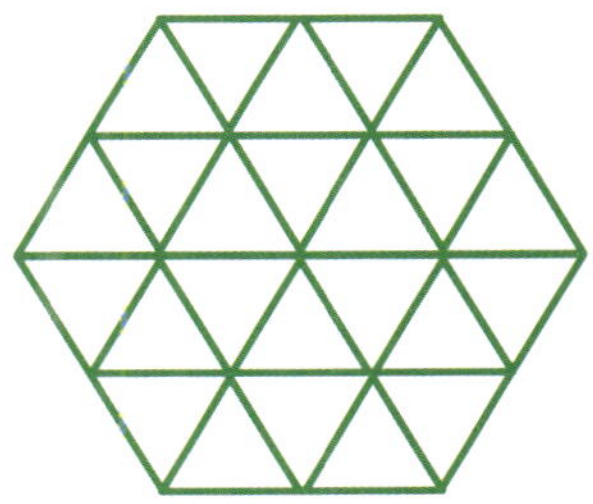

06 다음 중 A와 모양이 다른 것을 2개 고르시오. ------------------- (　　　)

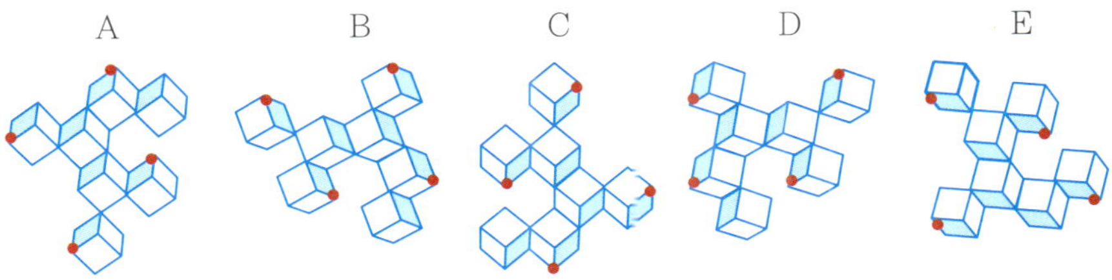

32

01 각각의 모빌에 1g, 4g의 물체를 매달았습니다. 모빌이 평형을 이루려면 A, B, C, D, E에 각각 몇 g의 물체를 매달아야 합니까? 단, 막대기와 실의 무게는 고려하지 않습니다.

02 덜렁이는 2 × 756의 계산을 실수로 27 × 56으로 계산했는데 신기하게도 계산 결과가 같았습니다. 빈칸에 알맞은 수를 써 넣고, 곱셈 결과를 비교해보시오.

안내된 학습

- $2 \times 756 = 1512$, $27 \times 56 = 1512$ ⇒ $2 \times 756 = 27 \times 56$

1) 4 × 98 = □ 49 × 8 = □ ⇒ □ × □ = □ × □

2) 4 × 847 = □ 484 × 7 = □ ⇒ □ × □ = □ × □

3) 3 × 975 = □ 39 × 75 = □ ⇒ □ × □ = □ × □

4) 8 × 332 = □ 83 × 32 = □ ⇒ □ × □ = □ × □

03 세균이 10분마다 2배씩 늘어납니다. 1시간 후에 6400마리가 되었다면 처음에는 몇 마리였습니까?

04 그림 ①과 같은 직사각형을 그림 ②와 같은 모양의 4개의 오각형으로 나누려고 합니다. 나누는 부분을 그림 ①에 굵은 선으로 나타내시오.

그림 ①

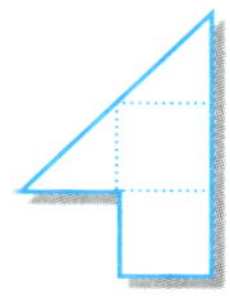
그림 ②

05 그림 ①과 같은 주사위를 그림 ②, ③과 같은 말판에 굴렸습니다. 마지막 칸에 도착했을 때 주사위의 윗면의 눈의 개수를 안내된 학습과 같이 구하시오.

안내된 학습

주사위를 오른쪽 방향으로 굴리면 바닥에는 눈이 한 개인 면이 닿습니다. 따라서 윗면의 눈의 개수는 6개

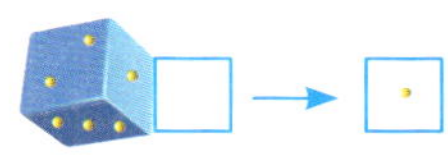

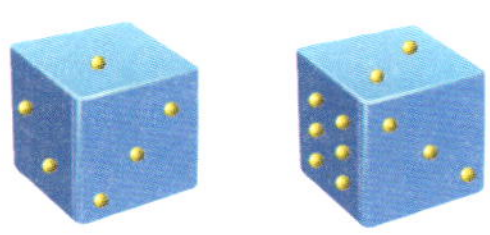
그림 ①

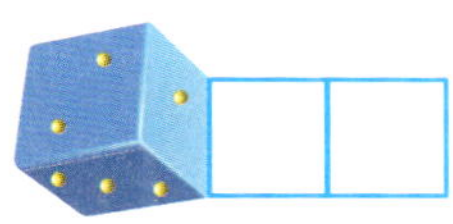
그림 ②

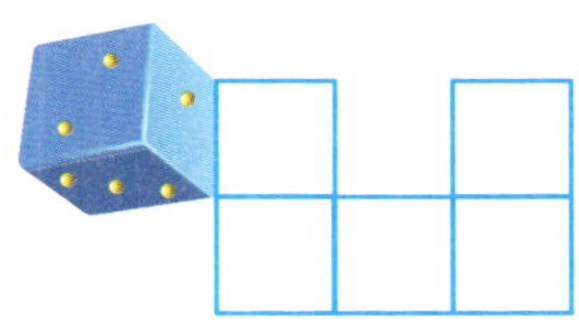
그림 ③

06 포도송이를 그림 ①과 같은 규칙으로 배열했습니다. 그림 ①에서 규칙을 찾아 그림 ②에 색칠하시오.

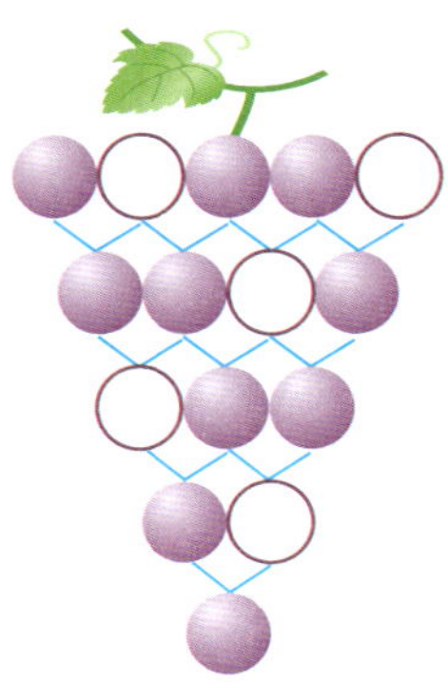
그림 ①

그림 ②

33

01 모빌에 1g, 2g, 3g인 추를 매달아 평형이 되게 하려고 합니다. 각각의 추에 알맞은 무게를 찾으시오. 단, 막대기와 실의 무게는 고려하지 않습니다.

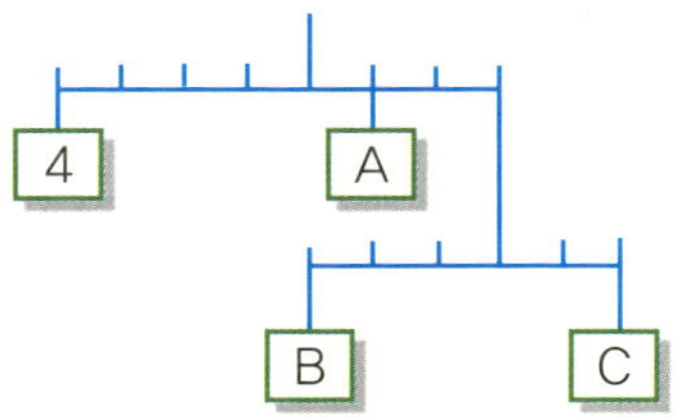

02 실수를 했는데도 숫자가 사라지지 않는 신기한 곱셈식이 있습니다. 빈칸에 알맞은 수를 써넣으시오. 단, 왼쪽에 있는 숫자를 모두 사용해야 합니다.

1) $2 \times 6 \times 2 \times 1 = 24$ ⇒ □ × □ = 124

2) $2 \times 9 \times 5 \times 1 = 90$ ⇒ □ × □ = 190

3) $3 \times 1 \times 8 \times 2 = 48$ ⇒ □ × □ = 248

4) $3 \times 5 \times 5 \times 1 = 75$ ⇒ □ × □ = 175

03 코끼리의 키는 발바닥의 크기와 매우 관련이 깊어서 아래와 같은 식으로 코끼리의 키를 대강 알아 볼 수 있습니다. 그러면 발바닥의 지름의 길이가 45cm인 코끼리의 키는 몇 cm입니까?

코끼리의 키 = 발바닥의 지름의 길이 × 2 × 3.14

04 A, B, C, D, E 다섯 종류의 과일 중 세 종류의 과일을 사는 방법은 10가지입니다. 빈칸을 완성하시오.

{(AB □, AB □, AB □), (AC □, AC □), (AD □)},

{(BC □, BC □), (BD □)}, (CD □)

05 오른쪽의 정사각형을 일곱 조각의 정사각형으로 나누시오. 단, 왼쪽과 같은 방법은 제외합니다.

06 그림을 아래와 같이 숫자로 나타냈습니다. 괄호 안에 알맞은 숫자를 써넣으시오.

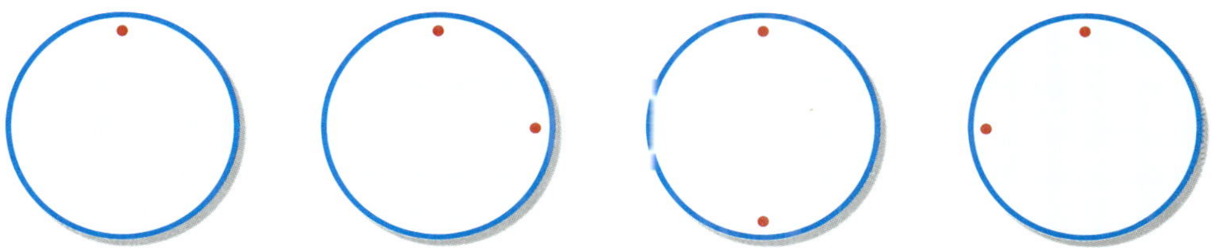

(12) (3) (　　) (　　)

34

01 모빌에 1g, 2g, 5g인 추를 매달아 평형이 되게 하려고 합니다. 각각의 추에 알맞은 무게를 찾으시오. 단, 막대기와 실의 무게는 고려하지 않습니다.

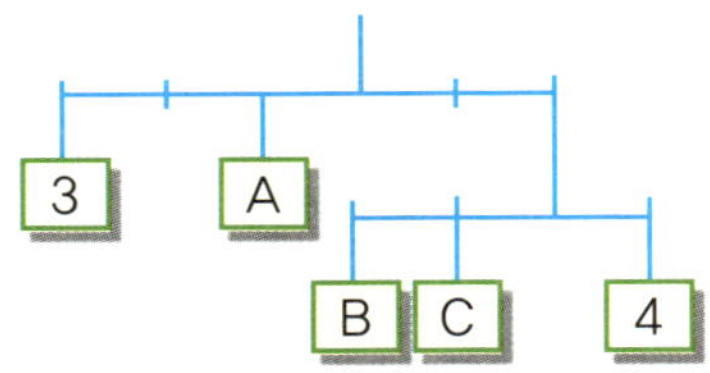

02 안내된 학습과 같이 숫자를 두 수의 곱으로 나타내어 문제를 해결하시오.

안내된 학습

- 126 = 6 × 21 ← 숫자 1, 2, 6을 다시 배치하여 두 수의 곱으로 나타내면 왼쪽의 수와 같습니다.

1) 숫자 6, 8, 8을 두 수의 곱으로 나타내어 688이 되는 수를 만드시오.

688 = ☐ × ☐

2) 숫자 1, 2, 0, 6을 두 수의 곱으로 나타내어 1206이 되는 수를 만드시오.

1206 = ☐ × ☐

03 복사기 2대를 이용하여 10분 동안에 600장의 종이를 복사했습니다.
그러면 복사기 5대를 이용하여 3750장을 복사하는 데 걸리는 시간은 몇 분입니까?

04 정우는 3마리의 금붕어를 기르고 있습니다. 이 금붕어를 3개의 어항에 넣으려고 하는데 한 번에 넣을 수 있는 금붕어의 마릿수는 0, 1, 2, 3마리입니다. 이와 같은 방법으로 넣을 수 있는 경우의 수는 모두 10가지입니다. 빈칸에 알맞은 수를 써넣으시오.

(0, 0, □), (0, 1, □), (0, □, □), (0, □, □), (1, 0, □),
(1, 1, □), (1, □, □), (2, 0, □), (2, □, □), (3, □, □)

안내된 학습

3마리의 금붕어를 3개의 어항에 0, 1, 2마리를 넣는 방법

- (A, B, C) ⇒ (0, 1, 2), (0, 2, 1), (1, 2, 0), (1, 0, 2), (1, 1, 1), (2, 0, 1), (2, 1, 0)

05 오른쪽의 정사각형을 6개의 정사각형으로 나누려고 합니다. 나누는 부분을 굵은 선으로 나타내시오.

6 × 6 : 1개

3 × 3 : 5개

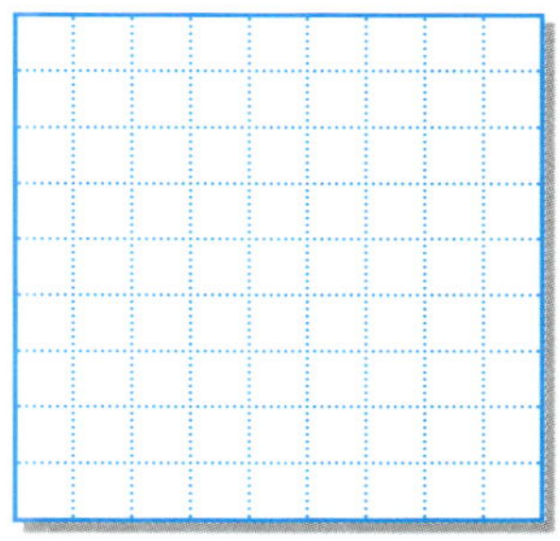

06 아래의 그림 ①은 5개의 정사각형 모양의 길로 되어 있습니다. 연필을 떼지 않고 모든 길을 통과하려고 합니다. 나머지 부분을 완성하시오. 단, 같은 길을 두 번 통과하거나 길을 가로질러 가면 안 됩니다.
그림 ②에서 번호 1, 2는 가로질러 갔거나 지난 길을 두 번 지나갔으므로 규칙을 어긴 것이고, 번호 3은 규칙에 맞게 통과한 것입니다.

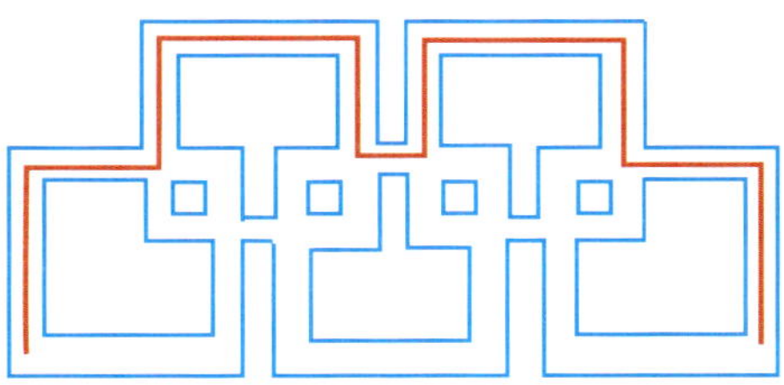

그림 ①

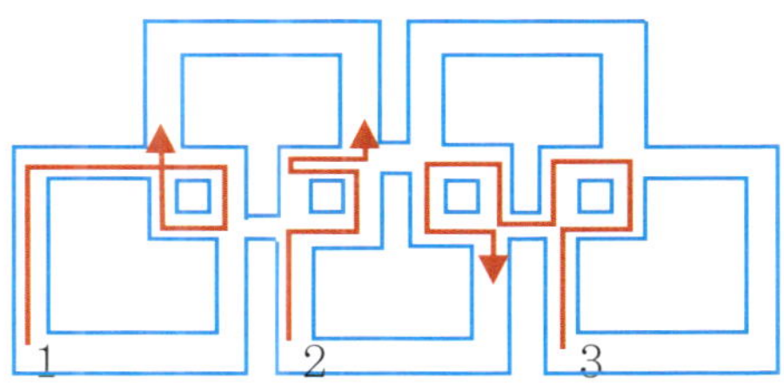

그림 ②

35

01 모빌에 1g, 2g, 3g인 추를 매달아 평형이 되게 하려고 합니다. 각각의 추에 알맞은 무게를 찾으시오. 단, 막대기와 실의 무게는 고려하지 않습니다.

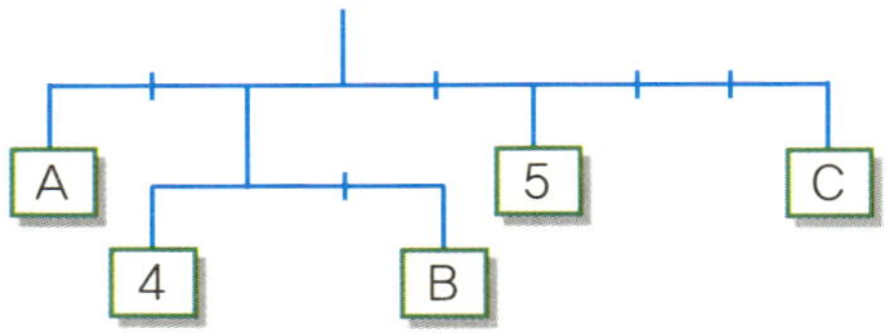

02 빈칸에 알맞은 수를 써넣으시오.

1) 숫자 1, 2, 5, 5를 두 수의 곱으로 나타내어 1255가 되는 수를 만드시오.

☐ × ☐ = 1255

2) 숫자 1, 3, 9, 5를 두 수의 곱으로 나타내어 1395가 되는 수를 만드시오.

☐ × ☐ = 1395

03 일곱 개의 홀수를 더하여 계산 결과가 15인 수를 만드는 방법이 네 가지 방법이 있습니다. 안내된 학습과 같이 네 가지를 모두 써 보시오.

안내된 학습

다섯 개의 홀수를 더하여 13인 수 만들기

- 1 + 1 + 1 + 1 + 9 = 13
- 1 + 1 + 1 + 3 + 7 = 13
- 1 + 1 + 3 + 3 + 5 = 13
- 1 + 3 + 3 + 3 + 3 = 13

04 그림 ①과 같은 방법으로 점P, Q에서 점선을 따라 출발한 빛이 출발점P, Q로 다시 돌아오는 데 걸리는 시간을 구하시오.
단, 점선으로 된 삼각형은 모두 정삼각형이고, 빛이 가장 작은 정삼각형의 한 변의 길이를 통과하는 데 걸리는 시간은 0.01초라고 가정합니다.

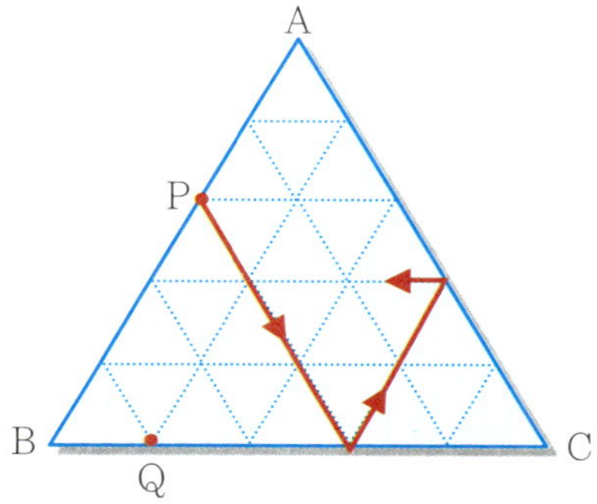

그림 ①

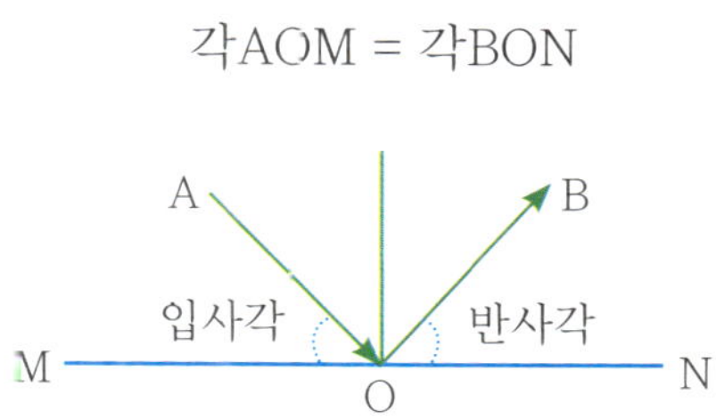

그림 ②

05 오른쪽의 정사각형을 8개의 정사각형으로 나누려고 합니다. 나누는 부분을 굵은 선으로 나타내시오.

3 × 3 : 1개, 2 × 2 : 3개, 1 × 1 : 4개

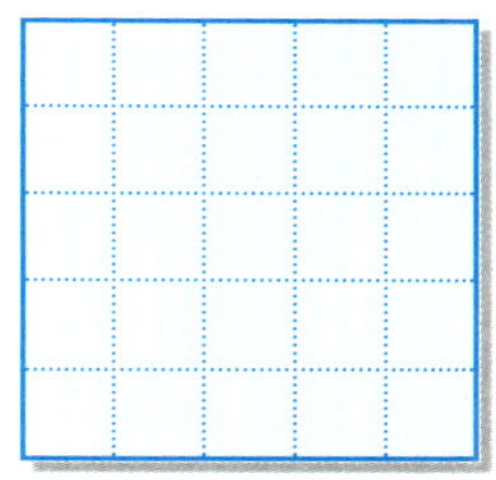

06 그림과 같은 길을 연필을 떼지 않고 모든 길을 통과하려고 합니다. 나머지 부분을 완성하시오. 단, 같은 길을 두 번 통과하거나 가로질러 가면 안 됩니다.

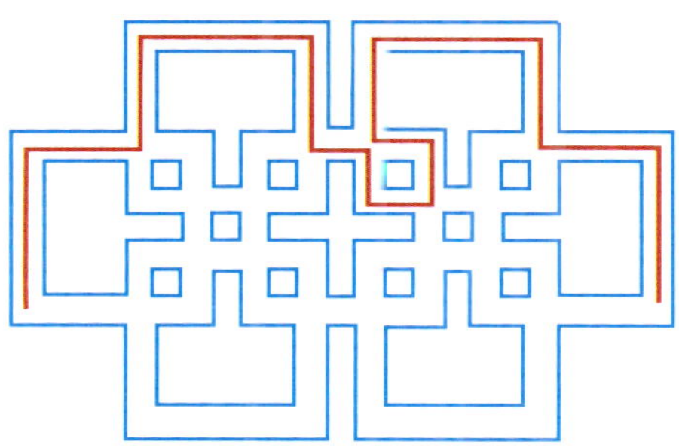

36

01 모빌에 1g, 2g, 3g, 4g, 5g인 추를 매달아 평형이 되게 하려고 합니다. 각각의 추에 알맞은 무게를 찾으시오. 단, 막대기와 실의 무게는 고려하지 않습니다.

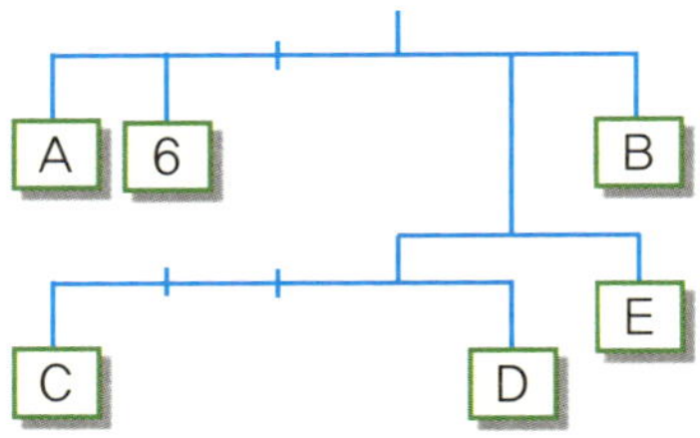

02 빈칸에 알맞은 수를 써넣으시오. 단, 계산기를 사용해도 좋습니다.

1) 1 × 325 = 13 × ☐　　2) 1 × 3325 = 133 × ☐

3) 1 × 33325 = 1333 × ☐　　4) 1 × 333325 = 13333 × ☐

03 아래와 같이 삼각형을 가위로 잘랐더니 그림 ①은 4조각이 되었고, 그림 ②는 8조각이 되었습니다. 그럼 그림 ③은 몇 조각이 되겠습니까?

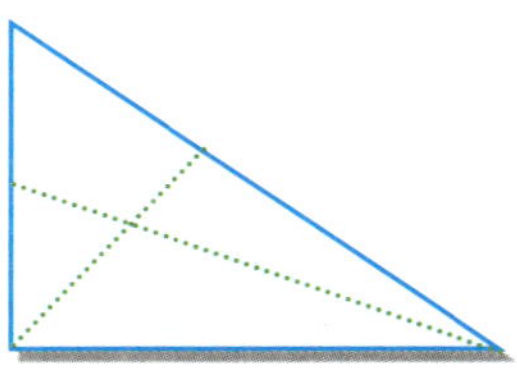

그림 ①

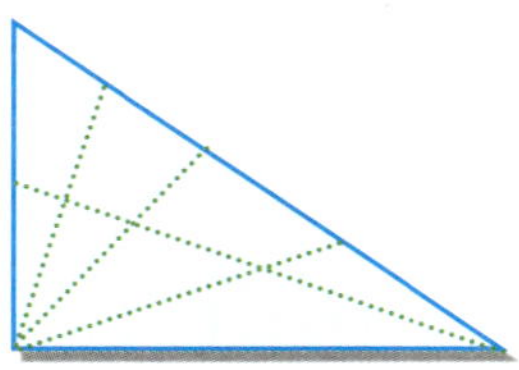

그림 ②

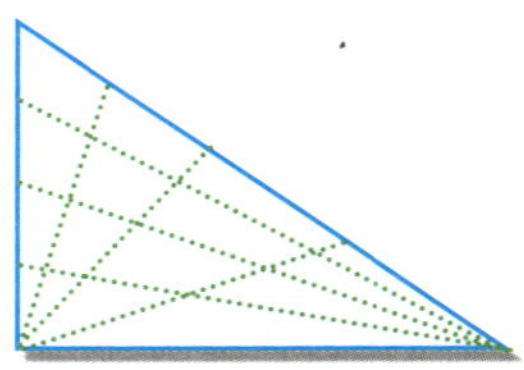

그림 ③

04 가로의 길이가 8cm, 세로의 길이가 7cm인 직사각형을 한 변의 길이가 1cm, 2cm, 3cm인 정사각형으로 나누려고 합니다. 나누는 부분을 굵은 선으로 나타내시오.

3 × 3 : 4개,　2 × 2 : 4개,　1 × 1 : 4개

05 오른쪽 그림과 같이 정육각형 안에 별 모양의 12각형을 그렸습니다. 각 변의 길이가 같다면 정육각형의 넓이는 12각형의 넓이의 몇 배입니까?

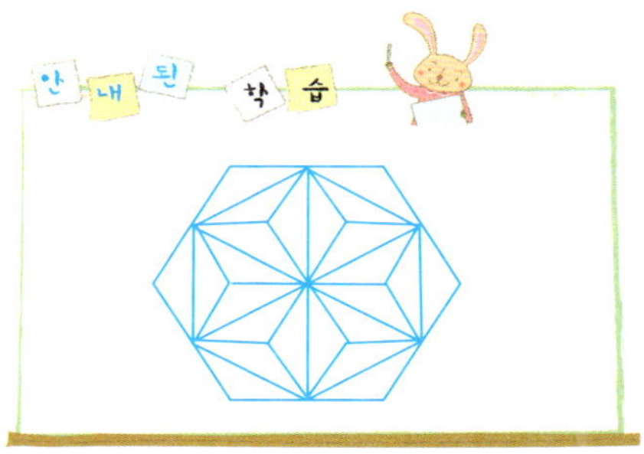

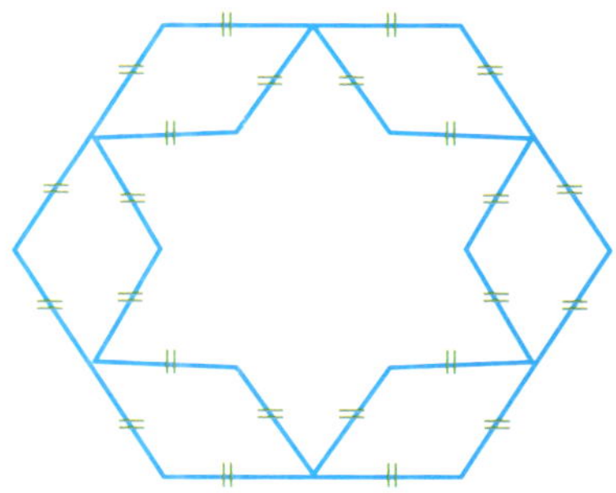

06 아래의 그림과 같이 정사각형의 종이를 한 번 접은 후 가위로 잘랐습니다. 자른 부분을 오른쪽의 펼친그림에 나타내시오.

①

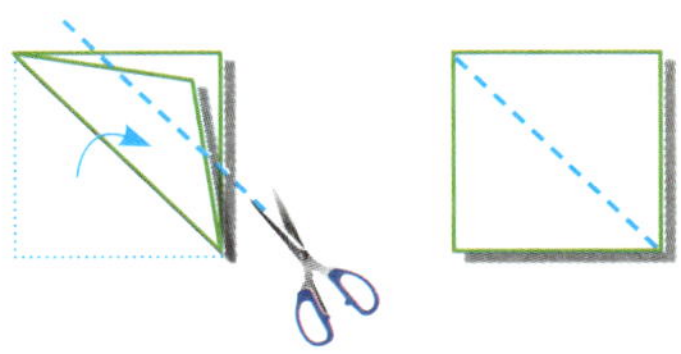

②

③

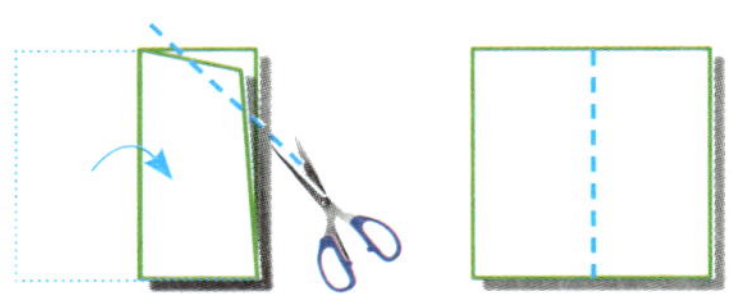

④

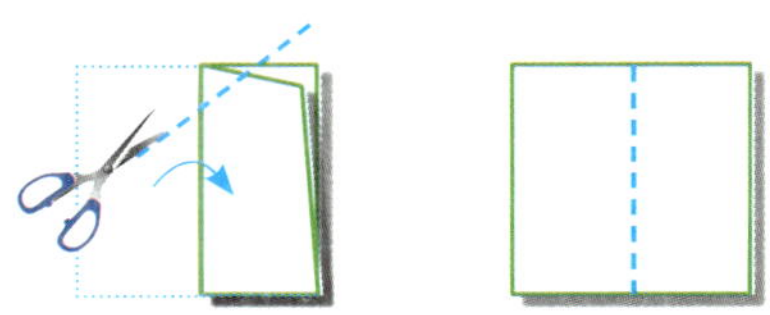

37

01 모빌에 2g, 3g, 5g, 6g인 추를 매달아 평형이 되게 하려고 합니다. 각각의 추에 알맞은 무게를 찾으시오. 단, 막대기와 실의 무게는 고려하지 않습니다.

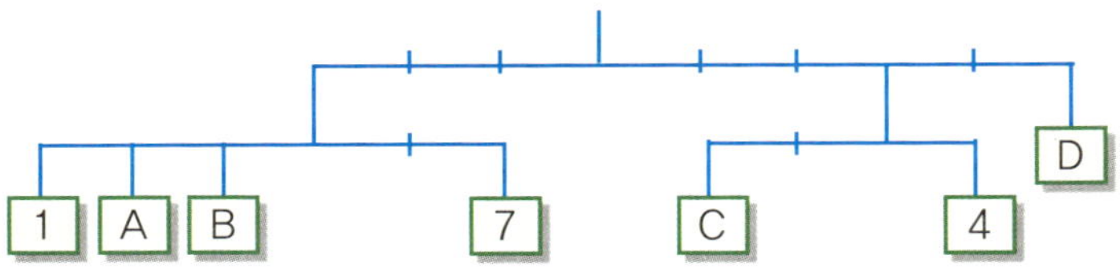

02 숫자카드 [1][4][4][8][6][3][5]의 순서를 바꾸지 않고 아래와 같은 곱셈식을 만들었습니다. 곱셈식을 전자계산기로 해결하고, 공통점을 말하시오.

1) $1 \times 4 \times 48 \times 6 \times 35$　　2) $1 \times 4 \times 4 \times 8 \times 63 \times 5$

3) $1 \times 448 \times 6 \times 3 \times 5$　　4) $14 \times 4 \times 8 \times 6 \times 3 \times 5$

03 민호는 사격장에서 총을 5발 쏘았는데 모두 과녁에 맞았습니다. 다음 중에서 민호의 점수로 알맞은 것을 고르시오.

10점,　18점,　28점,　31점,　36점

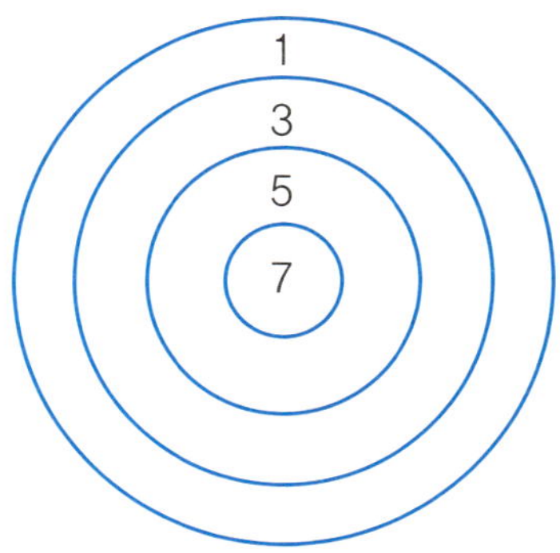

04 가로의 길이가 12cm, 세로의 길이가 10cm인 직사각형을 한 변의 길이가 1cm, 2cm, 3cm, 4cm인 정사각형으로 나누려고 합니다. 나누는 부분을 굵은 선으로 나타내시오.

4 × 4 : 4개, 3 × 3 : 4개,

2 × 2 : 4개, 1 × 1 : 4개

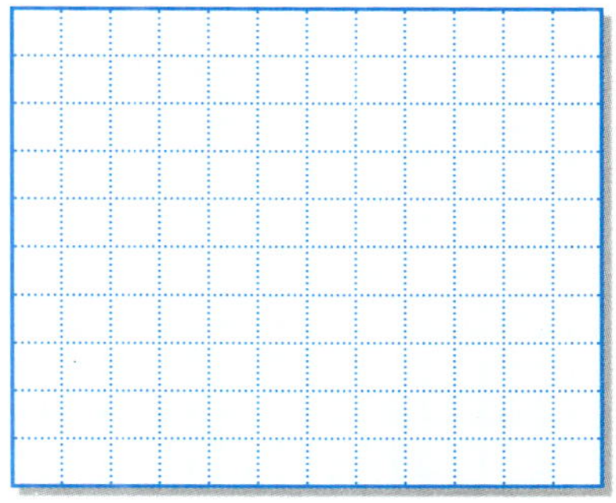

05 아래의 그림 ①과 같이 정사각형의 종이를 두 번 접은 후 가위로 잘랐습니다. 접은 부분을 거꾸로 펼쳐 가며 그림 ② - ②, ③에 자르는 부분을 굵은 선으로 나타내시오.

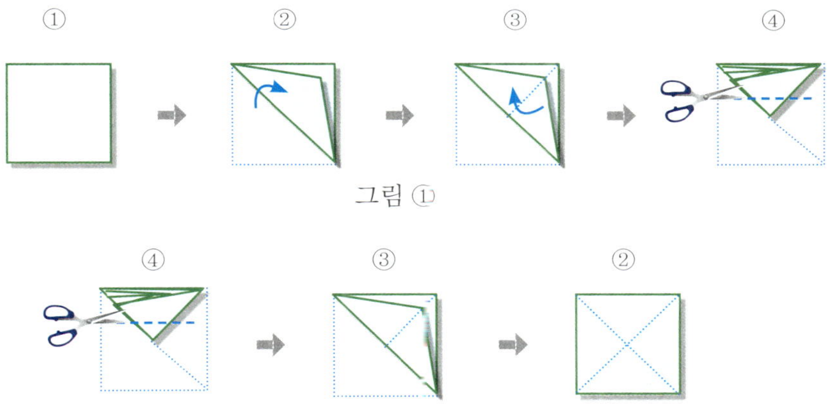

그림 ①

그림 ②

06 길이가 60cm, 30cm인 막대기를 각각 3개씩 이용하여 정삼각형 5개를 만드시오. 단, 막대기의 두께와 정삼각형의 크기는 고려하지 않습니다.

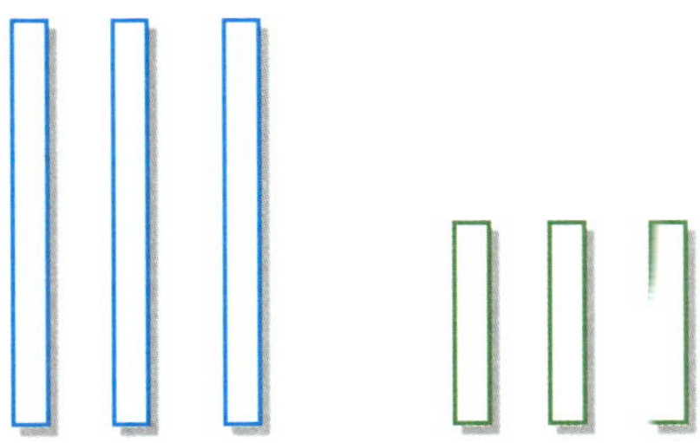

38

01 모빌에 1~8g인 추를 매달아 평형이 되게 하려고 합니다. 각각의 추에 알맞은 무게를 구하시오. 단, 이미 사용한 1g, 7g, 8g인 추는 제외하고, 막대기와 실의 무게는 고려하지 않습니다.

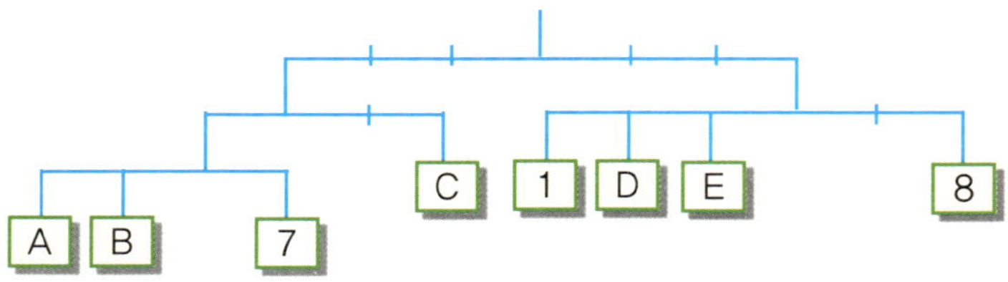

02 100에 가까운 두 자리의 수의 곱셈은 안내된 학습과 같은 방법으로 계산하면 쉽게 해결할 수 있습니다. 96 × 97을 안내된 학습과 같은 방법으로 계산하시오.

안내된 학습

- 98 × 79 = 7742의 계산 원리 알아보기

  100 − 98 = 2, 100 − 79 = 21에서 천, 백의 자리의 수는 100 − (2 + 21) = 77

  십, 일의 자리의 수는 2 × 21 = 42 따라서 98 × 79 = 7742

03 수건돌리기를 하려고 둥근 원 모양에 같은 간격으로 앉았더니 4번 학생과 15번 학생이 마주보게 되었습니다. 그러면 모두 몇 명의 학생이 앉아있었습니까?

안내된 학습

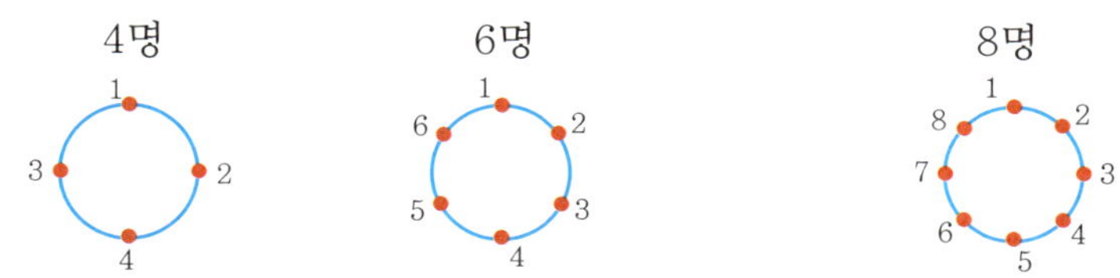

1 − 3, 2 − 4　　1 − 4, 2 − 5, 3 − 6　　1 − 5, 2 − 6, 3 − 7, 4 − 8

04 오른쪽 그림과 같은 과녁에 10발의 화살을 쏘았더니 과녁에 6발이 맞았고, 점수의 합은 100점이었습니다. 각각의 과녁에 맞은 화살의 개수를 구하시오.

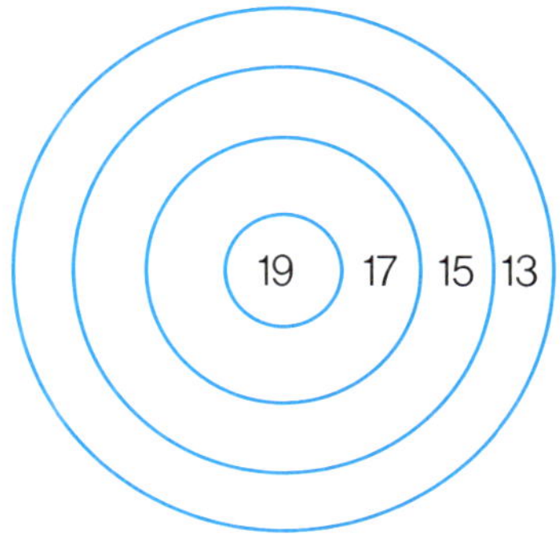

05 육각형을 넓이가 4, 4, 9, 25, 25, 49, 49, 64, 64, 81, 121인 정삼각형으로 나누려고 합니다. 나누는 부분을 굵은 선으로 나타내시오.

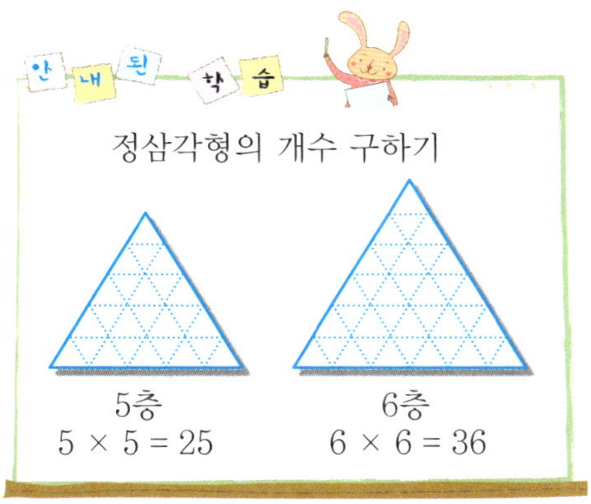

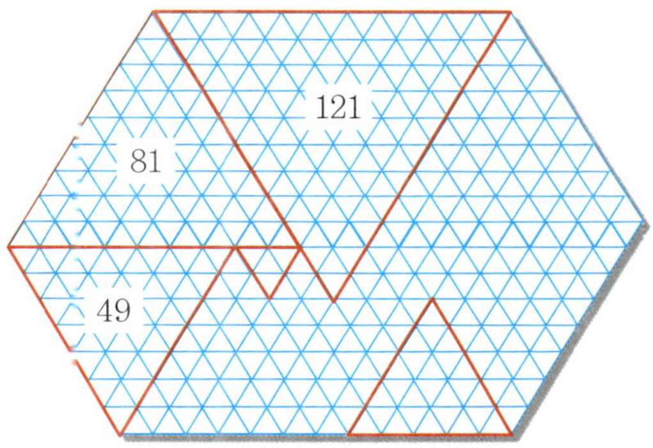

06 아래의 그림과 같이 종이를 몇 번 접은 후 가위로 잘랐습니다. 자른 부분을 펼친 그림에 나타내시오.

1)

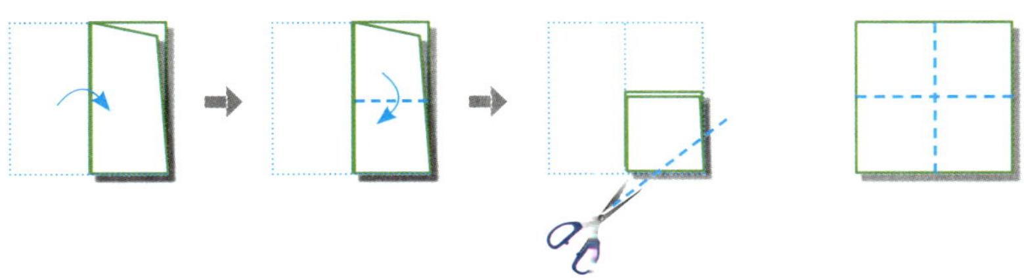

2)

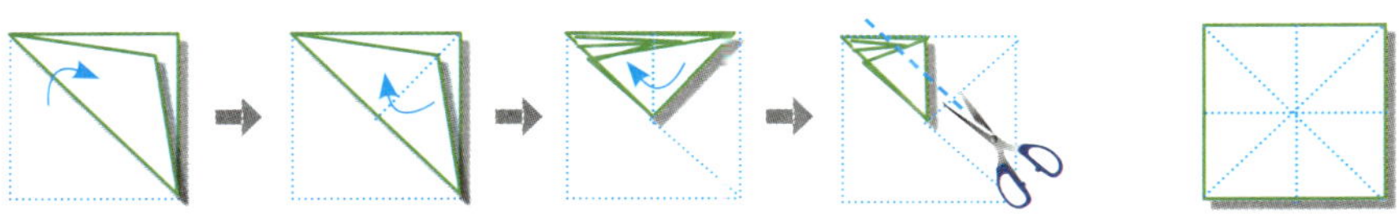

39

01 빈칸에 알맞은 수를 써 넣고, 문제와 계산 결과에 1~9의 숫자들이 모두 들어 있는지 확인하시오.

1) 216 + 738 = ☐　　　　2) 154 + 782 = ☐

3) 317 + 628 = ☐　　　　4) 218 + 439 = ☐

5) 157 + ☐ = 486　　　　6) 154 + ☐ = 783

7) ☐ + 736 = 954　　　　8) ☐ + 673 = 918

02 안내된 학습과 같이 각각의 줄과 열에 1에서 4의 숫자가 한 번씩 들어가게 하시오.

안내된 학습

1	2	3	4
2	3	4	1
3	4	1	2
4	1	2	3

2			
			3
1		2	

03 아래의 그림과 같은 두 종류의 막대기가 8개 있는데 A~D의 길이는 40cm, E~H의 길이는 20cm입니다. 이 막대기를 자르지 않고 넓이가 400cm^{2}인 정사각형 3개를 만드는 방법을 그림으로 나타내시오. 단, 막대기의 두께는 고려하지 않습니다.

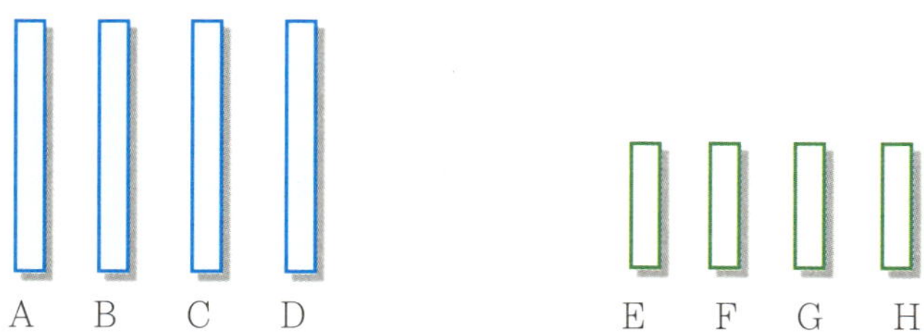

04 오른쪽의 그림을 넓이가 4인 정삼각형 3개, 넓이가 9인 정삼각형 4개, 넓이가 16인 정삼각형 3개, 넓이가 25인 정삼각형 1개로 나누려고 합니다. 나누는 부분을 굵은 선으로 나타내시오. 단, 가장 작은 정삼각형의 넓이를 1이라고 가정합니다.

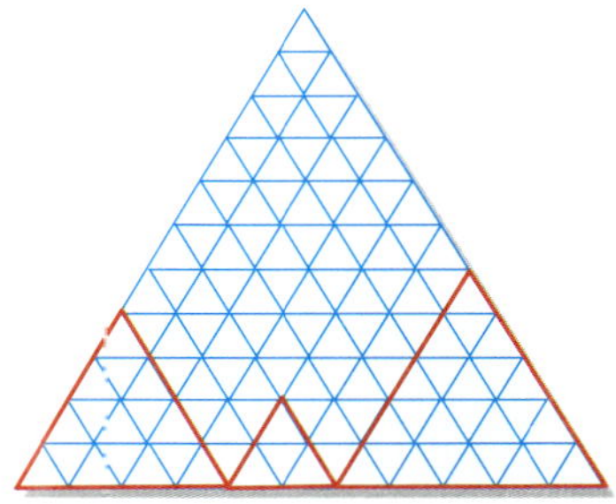

05 아래의 그림과 같이 종이를 몇 번 접은 후 가위로 잘랐습니다. 자른 부분을 펼친 그림에 나타내시오.

1)

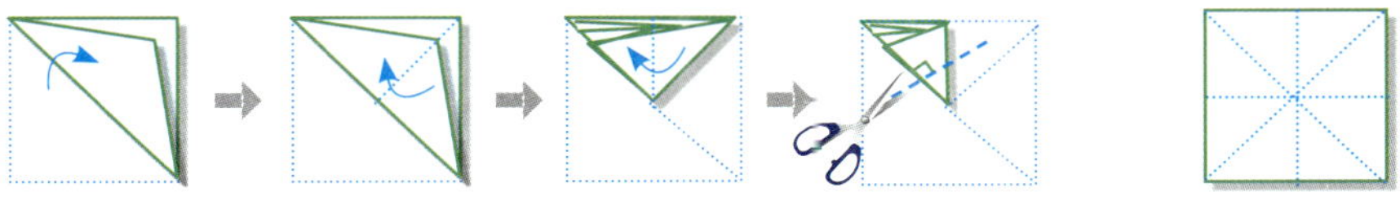

2)

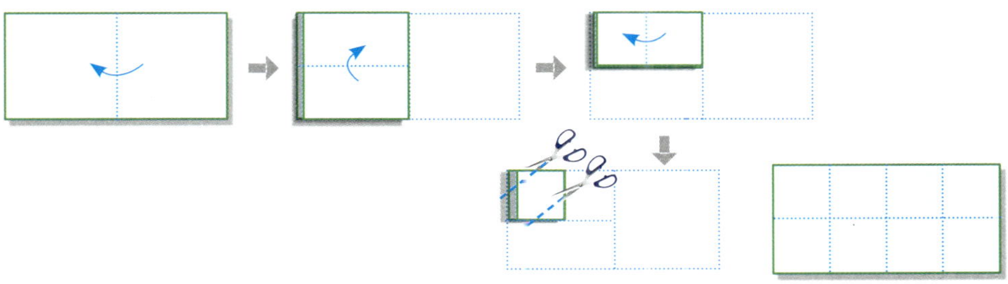

06 벌집의 가운데에서 출발하여 각각의 벌집을 모두 방문하려고 합니다. 규칙은 안내된 학습과 같이 보라색 벌집에서는 120°, 녹색 벌집에서는 60° 회전할 수 있으며 같은 색에서는 회전하지 않고 건너뛸 수 있습니다. 단, 한 번 지난 길은 다시 지나 갈 수 없습니다. 안내된 학습과 같은 방법으로 모든 벌집을 방문하시오.

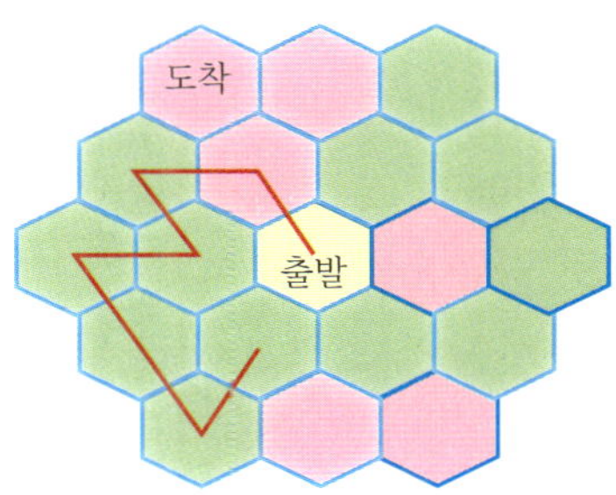

40

01 전자계산기로 해결하고, 문제와 계산 결과에 1~9의 숫자들이 모두 들어 있는지 확인하시오.

1) 4 x 1738

2) 12 x 483

3) 18 x 297

4) 27 x 198

5) 28 x 157

6) 39 x 186

7) 42 x 138

8) 48 x 159

02 각각의 줄과 열에 1에서 5의 숫자가 한 번씩 들어가게 하시오.

				1
2			5	
	5			4
		5		
3			1	

03 연우는 별장을 지으려고 10000m^{2}의 땅을 사기로 했습니다.
그래서 부동산 중개인에게 동서로 100m, 남북으로 100m 되는 정사각형 모양의 땅을 사달라고 부탁했습니다.
마침 마땅한 땅이 나왔다고 해서 직접 확인해 보았더니 생각과 달리 땅의 넓이가 매우 작았으며, 실제로 재어보니 5000m^{2}밖에 되지 않았습니다. 그래서 부동산 중개인에게 그 이유를 묻자 부동산 중개인은 손님이 주문한 대로 땅을 샀다고 태연히 말했습니다.
두 사람의 의견이 서로 다른 까닭을 말하여 보시오.
그리고 연우가 실수한 부분을 찾아보시오.

04 크기가 같은 이등변삼각형을 이용하여 별 모양의 도형을 만들려고 합니다. 오른쪽의 그림에 굵은 선으로 나타내시오.

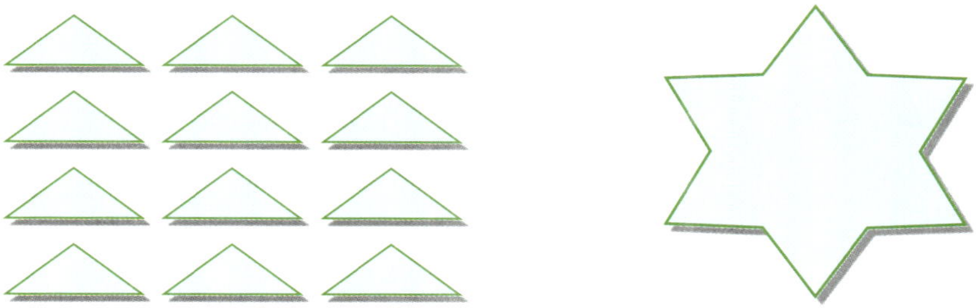

05 아래의 그림과 같이 종이를 몇 번 접은 후 가위로 잘랐습니다. 자른 부분을 펼친 그림에 나타내시오. 문제해결이 어려우면 색종이를 잘라 해결하시오.

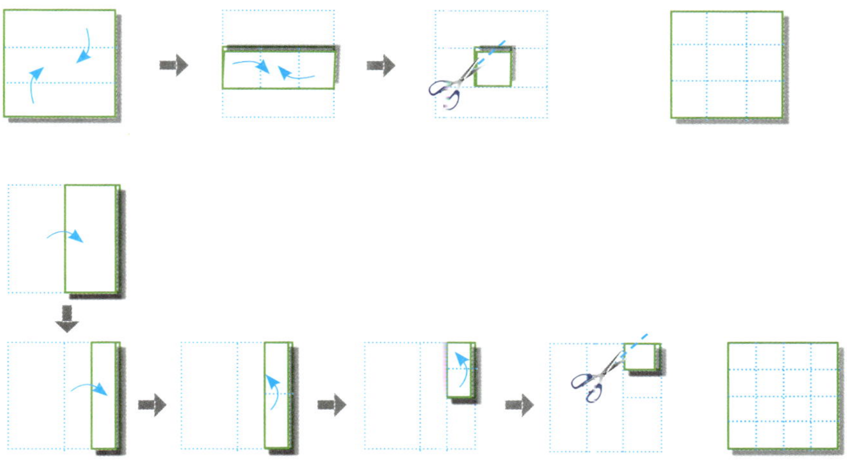

06 다음과 같은 방법으로 계산을 하면 계산 결과는 항상 7이 됩니다. 아래의 빈칸에 자신이 생각한 수를 넣고 계산해 보세요.

- 먼저 자신이 생각하고 있는 수에 10을 더하고 2배를 하세요.
- 계산한 결과에서 6을 빼고 2로 나누어보세요.
- 마지막으로 계산한 결과에서 처음에 생각한 수를 빼어 보세요.

$$[\{(\square + 10) \times 2 - 6\} \div 2] - \square$$

41

01 아래의 수는 각각 0에서 9의 숫자로 이루어졌다는 공통점을 찾을 수 있습니다. 아래의 수를 2로 나누어보고, 또 다른 공통점을 찾아보시오.

1370258694 　　　　　　　　　　 1046389752

02 각각의 줄과 열에 1에서 5의 숫자가 한 번씩 들어가게 하시오.

		2		
3			4	
	1	4		
			3	
	2			5

03 세 종류의 과일을 그림 ①, ②)와 같이 윗접시저울에 올려 놓았더니 수평이 되었습니다. 그러면 사과 한 개의 무게는 복숭아 몇 개의 무게와 같습니까? 단, 참외는 ○, 사과는 □, 복숭아는 △라고 합니다.

그림 ①

그림 ②

04 그림과 같은 인형에 12조각의 옷을 입히려고 합니다. 나머지 부분을 완성하시오.

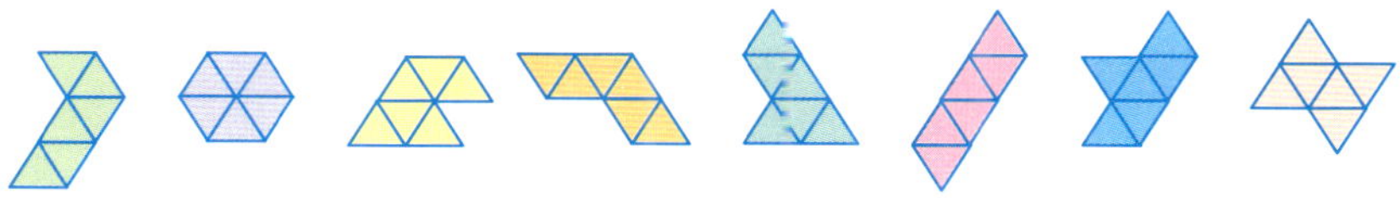

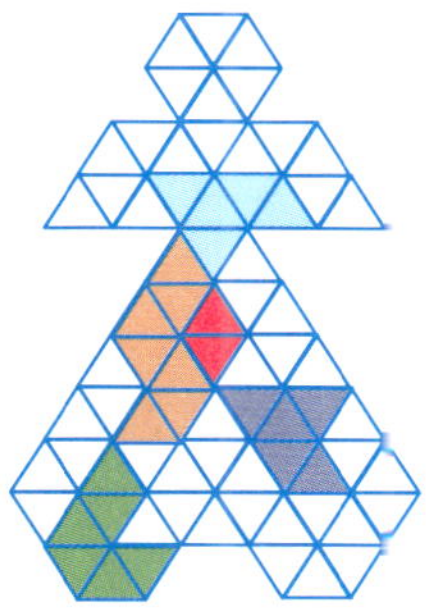

05 정사각형의 종이를 아래와 같은 순서로 접은 후 펀치로 구멍을 뚫었습니다. 종이를 펼쳤을 때의 모양을 오른쪽의 그림에 그려보시오.

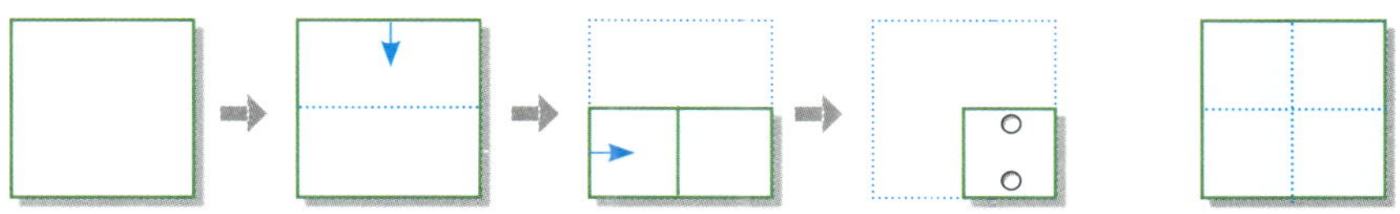

06 다음과 같은 방법으로 상대방의 나이와 태어난 달을 알아보시오.

① 당신이 태어난 달에 2를 곱하고, 거기에 5를 더하세요.(예: 8월 × 2 + 5)

② 그 수에 또 50을 곱하고, 나이를 더하세요.(예: 21 × 50 + 12살)

③ 앞의 계산 결과에서 250을 뺀 결과를 말해주세요.(예: 1062 − 250 = 812)

그럼 당신의 나이는 12살이고, 생일은 8월입니다. (예: 812 → 8월 12살)

42

01 1~9의 숫자로 이루어진 문제를 전자계산기로 계산하고, 공통점을 찾아보시오.

1) 3 x 51249876　　　　2) 6 x 32547891

3) 9 x 16583742

02 각각의 줄과 열에 1~6의 숫자가 한 번씩 들어가게 하시오.

4		3			5
	2			6	
3		1		2	
			4		1
	3	6			
2			6		3

03 140(7 × 5 × 4)개의 정육면체를 이용하여 오른쪽 그림과 같은 직육면체를 만들고 겉면에 초록색 페인트를 칠했습니다. 페인트가 한 면도 묻지 않은 정육면체는 모두 몇 개입니까?

안내된 학습

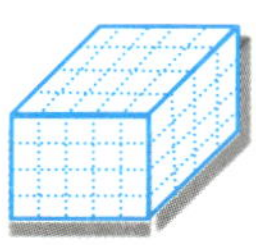

페인트가 한 면도 묻지 않은
정육면체의 개수
$(5-2) \times (4-2) \times (4-2)$

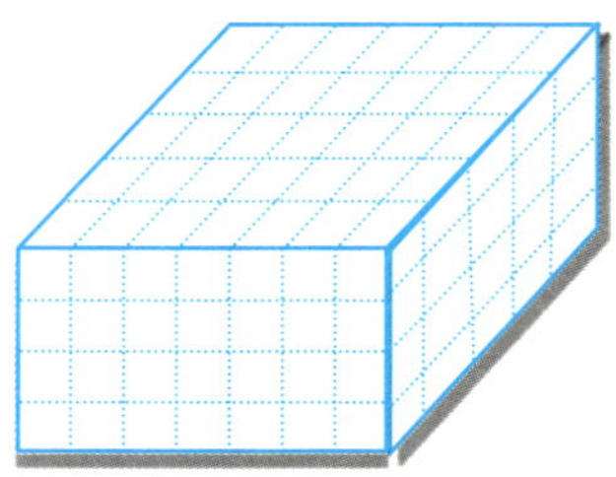

04 그림 ①의 4조각의 도형을 이용하여 그림 ②와 같은 도형을 만들려고 합니다. 나머지 부분을 완성하시오.

그림 ①

그림 ②

05 정사각형의 종이를 아래와 같은 순서로 접은 후 펀치로 구멍을 뚫었습니다. 펼친 모양을 오른쪽의 그림에 나타내시오.

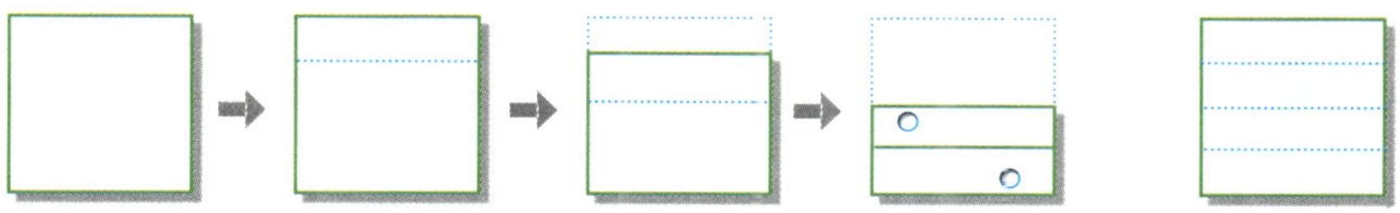

06 그림 ①의 육각형을 모눈종이에 그림 ②와 같이 겹치지 않게 그리면 16개밖에 그릴 수 없습니다. 그림 ③에 그림 ①과 같은 육각형 18개를 그려보시오.

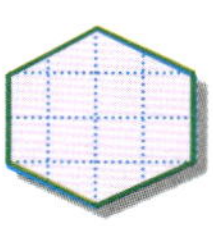

그림 ①

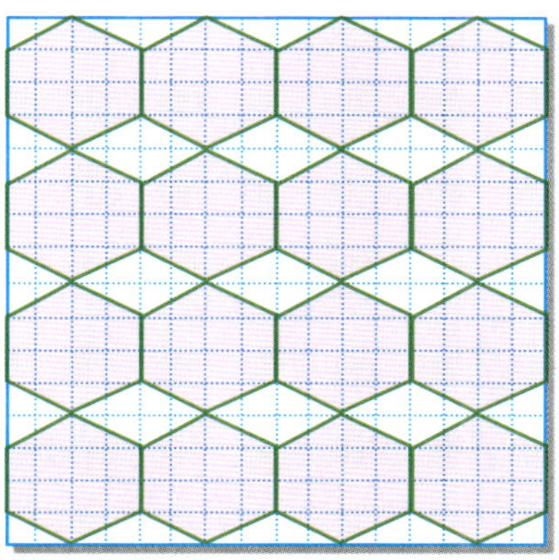

그림 ②

그림 ③

43

01 전자계산기를 이용하여 문제를 해결하고, 계산한 결과에 1~9의 숫자가 모두 들어 있는지 확인하시오.

1) 123456789 x 2

2) 123456789 x 4

3) 123456789 x 5

4) 123456789 x 7

02 각각의 줄과 열에 1~7의 숫자가 한 번씩 들어가게 하시오.

<table>
<tr><td></td><td>4</td><td></td><td></td><td>6</td><td></td><td>7</td></tr>
<tr><td></td><td>2</td><td></td><td></td><td></td><td></td><td>6</td></tr>
<tr><td></td><td></td><td></td><td>1</td><td></td><td></td><td></td></tr>
<tr><td>4</td><td></td><td></td><td>5</td><td></td><td></td><td>2</td></tr>
<tr><td></td><td></td><td></td><td>3</td><td></td><td></td><td></td></tr>
<tr><td>1</td><td></td><td></td><td></td><td></td><td>5</td><td></td></tr>
<tr><td>5</td><td></td><td>3</td><td>7</td><td></td><td>6</td><td></td></tr>
</table>

03 5000원짜리 지폐 2장으로 다섯 군데의 문방구에서 일곱 종류의 학용품을 구입하였는데 한 가게에서만 거스름돈을 받았습니다.
스케치북 3700원, 컴퍼스 1400원, 공책 1000원, 삼각자 800원, 연필 500원, 지우개 300원, 필통 2300원이었다면 어떤 방법으로 물건을 구입하였습니까?

04 안내된 학습과 같이 정삼각형을 크기가 같게 네 조각으로 나누시오.

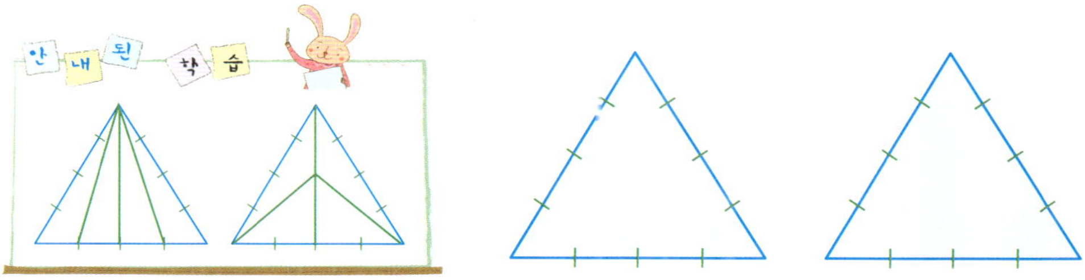

05 들이가 8L, 6L, 2L 그릇이 3개 있습니다. 8L들이 그릇에 가득 채워진 물을 3개의 그릇을 이용해서 4L씩 똑같이 나누려고 합ㄴ다. 빈칸에 알맞은 숫자나 말을 써넣으시오.

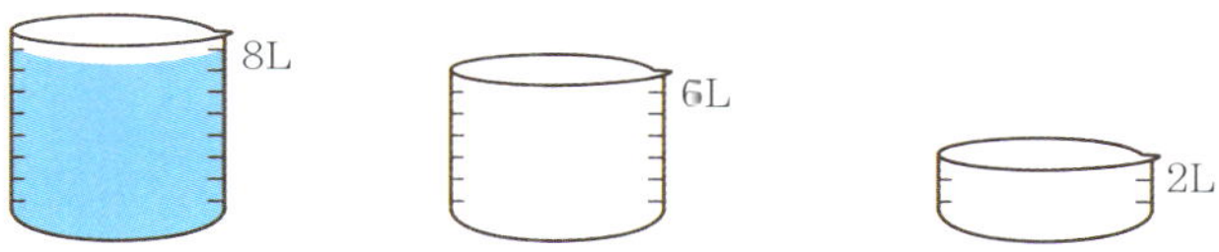

횟수	8L	6L	2L	풀　　이
처음	8	0	0	
1	2	6	0	8L들이의 물을 6L들이의 그릇에 가득 붓습니다.
2				
3	4	4	0	2L들이의 물을 모두 8L들이의 그릇에 붓습니다.

06 한 장의 정사각형 모양의 종이를 그림 ①, ②와 같이 접은 후 그림 ③과 같이 가위로 잘랐습니다.
그림 ④는 그림 ③을 확대한 것으로 변AE = 변ED = 변AF = 변FB 입니다.
자른 부분을 그림 ⑤에 굵은 선으로 나타내시오. 문제해결이 어려우면 색종이를 직접 잘라서 해결하시오.

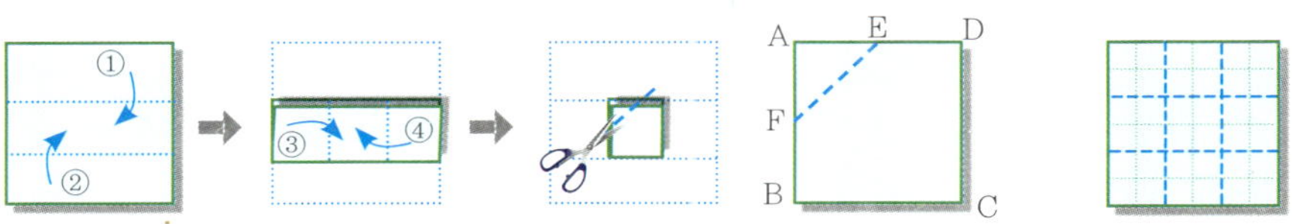

그림 ①　그림 ②　그림 ③　그림 ④　그림 ⑤

44

01 전자계산기를 이용하여 문제를 해결하고, 계산한 결과에 0~9의 숫자가 모두 들어 있는지 확인하시오.

1) 987654321 x 2　　2) 987654321 x 4

3) 987654321 x 5　　4) 987654321 x 7

02 바둑알을 아래와 같은 규칙으로 배열했습니다. 안내된 학습을 참고하여 49번째와 50번째 바둑알의 개수의 합을 구하시오.

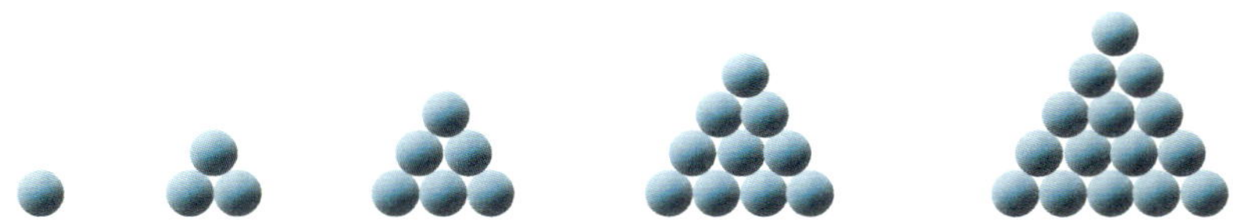

첫 번째　두 번째　세 번째　네 번째　다섯 번째

안내된 학습

- 첫 번째 + 두 번째 : 1 + (1 + 2) = 4
- 두 번째 + 세 번째 : (1 + 2) + (1 + 2 + 3) = 9
- 세 번째 + 네 번째 : (1 + 2 + 3) + (1 + 2 + 3 + 4) = 16

03 크리스마스트리에 깜박이 불을 켜려고 합니다. 빨간색 불은 1초마다, 주황색 불은 2초마다, 노란색 불은 3초마다, 초록색 불은 4초마다, 파란색 불은 5초마다 한 번씩 깜박이게 설계했습니다. 처음에 동시에 불을 켠 후 몇 분 후에 동시에 불이 들어오겠습니까?

04 10L, 7L, 3L들이 그릇이 3개 있습니다. 10L들이 그릇에 가득 채워진 물을 3개의 그릇을 이용해서 물을 5L씩 똑같이 나누려고 합니다. 빈칸에 알맞은 수를 써넣으시오.

횟수	10L	7L	3L	풀 이
처음	10	0	0	
1	3	7	0	10L들이의 물을 7L들이의 그릇에 가득 차게 붓습니다.
2	3	4	3	7L들이의 물을 3L들이의 그릇에 가득 차게 붓습니다.
3	6	4	0	3L들이의 물을 10L들이의 그릇에 모두 붓습니다.
4				7L들이의 물을 3L들이의 그릇에 가득 차게 붓습니다.
5				3L들이의 물을 10L들이의 그릇에 모두 붓습니다.
6				7L들이의 물을 3L들이의 그릇에 모두 붓습니다.
7				10L들이의 물을 7L들이의 그릇에 가득 차게 붓습니다.
8				7L들이의 물을 3L들이의 그릇에 가득 차게 붓습니다.
9				3L들이의 물을 10L들이의 그릇에 모두 붓습니다.

05 아래와 같이 7개의 바둑알이 있습니다. 한번에 3개의 바둑알을 건너뛰어 겹치게 하는 방법으로 한 무더기에는 3개, 다른 한 무더기에는 4개의 바둑알을 쌓으려고 합니다. 그러면 바둑알을 몇 번 옮겨야 합니까?

안내된 학습

5개의 바둑알을 한 번에 2개의 바둑알을 건너뛰어 겹치게 하는 방법은 아래와 같이 세 번 움직여야 합니다.

45

01 0~9의 숫자가 한 번씩 들어있는 수를 거듭 곱한 것입니다. 계산 결과의 공통점을 말하시오.

1) 3254196708 × 3254196708 = 10589796214358037264

2) 8591674023 × 8591674023 = 73816862517493004529

3) 8952063174 × 8952063174 = 80139435071286954276

02 바둑알을 아래의 그림과 같이 규칙적으로 배열했습니다. 안내된 학습을 참고하여 네 번째 그림의 바둑알의 개수와 열 번째 그림의 바둑알의 개수를 구하시오.

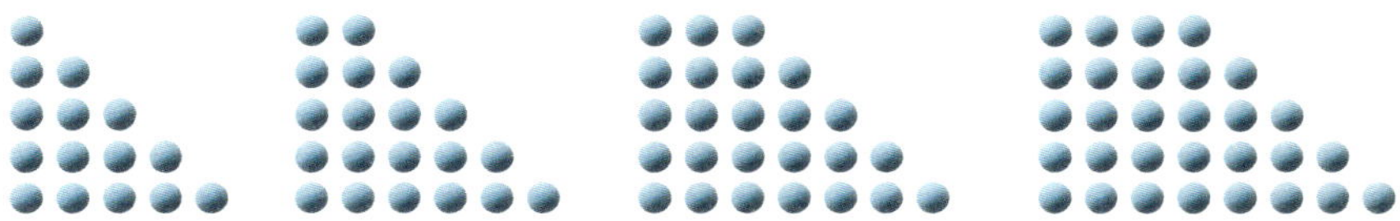

첫 번째　　두 번째　　세 번째　　네 번째

03 찢어진 달력을 보았더니 빨간 글씨로 쓰여 있는 24/31만 보였습니다. 그 달의 1일은 무슨 요일이었습니까?

04 윗접시저울의 왼쪽에 1개의 찰흙덩이를 올려놓고, 오른쪽에는 그것의 $\frac{4}{5}$ 크기의 찰흙덩어리와 $\frac{4}{5}$kg의 추를 올려놓았더니 평형을 이루었습니다. 찰흙 한 덩이의 무게를 구하시오.

05 12L, 9L, 3L들이 그릇이 3개 있습니다. 12L들이 그릇에 가득 채워진 물을 3개의 그릇을 이용해서 6L씩 똑같이 나누려고 합니다. 그릇의 물을 한번 옮기는 데 10초가 걸린다면 6L씩 똑같이 나누는 데 몇 초가 걸리겠습니까?

06 아래와 같이 여섯 종류의 바둑알이 있습니다. 이 바둑알을 한번에 3개씩 건너뛰어 네 번째에 겹치게 하는 방법으로 2개의 무더기로 만들려고 합니다. 그러면 바둑알을 최소 몇 번 옮겨야 합니까?

안내된 학습

한 번에 2개씩 건너뛰어 세 번째에 겹치게 하는 방법으로 2개의 무더기로 만드는 방법은 아래와 같이 세 번 움직여야 합니다.

해 답

1

01 밤 : 0, 고추 : 2, 버섯 : 4, 포도 : 1, 수박 : 5, 딸기 : 3

02 1) 123 2) 179 3) 123 4) 158 5) 700
6) 1500 7) 1800 8) 4000 9) 3 10) 2

03 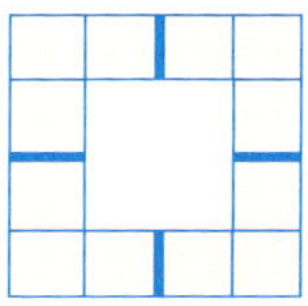

04 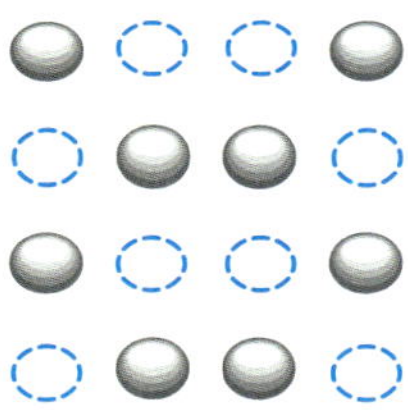

05 

2

01 딸기 : 2, 포도 : 3, 수박 : 4, 고추 : 6, 버섯 : 1, 사과 : 5

02 1) 25 × 4 = 100

2) 2006 × (2 × 5) = 20060

3) 4567 × (5 × 2) = 4567 × 10 = 45670

4) 12345 × (4 × 25) = 1234500

03 25000가지

☞ 1원짜리 물건부터 25000원짜리 물건을 살 수 있습니다.
따라서 물건을 사는 방법은 25000가지

04

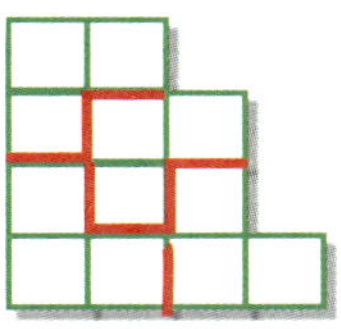

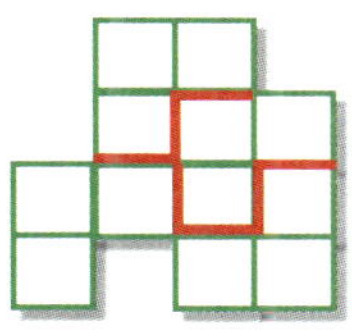

05

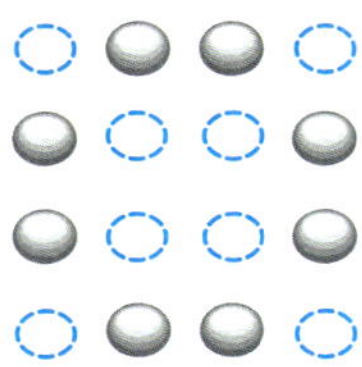

06

3

01 밤 : 1, 옥수수 : 7, 버섯 : 8, 포도 : 2, 수박 : 9, 딸기 : 4, 고추 : 3

02 $2468 + 2468 + 2468 + 2468 + 2468 = 2468 \times 5 = 2468 \times (10 \div 2)$

$= 2468 \times 10 \div 2 = 24680 \div 2 = 12340$

☞ 5를 곱한다는 것은 10을 곱하고 2로 나누는 것과 같습니다.

03 아버지 : 48살, 아들 : 16살, 딸 : 6살

☞ 사람의 나이를 몇과 몇 분의 몇으로 말하지 않고 자연수로 말하므로 아버지의 나이는 3과 8의 공배수인 24살, 48살, 72살, ……입니다. 그런데 아버지의 나이가 40살에서 60살 사이이라고 생각했으므로 나그네의 나이는 48살이고, 아들의 나이는 $48 \times \frac{1}{3} = 16$살, 딸의 나이는 $48 \times \frac{1}{8} = 6$살

04 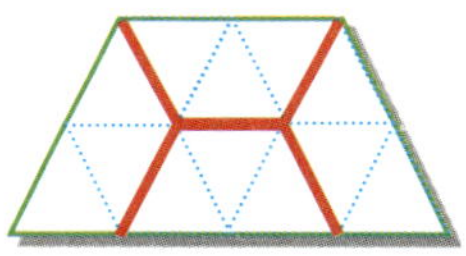

05 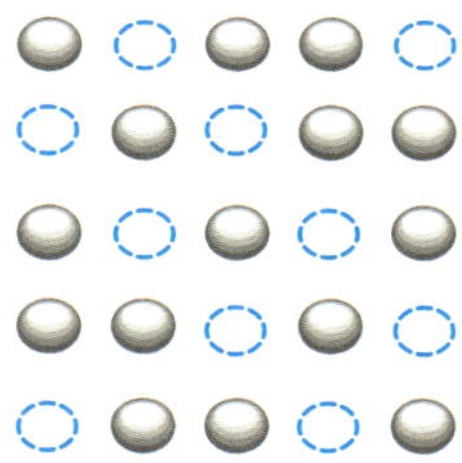

06 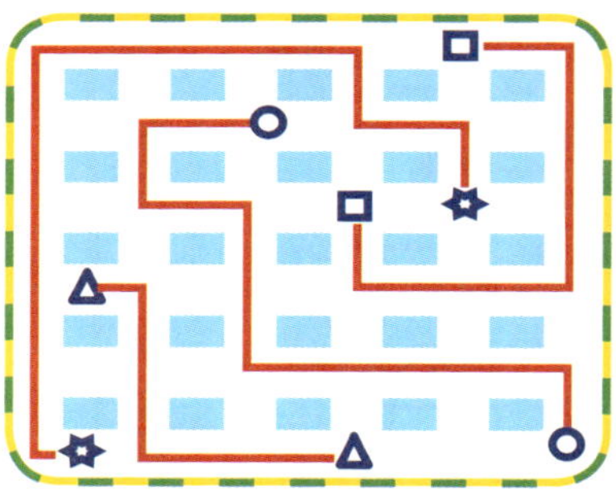

4

01 밤 : 2, 옥수수 : 4, 버섯 : 1, 포도 : 0, 수박 : 3, 딸기 : 9, 고추 : 5, 바나나 : 6, 사과 : 8, 호박 : 7

02 789 − 456 + 123 = 333 + 123 = 456

03 각각의 봉지에는 사탕이 1개, 2개, 4개, 8개 들어있습니다.

04 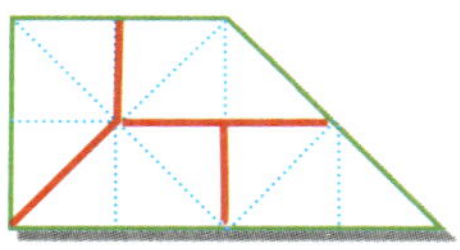

05 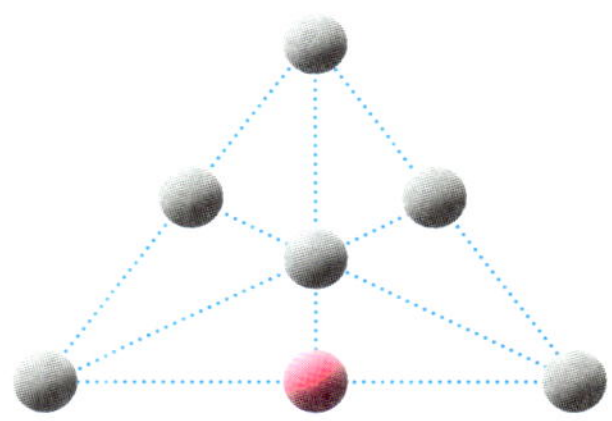

06 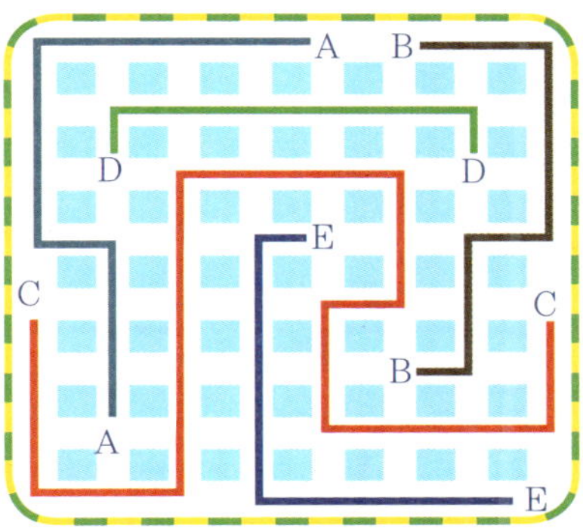

5

01 밤 : 7, 옥수수 : 1, 버섯 : 4, 포도 : 5, 수박 : 2, 딸기 : 3, 고추 : 9, 바나나 : 8, 사과 : 6

02 (345 − 344) + (347 − 346) + (349 − 348) + (351 − 350) + (353 − 352) + (355 − 354) = 1 + 1 + 1 + 1 + 1 + 1 = 6

03 50초

☞ 0층에서부터 시작하는 것이 아니라 1층에서부터 시작되므로 1층에서 2층까지 올라가는데 1층을 올라가면 되고, 1층에서 5층까지 올라가는 데는 4층을 올라가면 됩니다(5−1=4). 1층에서 5층까지 올라가는데 20초가 걸렸으므로 한 층을 올라가는데 걸리는 시간은 5초입니다. 그리고 5층에서 15층까지 올라가는 데는 10층을 올라가야 합니다(15−5=10). 따라서 나머지 층을 올라가는 데 걸리는 시간은 50초

04 2

☞ 36 + 24 = 60, 24 + 12 = 36, 12 + 6 = 18, 6 + □ = 8, □ = 2

05

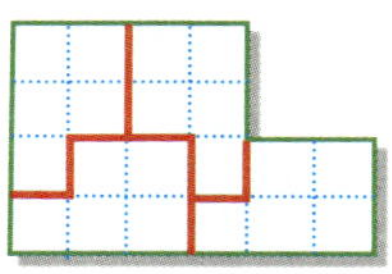

06

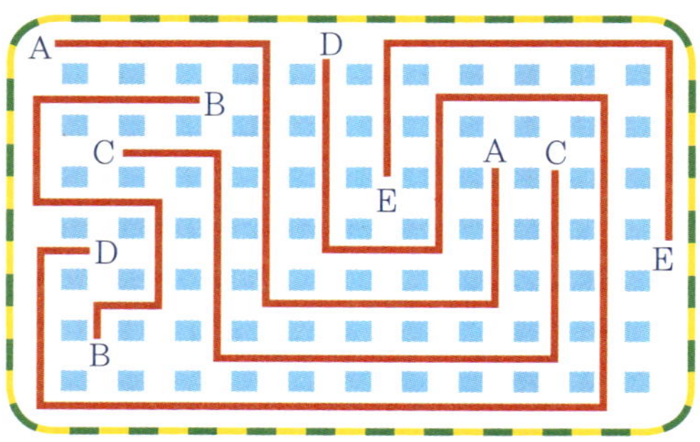

6

01 밤 : 2, 옥수수 : 8, 버섯 : 3, 포도 : 1, 수박 : 5, 딸기 : 4, 고추 : 7, 바나나 : 6, 사과 : 9

02 1) 9 + 19 + 29 + 39 + 49 + 5 = (9 + 1) + (19 + 1) + (29 + 1) + (39 + 1) + (49 + 1) = 10 + 20 + 30 + 40 + 50 = 150

2) 36 + 47 + 58 + 9 = (36 + 4) + (47 + 3) + (58 + 2) = 40 + 50 + 60 = 150

03

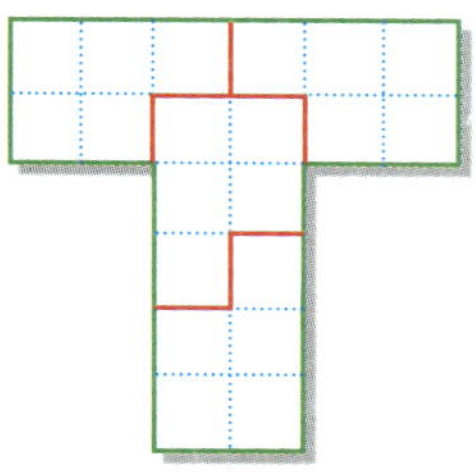

04

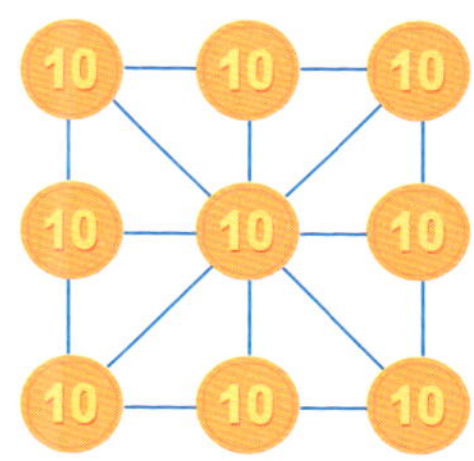

05

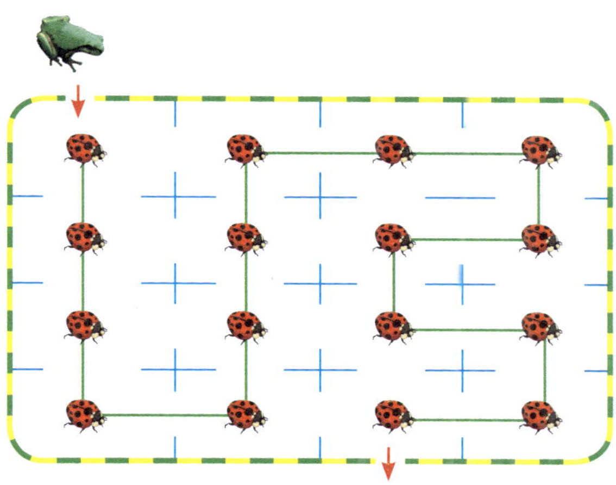

7

01 밤 : 4, 버섯 : 2, 포도 : 6, 수박 : 1, 딸기 : 8, 고추 : 5, 바나나 : 3, 사과 : 7, 호박 : 9

02 (1 + 89) + (12 + 78) + (23 + 67) + (34 + 56) + (45 + 45) = 90 × 5 = 450

03 ① − ⓑ, ② − ⓐ, ③ − ⓓ, ④ − ⓒ, ⑤ − ⓔ

04 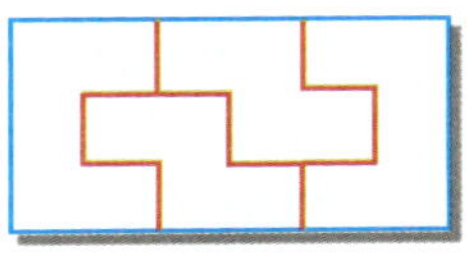

05 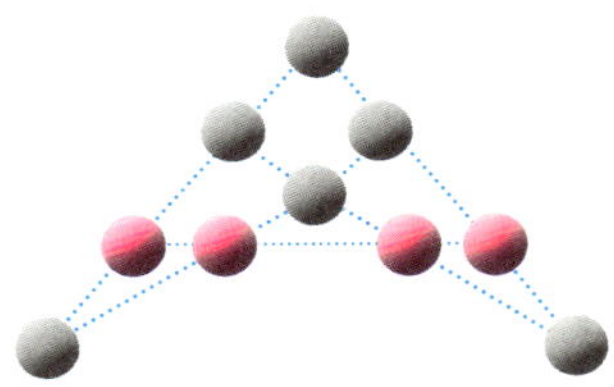

06 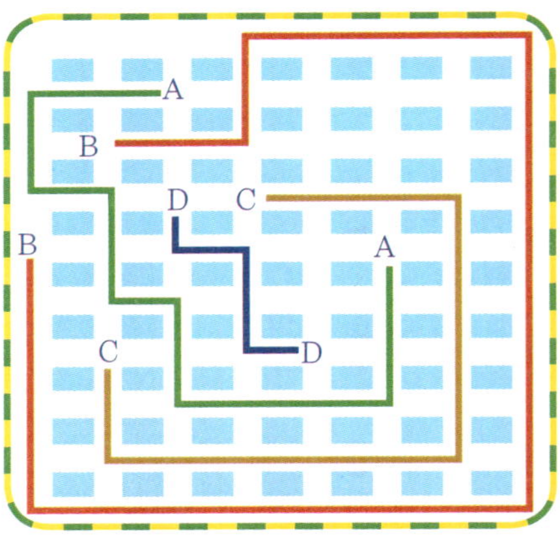

8

01 밤 : 1, 고추 : 2, 버섯 : 4, 수박 : 6, 딸기 : 3

02 1) 1234321

☞ 0.5를 곱하는 것은 2로 나누는 것과 같으므로 2468642 ÷ 2 = 1234321

2) 2525

☞ 0.5를 곱하는 것은 2로 나누는 것과 같으므로 5050 ÷ 2 = 2525

03 숫자 1, 2, 4, 5, 7, 8이 모두 들어 있습니다.

☞ $\frac{1}{7}$ = 0.142857, $\frac{2}{7}$ = 0.285714, $\frac{3}{7}$ = 0.428571,

$\frac{4}{7}$ = 0.571428, $\frac{5}{7}$ = 0.714285, $\frac{6}{7}$ = 0.857142

04 1480m

☞ 1억은 1만 원짜리로 10000장이고, 1m는 1000mm이므로

148 × (100000000 ÷ 10000) = 1480000mm ÷ 1000 = 1480m

05

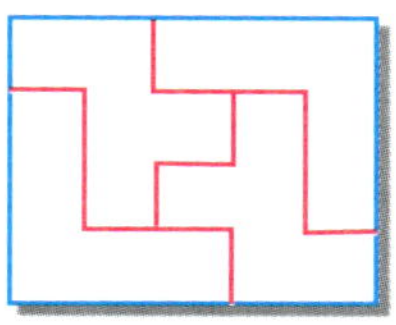

06

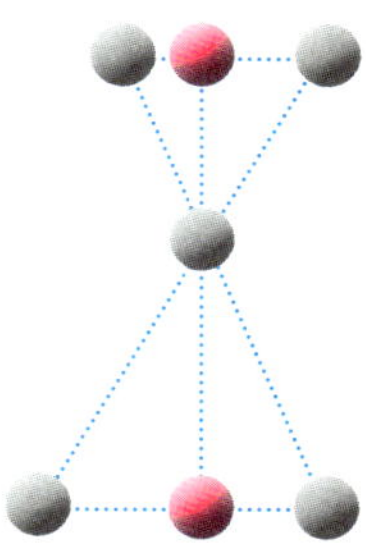

9

01 밤 : 1, 옥수수 : 6, 버섯 : 5, 포도 : 3, 수박 : 2, 딸기 : 4, 고추 : 0, 바나나 : 7, 사과 : 8, 호박 : 9

02 11111

☞ 0.2 + 9.2 + 99.2 + 999.2 + 9999.2 + 0.8 × 5 = (0.2 + 0.8) + (9.2 + 0.8) + (99.2 + 0.8) + (999.2 + 0.8) + (9999.2 + 0.8) = 1 + 10 + 100 + 1000 + 10000 = 11111

03 6번

☞ 1시 11분 11초, 2시 22분 22초, 3시 33분 33초,
4시 44분 44초, 5시 55분 55초, 11시 11분 11초

04 3개의 양말을 꺼내야 합니다.

☞ 양말은 2개가 한 켤레이고 좌우가 같으므로
2개를 꺼내면 (빨간색, 빨간색), (빨간색, 주황색), (주황색, 주황색)
3개를 꺼내면 (빨간색, 빨간색, 빨간색), (빨간색, 빨간색, 주황색), (빨간색, 주황색, 주황색), (주황색, 주황색, 주황색)따라서 3켤레 중 두 켤레는 같은 색이 됩니다.

05

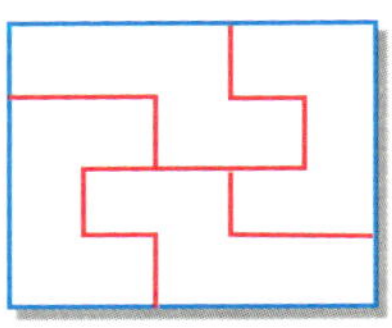

06

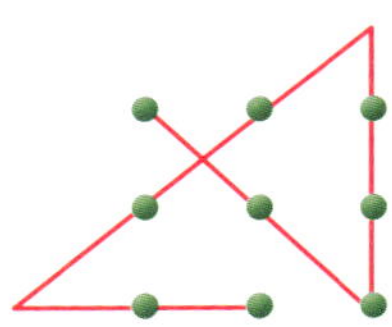

07 아래 그림과 같이 S자 모양의 나선형이 됩니다.

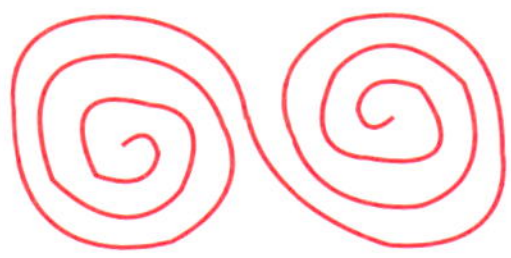

10

01 밤 : 1, 옥수수 : 7, 버섯 : 0, 포도 : 3, 수박 : 4, 딸기 : 2, 고추 : 8, 바나나 : 6, 사과 : 5, 호박 : 9

02 $\frac{12}{25} > \frac{24}{51}$

☞ 분자의 크기를 같게 하려면 $\frac{12}{25}$를 $\frac{24}{50}$로 바꾸면 됩니다.

$(\frac{12}{25}, \frac{24}{51}) \Rightarrow (\frac{24}{50} > \frac{24}{51})$에서 $(\frac{12}{25} > \frac{24}{51})$

03 1667표

☞ 5명의 위원을 선출한다면 투표인 수(10000명)의 $\frac{1}{6}$을 초과한 1667표를 얻으면 당선이 확실하다고 할 수 있습니다.

$10000 \times \frac{1}{6} = 1666.666\cdots\cdots$

04

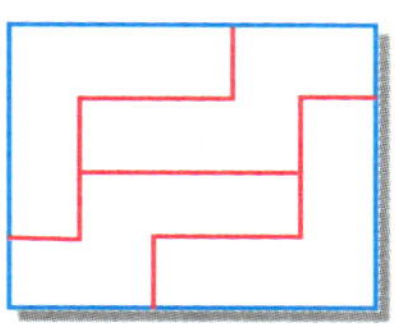

05

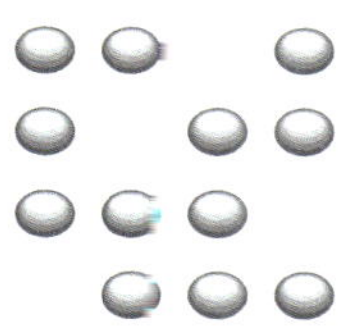

06

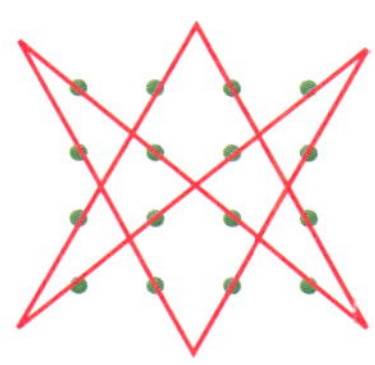

07 투명한 고무호스를 둥글게 말아 그림 ①과 같이 만든 후 구슬을 굴려 그림 ②와 같이 만들어 그림 ③과 같이 빨강 구슬만 빼어냅니다.

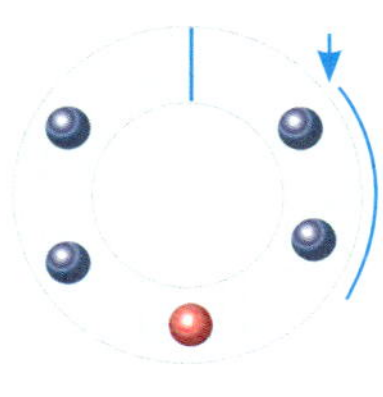

그림 ①

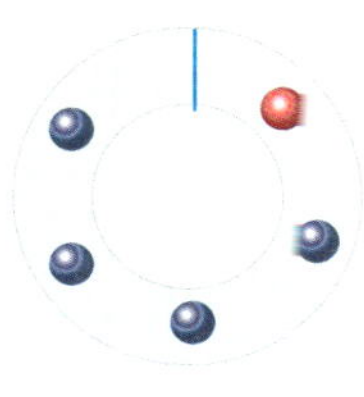

그림 ②

그림 ③

11

01 밤 : 0, 포도 : 5, 수박 : 2, 딸기 : 1, 고추 : 4, 바나나 : 3, 사과 : 6

02 1) $9 \times 1 + 2 = 11$ 2) $9 \times 12 + 3 = 111$

3) $9 \times 123 + 4 = 1111$ 4) $9 \times \boxed{123456789} + 10 = 1,111,111,111$

03 첫 번째, 다섯 번째 게임에서 이겼습니다.

$(1 + 16) - (2 + 4 + 8) = 3$

04

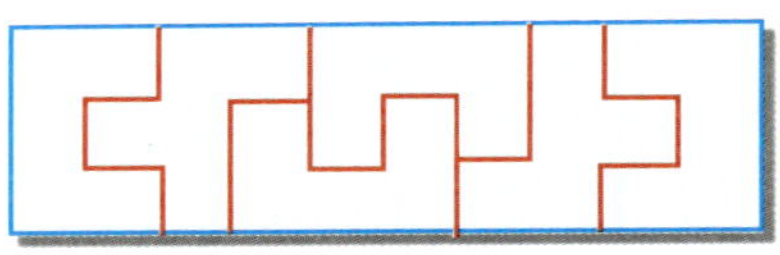

05

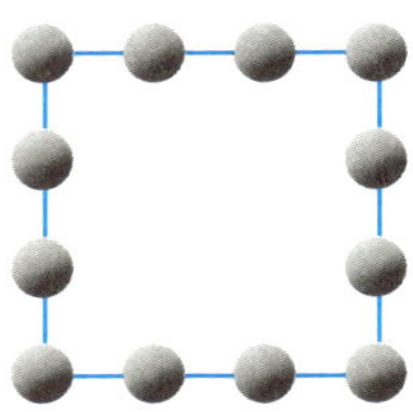

06 3번째 그림, 정사각형과 삼각형이 겹쳐 있지 않습니다.

12

01 밤 : 9, 옥수수 : 5, 버섯 : 1, 포도 : 8, 수박 : 4, 딸기 : 2, 고추 : 6, 바나나 : 7, 사과 : 3

02 1) 9 × 1234567891 + 92 = 11,111,111,111

2) 9 × 12345678912 + 903 = 111,111,111,111

3) 9 × 123456789123 + 9004 = 1,111,111,111,111

4) 9 × 1234567891234 + 90005 = 11,111,111,111,111

03 6분

☞ 먼저 세 사람이 세 가마를 트럭에 싣는 데 2분이 걸리고 다시 창고로 가는 데 2분이 걸립니다. 나머지 세 가마를 트럭에 싣는 데 2분이 걸리므로 전체의 시간은 6분이 걸립니다.

04

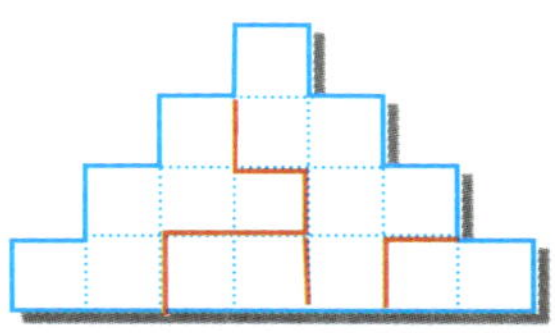

05

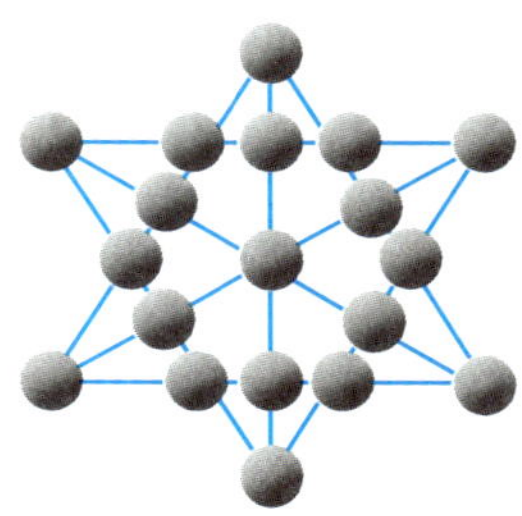

06 참 좋은 생각!

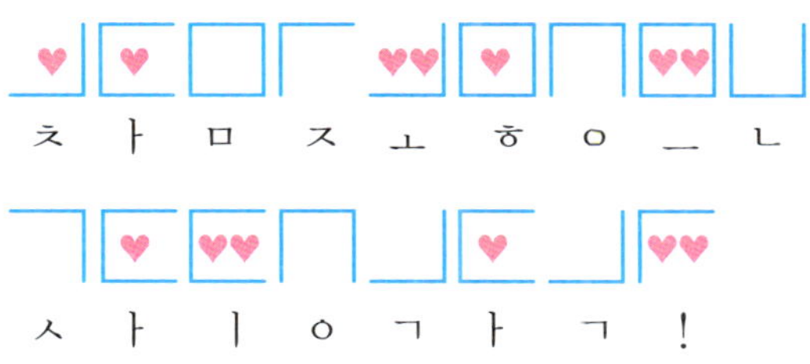

13

01 밤 : 3, 옥수수 : 5, 버섯 : 4, 포도 : 2, 수박 : 8, 딸기 : 9, 고추 : 7,
바나나 : 1, 사과 : 6

02
- 동전 6개를 윗접시저울의 양쪽에 3개씩 올려놓습니다.
- 가벼운 쪽이 위로 올라갑니다. 이 때 가벼운 쪽의 동전 2개를 윗접시저울에 올려놓아 수평을 이루면 올려놓지 않은 나머지 한 개가 가볍습니다. 또, 기울면 위로 올라간 쪽의 동전이 가볍습니다.

03
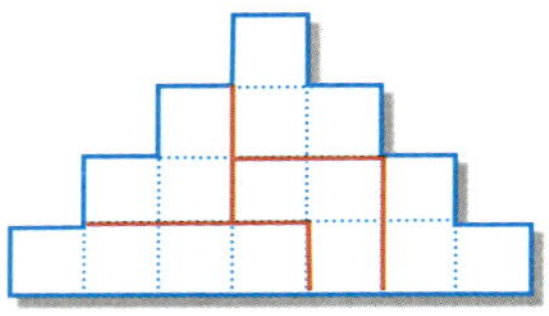

04
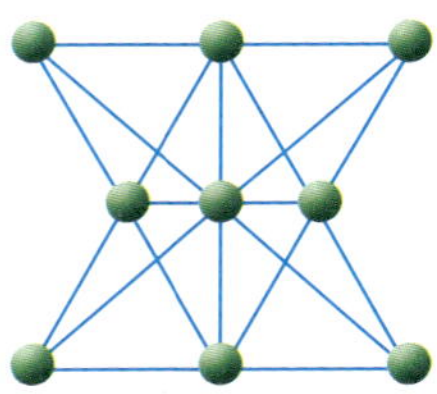

05

14

01 밤 : 2, 옥수수 : 1, 버섯 : 4, 포도 : 5, 수박 : 9, 딸기 : 3, 고추 : 6, 바나나 : 7, 사과 : 8

02 1) 5 + 6 + 7 + 8　　　2) 7 + 8, 4 + 5 + 6, 1 + 2 + 3 + 4 + 5

03 100원짜리 2개, 50원짜리 5개, 10원짜리 3개

04

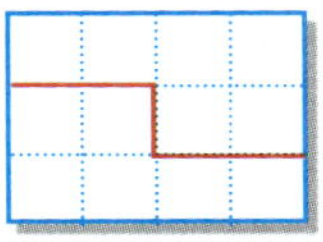

그림 ⑤

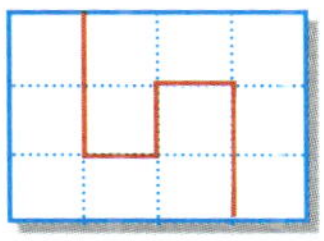

그림 ⑥

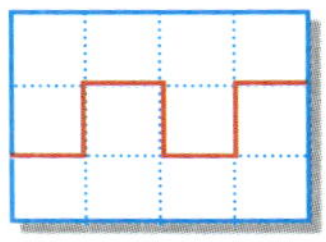

그림 ⑦

05

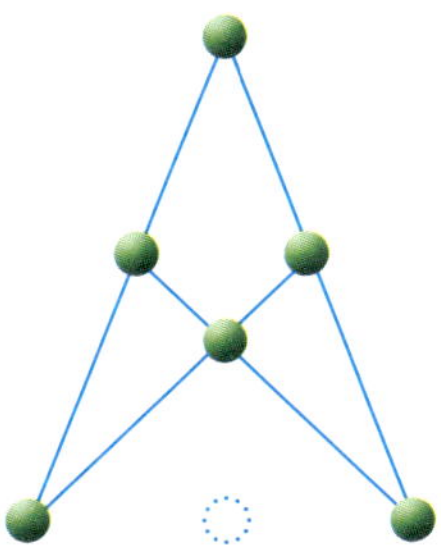

06 그림 ③은 7개, 그림 ④는 11개, 5개의 직선으로 나누면 16개

☞ 2, 4, 7, 11에서 2, 3, 4씩 커지므로 다음의 수는 5 커짐을 알 수 있습니다. 따라서 5개의 직선으로 나누면 16개의 부분으로 나눌 수 있습니다.

15

01 밤 : 5, 옥수수 : 4, 버섯 : 6, 포도 : 9, 수박 : 8, 딸기 : 2, 고추 : 7, 바나나 : 3, 사과 : 1

02 1) 6, 6　　2) 7, 7　　3) 9, 9　　4) 90, 90

03 한 달 후에 팔 때 2000000원 이익이 됩니다.

☞ 수확한 즉시 판 가격 : 100000 × 600 = 6천만원

한 달 뒤에 판 가격 : (100000 × 0.8) × 800 − 2000000

= 64000000 − 2000000 = 62000000원

따라서 한 달 후에 팔 때 2000000원 이익이 됩니다.

04 처음에 생각했던 한 자리의 수가 됩니다.

05

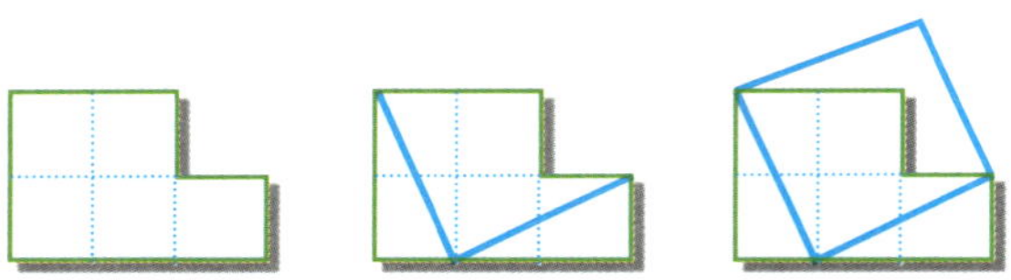

06

첫째 날 (30개)

1	4	6
4		4
6	4	1

3	4	4
4		4
4	4	3

둘째 날 (28개)

1	3	7
3		3
7	3	1

4	3	4
3		3
4	3	4

셋째 날 (26개)

1	2	8
2		2
8	2	1

4	2	5
2		2
5	2	4

넷째 날 (24개)

1	1	9
1		1
9	1	1

5	1	5
1		1
5	1	5

16

01 A = 1cm, B = 2cm, C = 3cm, D = 4cm

☞ • A = 1, • B = 2 × A, B = 2, • C = A + B, C = 3, • D = A + C, D = 4

02 ① CCXXXIV　　② MMMDCIX

03 18달러

☞ 15%를 10%와 5%로 나누어 생각합니다. 즉, 120달러의 10%는 12달러이고 120달러의 5%는 10%의 절반이므로 6달러입니다. 따라서 120달러의 15%는 12 + 6 = 18달러입니다.

04 아래의 그림과 같이 직사각형을 그려 대각선을 이용하면 쉽게 그릴 수 있습니다.

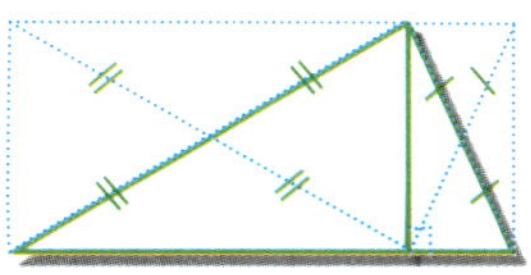

05

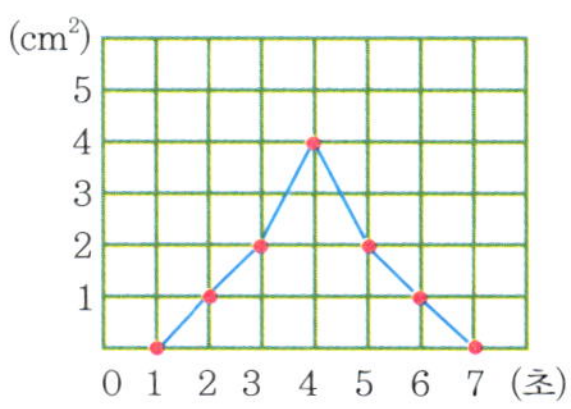

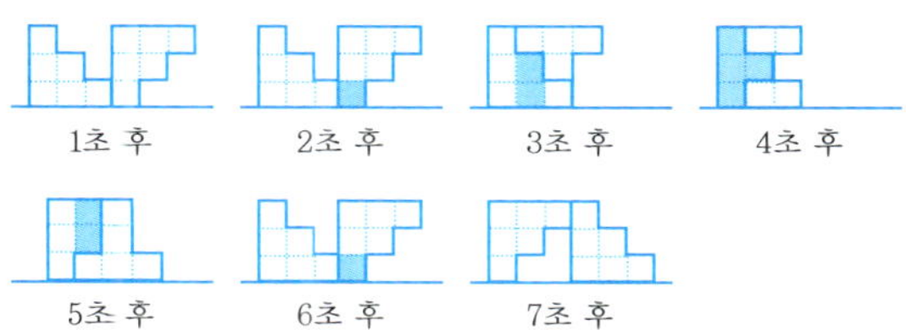

06

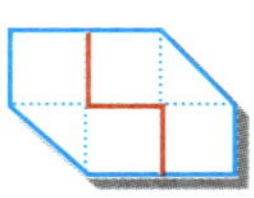
그림 ①

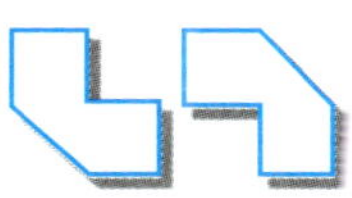
그림 ②

그림 ③

17

01 A = 1cm, B = 2cm, C = 3cm, D = 4cm, E = 7cm

☞ • A = 1　• B = 2 × A, B = 2　• C = A + B, C = 3

• D = A + C, D = 4　• E = 2 × D − A, E = 7

02 (9 × 9) − (8 × 8) + (7 × 7) − (6 × 6) + (5 × 5) − (4 × 4) + (3 × 3) − (2 × 2) + (1 × 1) = {(9 × 9) − (8 × 8)} + {(7 × 7) − (6 × 6)} + {(5 × 5) − (4 × 4)} + {(3 × 3) − (2 × 2)} + (1 × 1)

= 9 + 8 + 7 + 6 + 5 + 4 + 3 + 2 + 1 = 45

03 10가지

☞ 장미꽃의 색깔을 각각 A, B, C, D, E라고 하면

(A, B), (A, C), (A, D), (A, E), (B, C), (B, D), (B, E), (C, D), (C, E), (D, E)

04

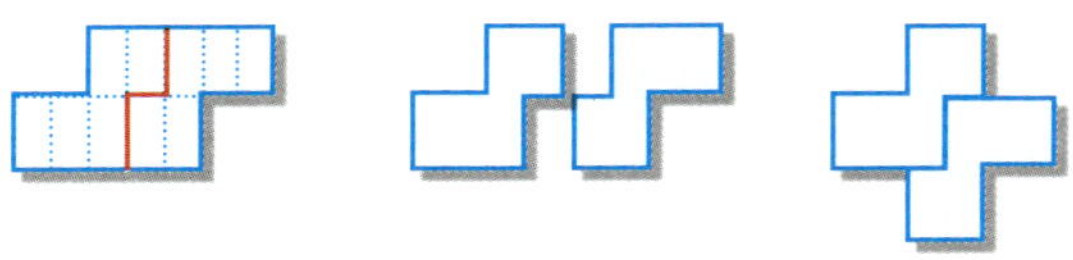

05

첫 번째 (1 − 2 − 3)

두 번째 (3 − 4 − 5)

세 번째 (3 − 6 − 7)

06 KING

☞ G 안에 K를 썼으므로 이를 그대로 영어로 나타내면 K IN(안에) G에서 KING

18

01 A = 1cm, B = 2cm, C = 3cm, D = 5cm, E = 6cm, F = 8cm

☞ • A = 1, • C = 3 × A, C = 3, • 2 × D = 3 × C + A, D = 5,
• C + D = E + B, E = 3 × B, C + D = 3 × B + B, B = 2,
• E = 3 × B, E = 6, • 2 × F = 2 × D + E, F = 8

02 1) 13, 13 2) 14, 14

03 A : 100점, B : 80점, C : 90점, D : 60점,

☞ • B와 D의 점수의 차이가 20점 (B − D = 20)에서 B의 점수는 80점이고, D의 점수가 최저점이므로 D는 60점, • C와 D의 점수의 차이가 30점 (C − D = 30)에서 D의 점수가 최저점이므로 C는 90점, • A와 C의 점수의 차이가 10점이고 C가 90점 B가 80점이므로 A는 C보다 크다. (A − C = 10) 따라서 A = 100

04 10개

☞ (6 − 2) + (6 − 3) + (6 − 4) + (6 − 5)
= 4 + 3 + 2 + 1 = 10

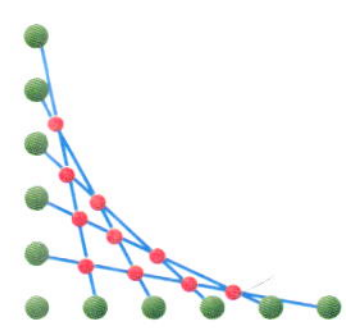

05

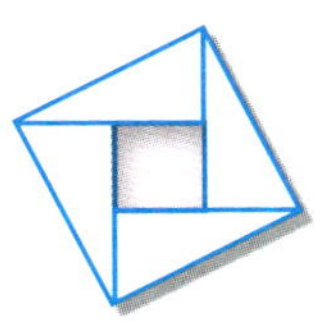

06

첫 번째(1 − 2 − 3)

두 번째(2 − 3 − 4)

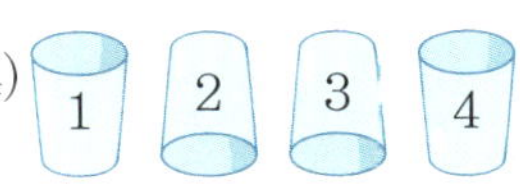

세 번째(1 − 3 − 4)

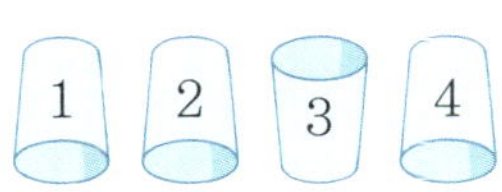

네 번째(1 − 2 − 4)

19

01 A = 2cm, B = 3cm, C = 4cm, D = 5cm, E = 7cm, F = 8cm

☞ • A = 2, • C = 2 × A, C = 4, • 2 × B = A + C, B = 3 ,

• D = A + B, D = 5, • E = B + C, E = 7, • F = 2 × A + C, F = 8

02 1) 1998 2) 2997 3) 3996 4) 4995 5) 5994 6) 8991

03 직사각형, 오각형, 사다리꼴, (직각)삼각형

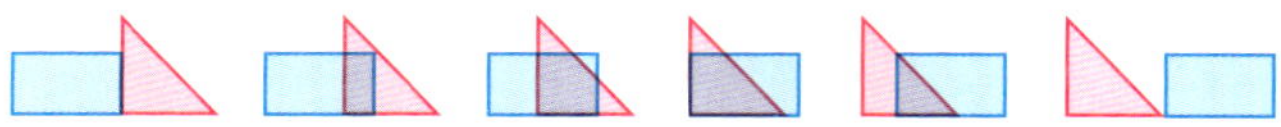

04

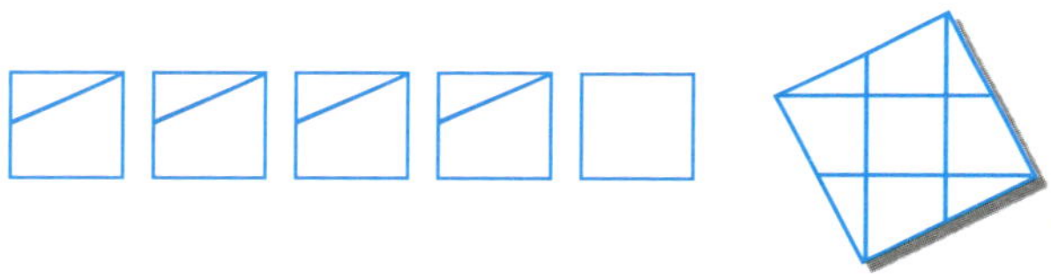

05

첫 번째(1 – 2 – 3)

두 번째(2 – 3 – 4)

세 번째(2 – 3 – 5)

네 번째(6 – 7 – 8)

06 주사위

☞ • 주사위의 면에 씌여 있는 수 : 1, 2, 3, 4, 5, 6

• 주사위를 놓았을 때 마주 보이는 면의 숫자의 합이 나오는 수 : 7

• 공중에 있을 때 6면을 합한 수 : 21

• 책상 위에 있으면 보이는 면이 5개로 한 면이 보이지 않음.

20

01 A = 1, B = 2, C = 3, D = 4, E = 5, F = 6, G = 8, H = 9, I = 10, J = 12

☞ • A = 1, • B = 2 × A, B = 2, • C = A + B, C = 3,
• 2 × D = B + 2 × C, D = 4, • G = 2 × D, G = 8,
• E + I = C + D + G, I = 2 × E에서 E + 2 × E = 3 + 4 + 8, E = 5,
• I = 2 × E, I = 10, • 2 × H = I + G, H = 9, • J + F = 2 × H,
J = 2 × F에서 3 × F = 2 × H, F = 6, • J = 2 × F, J = 12

02 1) 1, 2, 3, 4, 5의 같은 수를 두 번 곱한 수로 이루어졌습니다.
☞ 1(1 × 1), 4(2 × 2), 9(3 × 3), 16(4 × 4), 25(5 × 5)
2) 7을 두 번 곱한 수를 다시 두 번씩 곱했습니다. 따라서 7 하나만 외우면 모두 해결 ☞ 7, 49(7 × 7), 16(4 × 4), 81(9 × 9)

03 첫 번째 상자에서 1개를 꺼내어 1이라고 표시를 하고, 두 번째 상자에서 2개를 꺼내어 2라고 표시를 하고, 세 번째 상자에서 3개를 꺼내어 3이라고 표시를 하고, 네 번째 상자에서 4개를 꺼내어 4라고 표시를 하고, 다섯 번째 상자에서 5개를 꺼내어 5라고 표시를 하고 표시된 15개의 상자를 한꺼번에 전자저울에 올려놓습니다. 이때 15개를 올려놓으면 15g이 되어야 하는데 5g이 모자라면 다섯 번째 상자에 불량품이 있는 것이고, 3g이 모자라면 세 번째 상자가 불량이 됩니다. 이와 같은 방법으로 불량품을 찾을 수 있습니다.

04 해답 생략

05 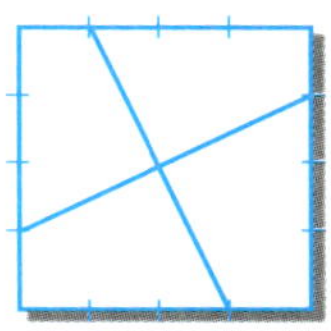

06 첫 번째 : 1, 2, 3, 4, 5번 컵 뒤집기
두 번째 : 2, 3, 4, 5, 6번 컵 뒤집기
세 번째 : 2, 3, 4, 5, 7번 컵 뒤집기

07 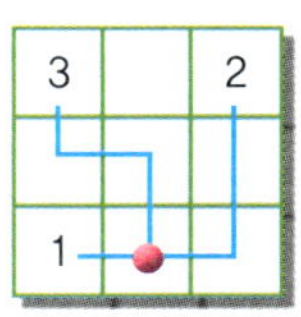

21

01 A = 1, B = 2, C = 3, D = 4, E = 6, F = 7

☞ • A = 1, • B = 2, • C = A + B, C = 3, • D = A + C, D = 4,
• E = B + D, E = 6, • F = A + E, F = 7

02 1) 45일 ☞ 1800 ÷ 40 = 45일

2) 9월 19일 ☞ 100 ÷ 25 = 4 9월 15일 + 4일 = 9월 19일

03 63

☞ (1 + 2 − 3) + (4 + 5 − 6) + (7 + 8 − 9) + (10 + 11 − 12) + (13 + 14 − 15) + (16 + 17 − 18) + (19 + 20 − 21) = 0 + 3 + 6 + 9 + 12 + 15 + 18 = 63

04 1(1 × 1)4(2 × 2)9(3 × 3)16(4 × 4)25(5 × 5)36(6 × 6)49(7 × 7)64(8 × 8)81(9 × 9)

05

06

첫 번째(1 – 2 – 3)

두 번째(4 – 5 – 6)

세 번째(6 – 7 – 8)

네 번째(6 – 9 – 10)

22

01 A = 1, B = 2, C = 3, D = 4, E = 5, F = 6, G = 7, H = 8, I = 9

☞ • A = 1, • B = 2, • C = A + B, C = 3, • 2 × D = 2 × C + B, D = 4,
• F = B + D, F = 6, • E = F − A, E = 5, • I = 2 × E − A, I = 9,
• H = I − A, H = 8, • G = A + 2 × C, G = 7

02 1) 1 + 2 + 3 = 1 × 2 × 3

2) 1 + 1 + 2 + 4 = 1 × 1 × 2 × 4

3) 1 + 1 + 1 + 2 + 5 = 1 × 1 × 1 × 2 × 5

03 목각인형 10달러, 반지 40달러, 목걸이 80달러

☞ 목각인형의 값을 1이라고 하면 반지의 값은 목각인형의 4배, 목걸이의 값은 목각 인형의 값의 8배

• 목각인형의 값은 130 ÷ 13 = 10달러

• 반지의 값 : 10 × 4 = 40달러

• 목걸이의 값 : 40 × 2 = 80달러

04

05

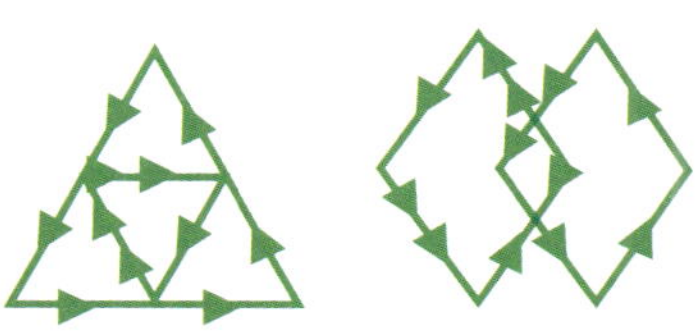

06

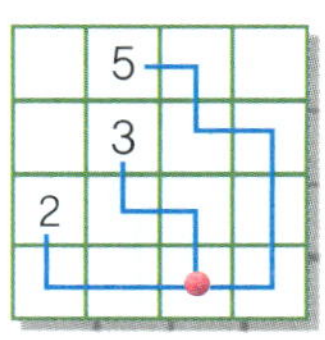

23

01 A = 1, B = 2, C = 3, D = 4, E = 5, F = 6, G = 7, H = 8, I = 9

☞ • A = 1, B = 2, • C = 2 × B − A, C = 3, • E = B + C, E = 5,
• 2 × D = C + E, D = 4, • H = 2 × D, H = 8, • I = 2 × B + E, I = 9,
• 2 × F = A + B + I, F = 6, • G + H = F + I, G = 7

02 1) {(9 + 10 + 16 + 17) ÷ 4} − 4 = 9

2) 한 가지 예 : {(21 + 22 + 28 + 29) ÷ 4} − 4 = 21

더하는 수의 가장 작은 수와 같습니다.

03 59

☞ 어떤 수를 3으로 나누면 2가 남는다는 것은 3으로 나누면 1이 부족한 수이고, 4로 나누면 3이 남는다는 것은 4로 나누면 1부족한 수이고, 5로 나누면 4가 남는다는 것은 5로 나누면 1 부족한 수입니다. 따라서 어떤 수는 2, 3, 4, 5의 최소공배수보다 1 작은 수인 59입니다.

04

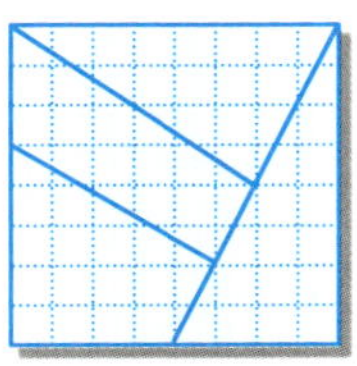

05

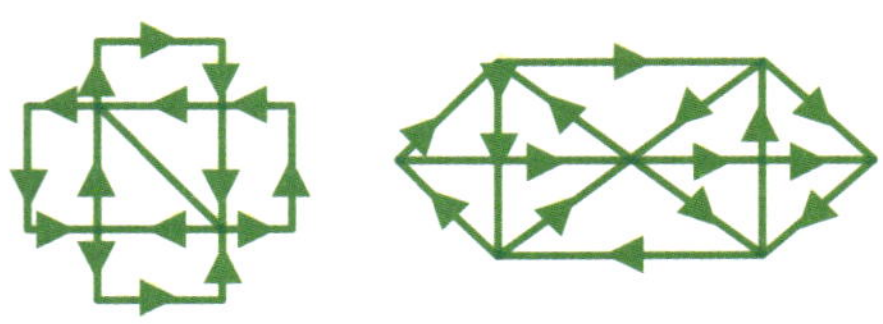

06

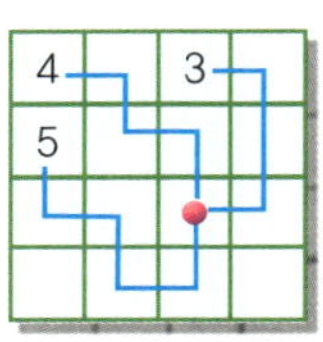

24

01 B = 2, C = 3, D = 4, E = 5, F = 6, G = 7, H = 8, I = 9

☞ • B = 2, • D = 2 × B, D = 4, • 2 × C = B + D, C = 3,

• F = 2 × C, F = 6, • I + D = F + D + C, I = 9, • I = D + E, E = 5,

• D+A = E, A=1 • G = 2 × A + E, G = 7, • H = A + G, H = 8

02 396

☞ (1 + 2 + 3 + 4 + 5 + 6 + 7 + 8 + 9 + 10 + 11) × 6 = 66 × 6 = 396

03

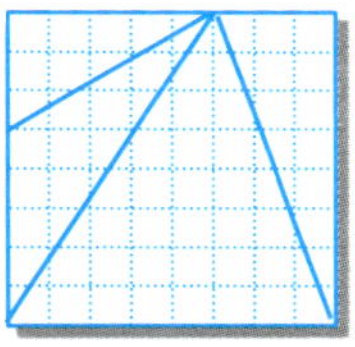

04

05

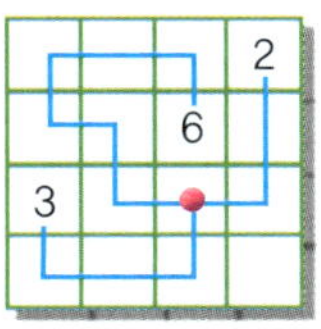

25

01 A = 1, B = 2, C = 3, D = 5, E = 8

☞ • E + E = 16, E = 8, • 2 × A = B, C = A + B, C = 3 × A, B + C + C = E, • E = 2 × A + 3 × A + 3 × A, E = 8 × A, 8 × A = 8, A = 1, • B = 2 × A, B = 2, • C = 3 × A, C = 3, • D = B + C, D = 5, • C = A + B, C = 3, • D = B + C, D = 5

02 13 + 87　2 + 3 + 95　2 + 13 + 24 + 61　2 + 3 + 13 + 24 + 58

03 8가지

☞ 01:23, 01:32, 02:13, 02:31, 03:12, 03:21, 10:23, 10:32

04

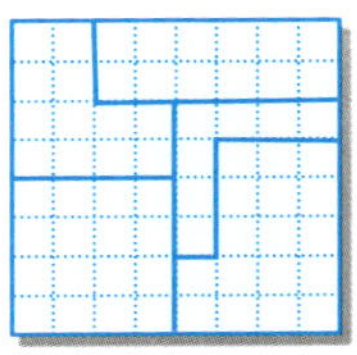

05

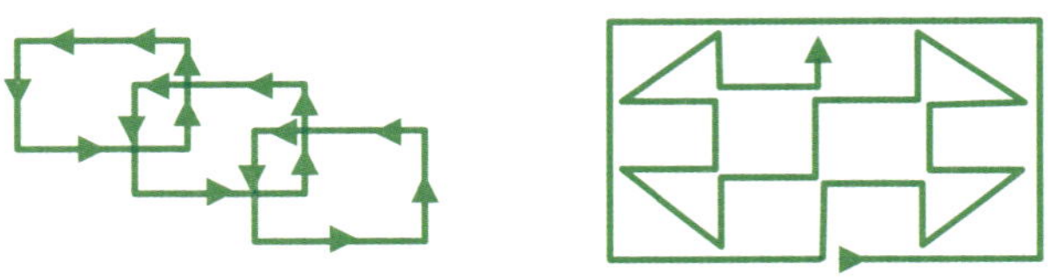

06

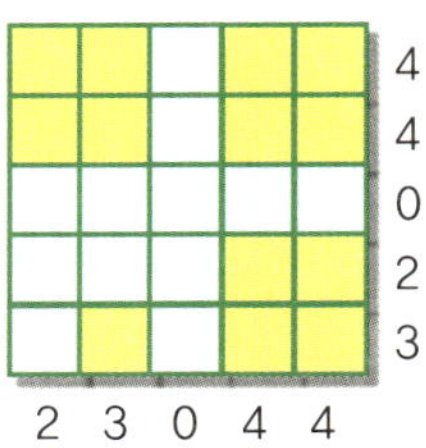

26

01 A = 8, B = 6, C = 4, D = 2

☞ • 3 × A = 24, A = 8, • 2 × C = A, C = 4, • 2 × D = C, D = 2,
• 2 × B = A + C, B = 6

02 (1 + 2 + 3 + …… + 9) × 5 + (8 + 9 + 9 + 1) = 45 × 5 + 9 × 3 = 252

3	4	5	6	7	8	9
4	5	6	7	8	9	1
5	6	7	8	9	1	2
6	7	8	9	1	2	3
7	8	9	1	2	3	4
8	9	1	2	3	4	5
9	1	2	3	4	5	6

03

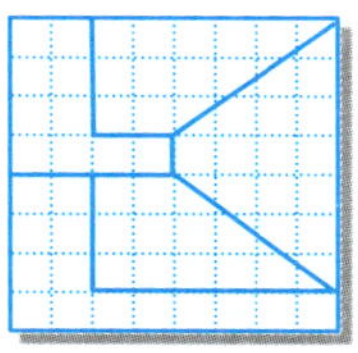

04 1 : 11, 2 : 22, 3 : 33, 4 : 44, 5 : 55 ⇒ 5번

11 : 10, 11 : 11, 11 : 12, 11 : 13, 11 : 14, 11 : 15, 11 : 16, 11 : 17, 11 : 18, 11 : 19 ⇒ 10번

12 : 22, 10 : 00 ⇒ 2번

05

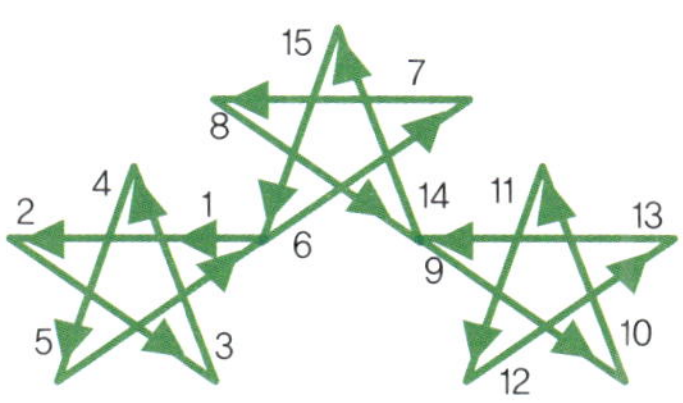

06

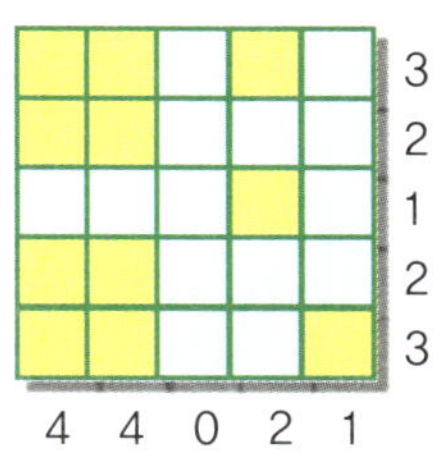

27

01 A = 1, B = 2, C = 3, D = 4, E = 5

☞ • B = 2 × A, C = A + B에서 C = 3 × A, D = 2 × B에서 D = 4 × A, E = A + D에서 E = 5 × A

• 한 변의 길이가 9cm이므로 A + 2 × B + D = 9

• A + 2 × B + D를 A로 바꾸면 A + 2× (2 × A) + 4 × A = 9 × A, 9 × A = 9에서 A = 1cm

• B = 2 × A에서 B = 2cm, C = 3 × A에서 C = 3cm
D = 4 × A에서 D = 4cm, E = 5 × A에서 E = 5cm

02 (1 + 2 + 3 + 4 + 5 + 6) × 4 + 6 = 90

다른 방법 : (1 + 2 + 3 + 4 + 5 + 6) × 5 − (1 + 2 + 3 + 4 + 5) = 105 − 15 = 90

03 1g짜리 2개, 5g짜리 2개, 10g짜리 2개, 50g짜리 2개, 100g짜리 1개, 500g짜리 1개

☞ 구슬을 최소 한 개씩 사용했다고 가정을 하면
666g(1 + 5 + 10 + 50 + 100 + 500) 732 − 666 = 66
위에서 4개의 구슬의 무게가 66g이므로 50 + 16 = 50 + 10 + 5 + 1

04 65개

☞ 5 × 5 + 4 × (1 + 2 + 3 + 4) = 65개

05

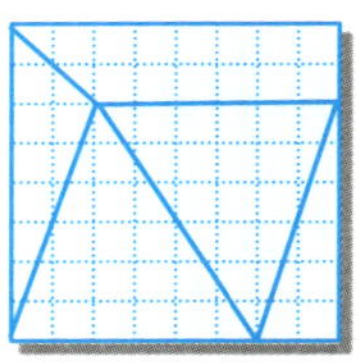

06

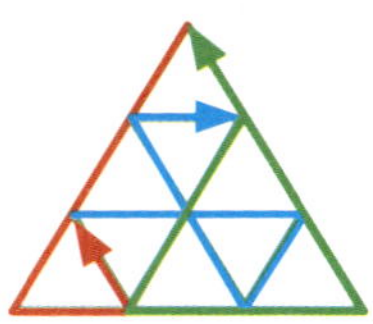

다른 방법도 있습니다.

28

01 A = 12, B = 10, C = 8, D = 6, E = 4, F = 2

☞ • A = 3 × E, 2 × A + E = 28, 6 × E + E = 28, 7 × E = 28, E = 4,
• A = 3 × E, A = 12, • A = C + E, C = 8, • 2 × F = E, F = 2,
• 2 × D = A, D = 6, • 2 × C = B + D, B = 10

02 202, 212, 222, 232, 242, 252, 262, 272, 282, 292

03 2cm

04

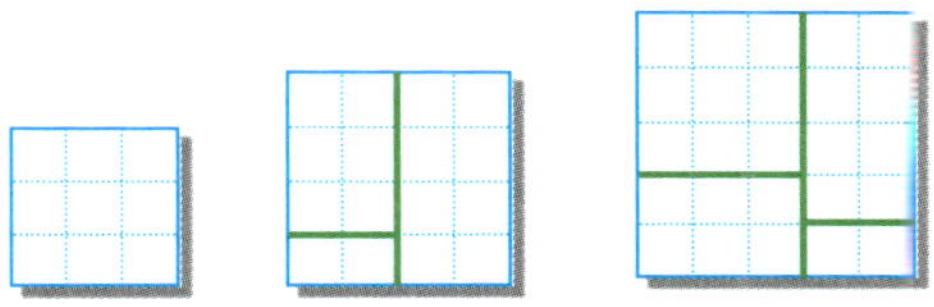

05

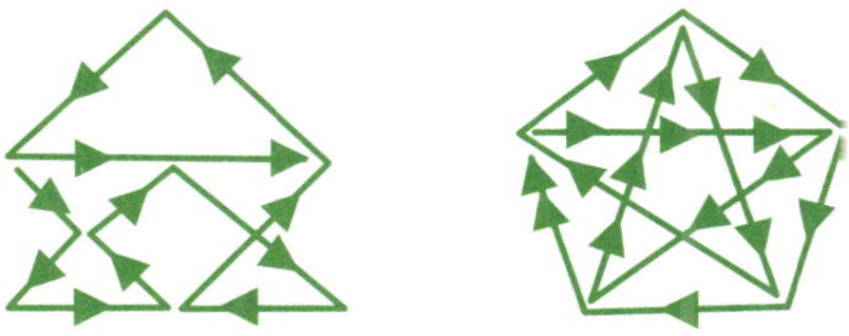

06

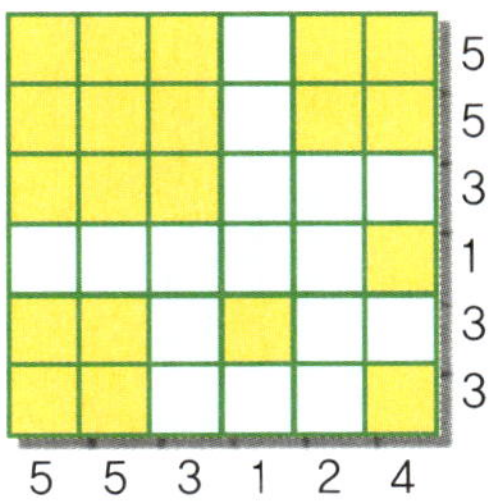

29

01 A = 8, B = 7, C = 6, D = 5, E = 4, F = 3, G = 2, H = 1

☞ • 3 × A = 24, A = 8, • 4 × G = A, 4 × G = 8, G = 2, • 2 × H = G, 2 × H = 2, H = 1, • 2 × E = A, 2 × E = 8, E = 4, • A + E + 2 × C = 24, 8 + 4 + 2 × C = 24, C = 6, • 2 × F = 3 × G, 2 × F = 6, F = 3, • 2 × D = E + 2 × F, 2 × D = 4 + 6, D = 5, • 2 × B + 2 × D = 24, 2 × B + 10 = 24, B = 7

02 ① 9, 9　② 4, 4　③ 25, 25　④ 10000,100, 10000,100

03 123, 132, 213, 231, 321, 312

1200 = 123 + 213 + 231 + 321 + 312

☞ 모두 합하여 1200을 빼어 알아본다.

123 + 132 + 213 + 231 + 321 + 312 = 1332

1332 − 1200 = 132 따라서 1200 = 123 + 213 + 231 + 321 + 312

04 A: 2400원, B: 1200원

☞ 세 사람이 9줄의 김밥을 먹었으므로 한 사람이 먹은 김밥은 3줄입니다. 따라서 A는 2줄, B는 1줄의 김밥을 친구에게 주었습니다. 그러므로 A에게는 2400원, B에게는 1200원을 주어야 합니다.

05 먼저 대각선을 그려 도형의 중심을 찾은 다음 점 M과 중심을 지나는 선과 만나게 그립니다.

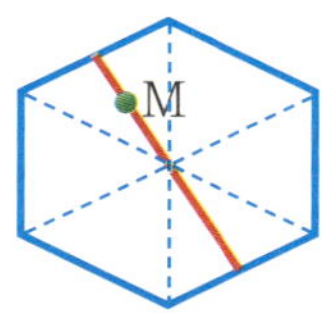

06

30

01 A = 7, B = 6, C = 5, D = 4, E = 3, F = 2, G = 1

☞ F = 2 × G, D = 2 × F에서 D = 4 × G, B = D + F에서 B = 4 × G + 2 × G, B = 6 × G, 2 × E = 3 × F에서 2 × E = 6 × G, E = 3 × G, 2 × C = 2 × E + 2 × F에서 6 × G + 4 × G = 2 × C, 2 × C = 10 × G, C = 5 × G,

- 3 × B + 2 × C = 28에서 18 × G + 10 × G = 28, 28 × G = 28, G = 1,
- F = 2 × G에서 F = 2, E = 3 × G에서 E = 3, D = 4 × G에서 D = 4,
- C = 5 × G에서 C = 5, B = 6 × G에서 B = 6,
- 2 × A + B + 2 × D = 28에서 2 × A + 6 + 8 = 28, 2 × A = 14, A = 7

02 1) 8 × 8 − 7 × 9 = 1　　　2) 11 × 11 − 10 × 12 = 1

03 A : 12개,　B : 8개

☞ B가 이기기 전의 구슬의 개수는 A : 16개, B : 4개

A가 이기기 전의 구슬의 개수는 A : 12개, B : 8개

04 80cm^2

☞ 정삼각형을 크기가 같게 나누면 넓이가 5cm^{2}인 정삼각형을 16개 만들 수 있습니다. 따라서 큰 정삼각형의 넓이는 5 × 16 = 80cm^2

05

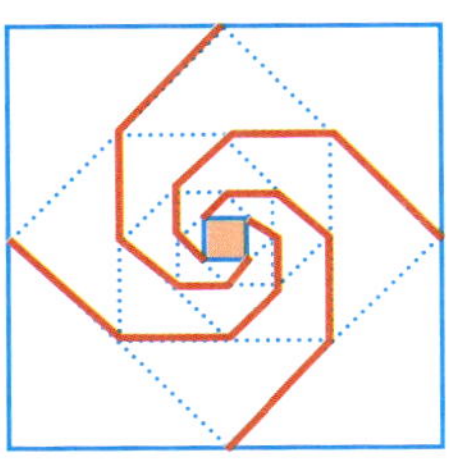

06

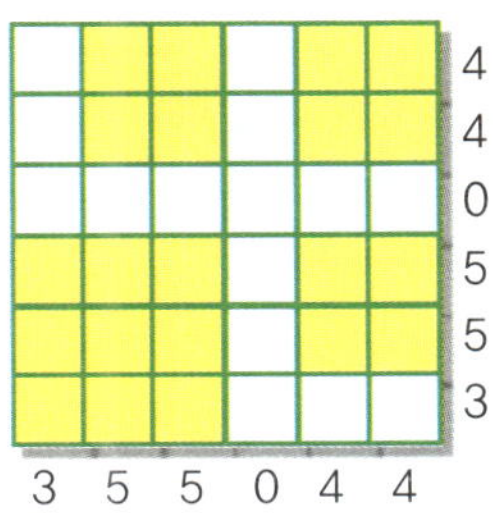

31

01 A = 6g, B = 4g

☞ $4 \times 3 = 2 \times A$, $A = 6$

$8 \times 3 = 6 \times B$, $B = 4$

02 1) $4 \times 4 - 2 \times 6 = 4$　　2) $7 \times 7 - 4 \times 10 = 9$

3) $7 \times 7 - 3 \times 11 = 16$　　4) $10 \times 10 - 5 \times 15 = 25$

03

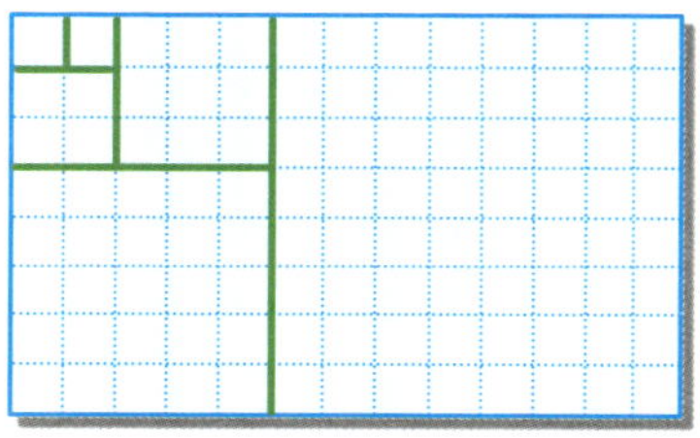

04

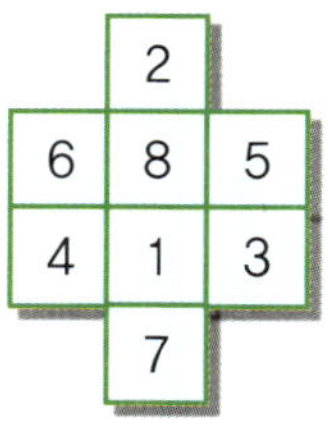

05

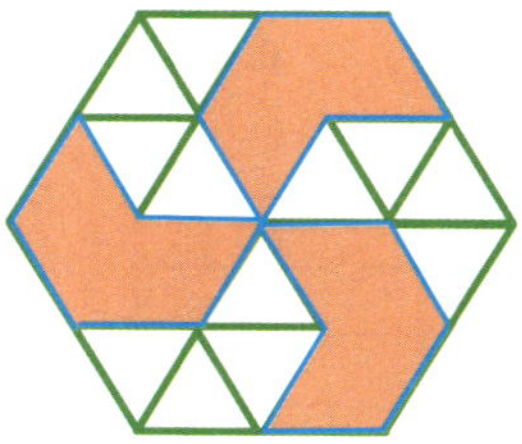

06 D, E

32

01 A = 2g, B = 3g, C = 8g, D = 8g, E = 15g

☞ • A = 1 × 2, A = 2 • (1 + 2) × 2 = 2 × B, B = 3

• C × 1 = 4 × 2, C = 8 • (4 + 8) × 2 = 3 × D, D = 8

• (4 + 8 + 8) × 3 = 4 × E, E = 15

02 계산한 결과가 같습니다.

1) 4 × 98 = 392 , 49 × 8 = 392 ⇒ 4 × 98 = 49 × 8

2) 4 × 847 = 2256 , 484 × 7 = 2256 ⇒ 4 × 847 = 484 × 7

3) 3 × 975 = 2925 , 39 × 75 = 2925 ⇒ 3 × 975 = 39 × 75

4) 8 × 332 = 2656 , 83 × 32 = 2656 ⇒ 8 × 332 = 83 × 32

03 처음에는 100마리

☞ 6400 ÷ 2 ÷ 2 ÷ 2 ÷ 2 ÷ 2 ÷ 2 = 100

04 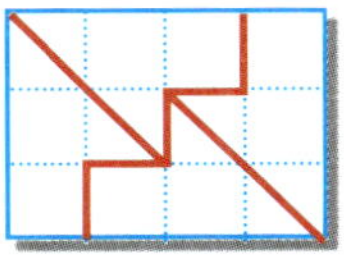

05 그림 ① : 5, 그림 ② : 6

06 ☞ 그림에서 위의 두 색을 비교하면 같은 색끼리는 흰색, 다른 색끼리는 보라색으로 배열했습니다.

33

01 A = 1g, B = 2g, C = 3g

☞ • B × 3 = C × 2, B = 2, C = 3 • 4 × 4 = (2 + 3) × 3 + A × 1, A = 1

02 1) 2 × 62 = 124 2) 2 × 95 = 190

3) 31 × 8 = 248 4) 35 × 5 = 175

03 282.6cm ☞ 45 × 2 × 3.14 = 282.6

04 {(ABC, ABD, ABE), (ACD, ACE), (ADE)}, {(BCD, BCE), (BDE)}, (CDE)

05

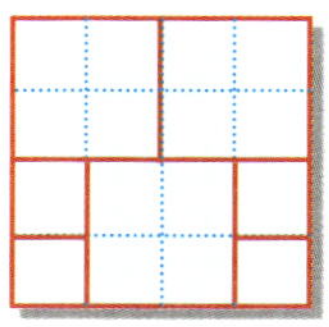

06

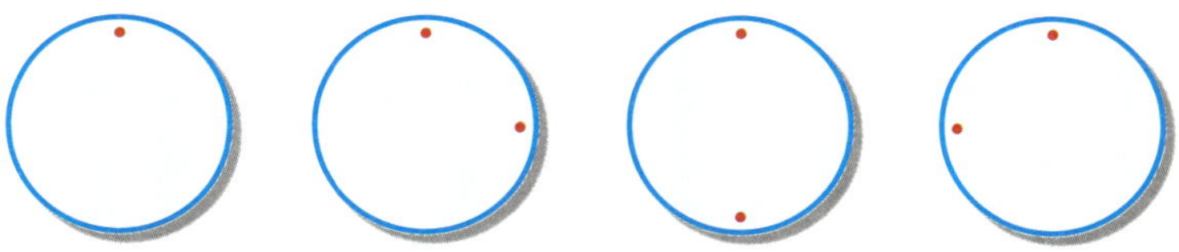

(12) (3) (6) (9)

☞ 시계 바늘의 위치를 나타낸 것으로 12시, 3시, 6시, 9시를 가리킵니다.

34

01 A = 5, B = 1, C = 2

☞ • $4 \times 1 = B \times 2 + C \times 1$, B = 1, C = 2

• $3 \times 3 + A \times 1 = (1 + 2 + 4) \times 2$, A = 5

02 1) $688 = 8 \times 86$ 2) $1206 = 6 \times 201$

03 25분

☞ 2대를 이용하여 10분에 600장을 복사하므로 복사기 1대가 1분 동안에 30장의 종이를 복사하는 셈입니다.

복사기 5대를 이용하여 3750장을 복사하였으므로 복사기 1대가 복사한 양은 750장이 됩니다. 따라서 걸린 시간은 $750 \div 30 = 25$분입니다.

04 (0, 0, 3), (0, 1, 2), (0, 2, 1), (0, 3, 0), (1, 0, 2), (1, 1, 1), (1, 2, 0), (2, 0, 1), (2, 1, 0), (3, 0, 0)

05

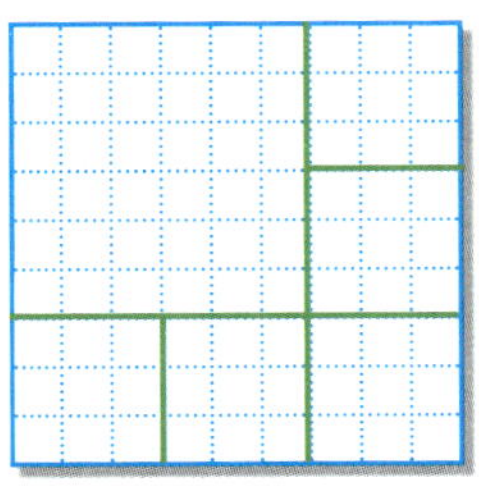

06

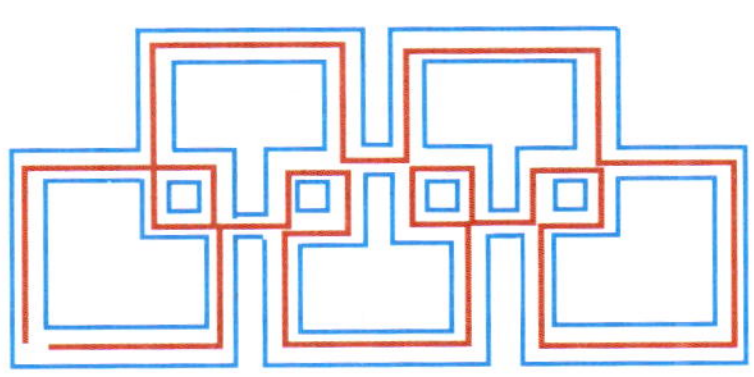

35

01 A = 3, B = 2, C = 1

☞ • $4 \times 1 = B \times 2$, $B = 2$

• $A \times 3 + (4 + 2) \times 1 = 5 \times 2 + 5 \times C$,

$A \times 3 = 4 + 5 \times C$

$A = 3$, $C = 1$

02 1) $5 \times 251 = 1255$　　2) $15 \times 93 = 1395$

03 • $1 + 1 + 1 + 1 + 1 + 1 + 9 = 15$　• $1 + 1 + 1 + 1 + 1 + 3 + 7 = 15$

• $1 + 1 + 1 + 1 + 3 + 3 + 5 = 15$　• $1 + 1 + 1 + 3 + 3 + 3 + 3 = 15$

04 P : 0.15초, Q : 0.15초

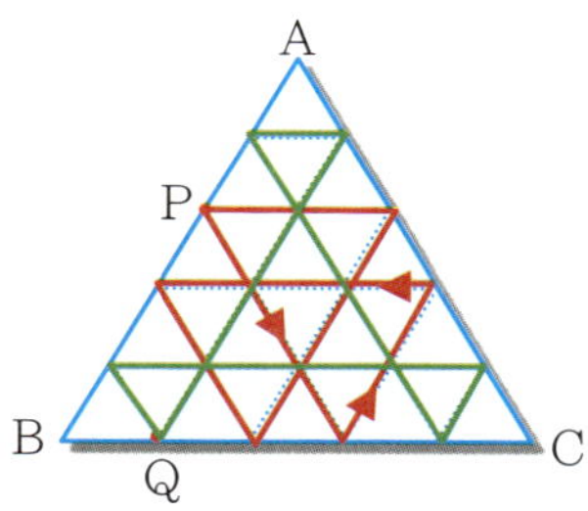

05

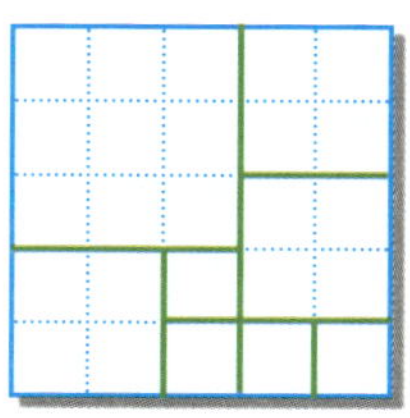

06

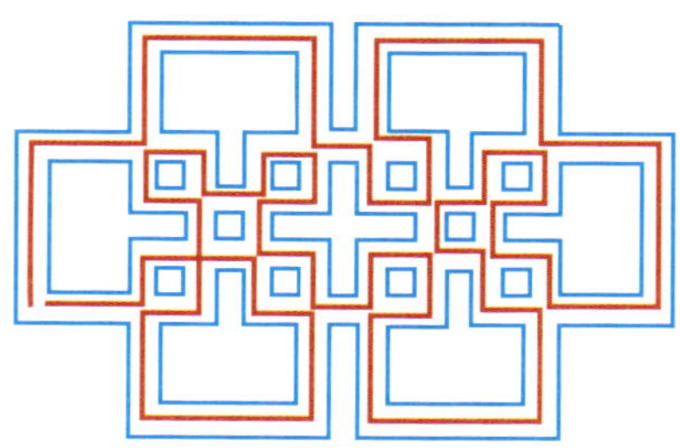

36

01 A = 2, B = 5, C = 1, D = 3, E = 4

☞ • C × 3 = D × 1, C = 1, D = 3 • E × 1 = (1 + 3), E = 4

• A × 3 + (6 × 2) = (1 + 3 + 4) × 1 + B × 2, A × 3 + 4 = B × 2

A = 2, B = 5

02 1) 25 2) 25 3) 25 4) 25

03 16개

☞ 그림 ①: 2 × 2 = 4, 그림 ②: 4 × 2 = 8, 그림 ③: 4 × 4 = 16

04

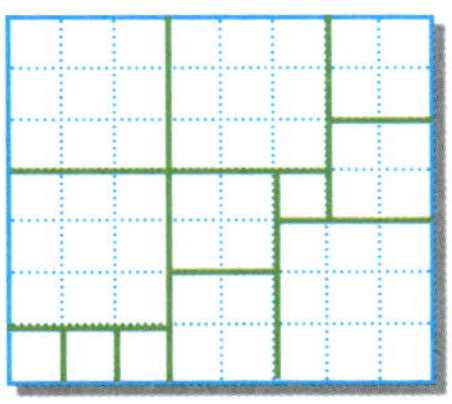

05 2배

☞ 색칠한 부분의 삼각형의 개수에서 비교해보면 정육면체의 한 부분은 4개, 12각형의 한 부분은 2개이므로 2배

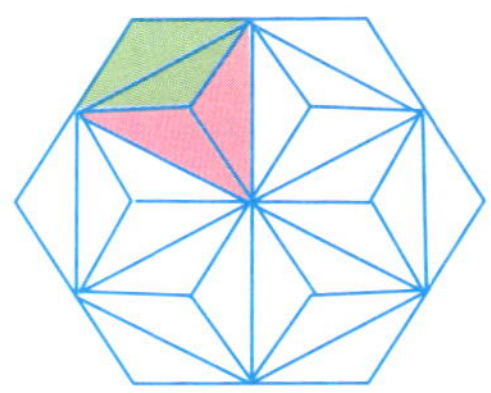

06

①

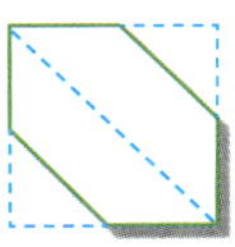

②

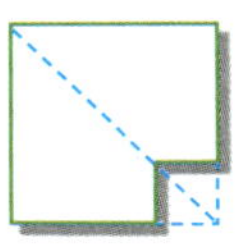

③

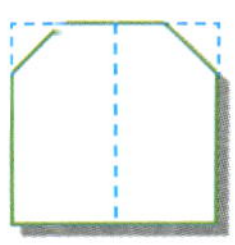

④

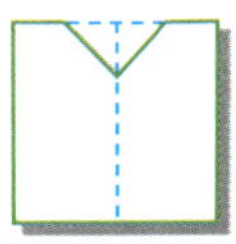

37

01 A = 3, B = 5, C = 2, D = 4, E = 6

☞ • C × 2 = 4에서 C = 2 • 1 × 3 + A × 2 + B × 1 = 7 × 2,

A × 2 + B × 1 = 11에서 A는 2, 3, 5 중 하나입니다.

i) A가 2인 경우: 2 × 2 + B × 1 = 11, B = 7이므로 조건에 맞지 않습니다.

ii) A가 3인 경우: 3 × 2 + B × 1 = 11, B = 5이므로 조건에 맞습니다.

iii) A가 5인 경우: 5 × 2 + B × 1 = 11, B = 1이므로 조건에 맞지 않습니다.

따라서 A = 3, B = 5

• {(1 + 3 + 5) + 7} × 3 = (2 + 4) × 3 + D × 5, 48 = 18 + D × 5, D = 6

02 1) 40320 2) 40320 3) 40320 4) 40320

계산 결과가 모두 같습니다.

03 31점

☞ 과녁의 점수는 모두 홀수입니다. 따라서 홀수를 다섯 번 더하면 홀수가 됩니다. 그런데 다섯 발 모두 7점 맞아도 35점이 되므로 36점은 조건에 맞지 않습니다. 그러므로 조건에 맞는 점수는 31점입니다. 7점짜리 3발, 5점짜리 2발의 점수를 합하면 31점이 됩니다.

04

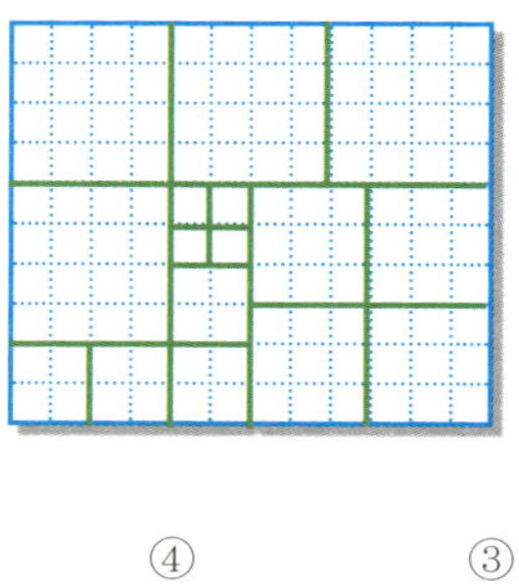

05

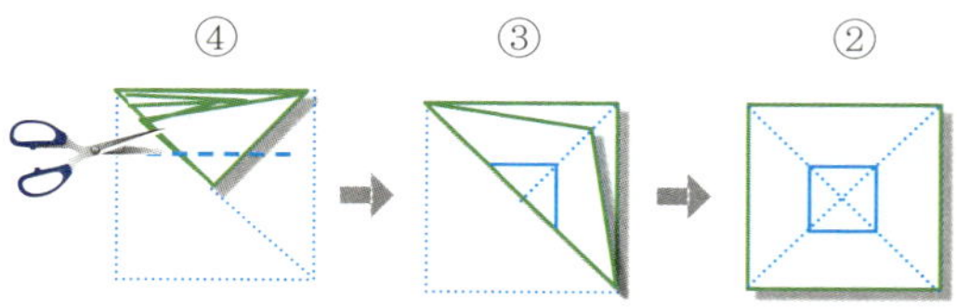

06

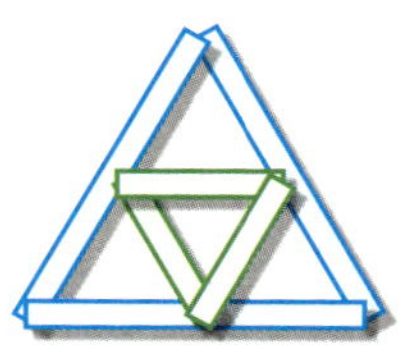

38

01 A = 2, B = 3, C = 6, D = 4, E = 5

☞ • A × 2 + B × 1 = 7에서 A는 3이하의 수이고 1은 이미 사용했으므로 A는 2 또는 3입니다.

i) A가 2인 경우: 2 × 2 + B × 1 = 7, B = 3이므로 조건에 맞습니다.

ii) A가 3인 경우: 3 × 2 + B × 1 = 7, B = 1이므로 조건에 맞지 않습니다.

따라서 A = 2, B = 3

• (A + B + 7) × 1 = C × 2, (2 + 3 + 7) × 1 = C × 2, C = 6

• (1 × 3 + D × 2 + E × 1) = 8 × 2, D × 2 + E × 1 = 13에서 D = 4, E = 5

02 96 × 97의 계산 원리 알아보기

100 − 96 = 4, 100 − 97 = 3에서 천, 백의 자리의 수는 100 − (4 + 3) = 93, 십, 일의 자리의 수는 4 × 3 = 12 따라서 96 × 97 = 9312

03 22명 (15 − 4) × 2 = 22

04 17점짜리 5발, 15점짜리 1발

☞ 100 ÷ 6 = 16.666……에서 평균 16점을 초과하므로

17 + 17 + 17 + 17 + 17 + 15 = 100

05

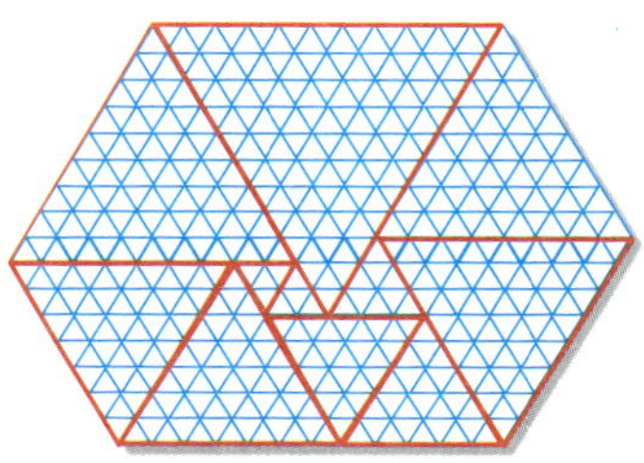

06 1) 2)

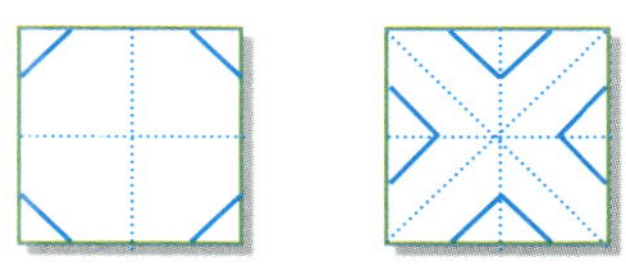

39

01 1) 954 2) 936 3) 945 4) 657

5) 329 6) 629 7) 218 8) 245

각각의 문제와 계산 결과에 1에서 9의 숫자가 한 번씩 들어있습니다.

02

2	4	3	1
4	2	1	3
1	3	2	4
3	1	4	2

03

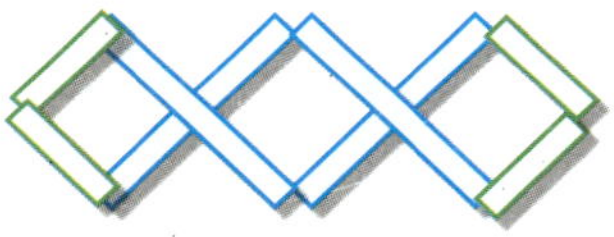

04

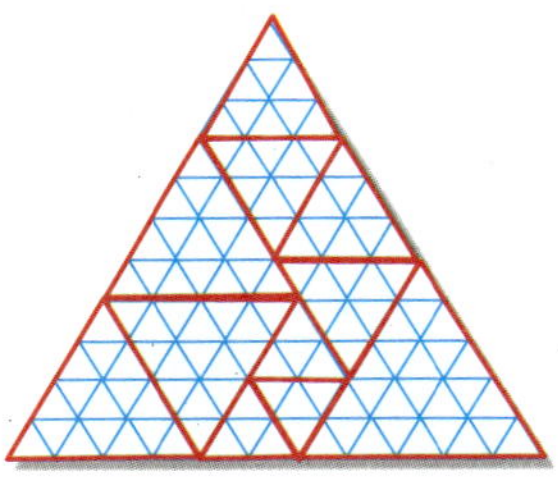

05 1)

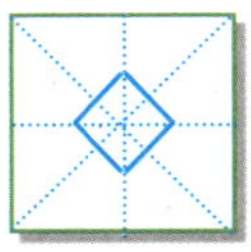

2)

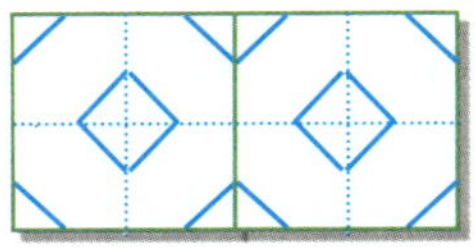

06

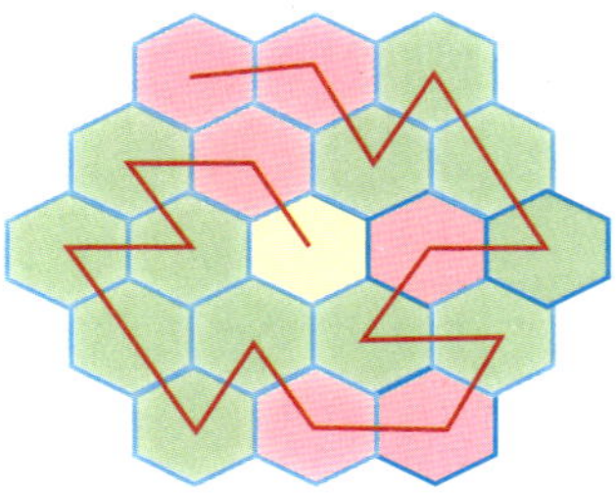

40

01 1) 6952 2) 5796 3) 5346 4) 5346 5) 4396 6) 7254 7) 5796 8) 7632

각각의 문제와 계산결과에 1에서 9의 숫자가 한 번씩 들어있습니다.

02

5	3	2	4	1
2	4	1	5	3
1	5	3	2	4
4	1	5	3	2
3	2	4	1	5

03 연우의 생각 : 한 변의 길이가 100m인 정사각형 모양의 땅

부동산 주인의 생각 : 대각선의 길이가 100m인 마름모 모양의 땅

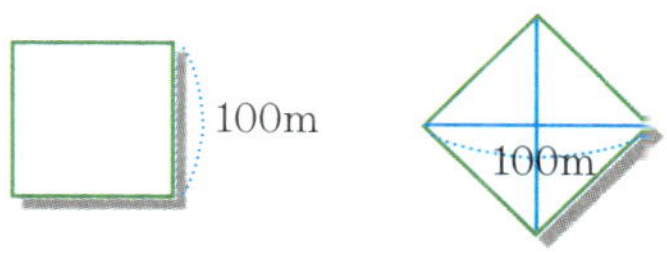

땅의 넓이를 $10000m^2$로 제시하지 못한 점과 동서의 길이를 정사각형의 한 변으로 제시하지 못한 점

04

05

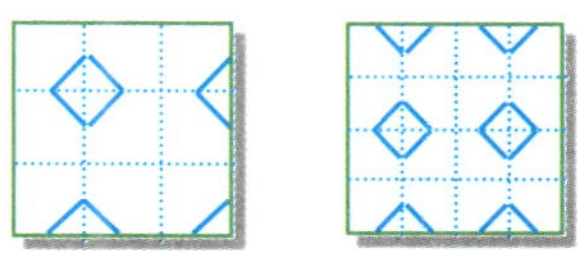

06 자신이 생각하고 있는 수를 5라고 생각하면 $[\{(5 + 10) \times 2 - 6\} \div 2] - 5 = 7$

☞ 그 이유를 생각해 보면 아래와 같습니다.

$[\{(\square + 10) \times 2 - 6\} \div 2] - \square = (2 \times \square + 20 - 6) \div 2 - \square$

$= (2 \times \square + 14) \div 2 - \square = \square + 7 - \square = 7$

41

01 2로 나누면 1에서 9의 숫자가 한 번씩 들어있습니다.

1370258694 ÷ 2 = 685129347, 1046389752 ÷ 2 = 523194876

02

1	3	2	5	4
3	5	1	4	2
5	1	4	2	3
2	4	5	3	1
4	2	3	1	5

03 사과 한 개는 복숭아 2개와 같습니다.

☞ 그림 ①에서 □○=△△△, 그림 ②의 □□○○를 △△△△△△로 바꾸면 (△△△△△△)△△△△=□□□□□

□=2 × △ 따라서 사과 1개의 무게는 복숭아 2개의 무게와 같습니다.

04

05

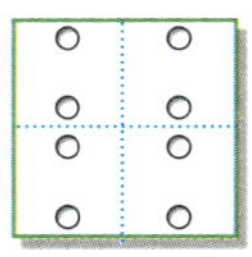

42

01 1) 153749628　　2) 195287346　　3) 149253678

계산 결과에 1에서 9의 숫자가 한 번씩 들어있습니다.

02

4	6	3	2	1	5
1	2	5	3	6	4
3	4	1	5	2	6
6	5	2	4	3	1
5	3	6	1	4	2
2	1	4	6	5	3

03 30개

☞ $(7-2) \times (5-2) \times (4-2) = 5 \times 3 \times 2 = 30$

04

05

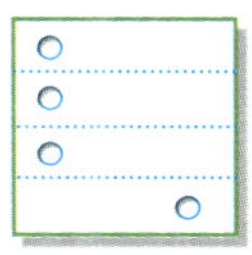

06

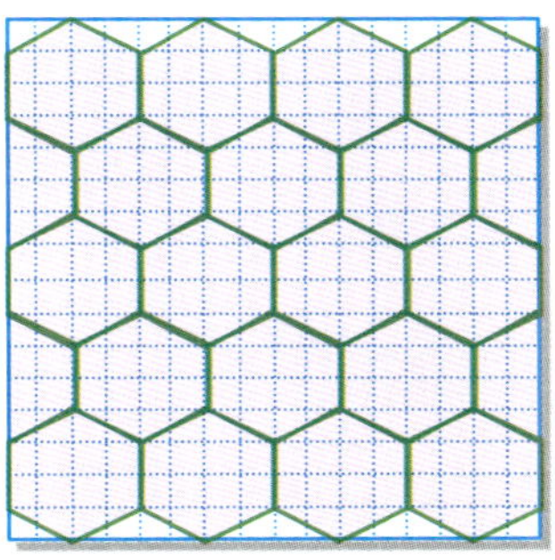

43

01 1~9의 숫자들이 모두 한 번씩 들어있습니다.

1) 246913578　　2) 493827156

3) 617283945　　4) 864197523

02

3	4	5	2	6	1	7
7	2	1	4	5	3	6
2	6	7	1	3	4	5
4	3	6	5	1	7	2
6	5	4	3	7	2	1
1	7	2	6	4	5	3
5	1	3	7	2	6	4

03 먼저 첫 번째 문방구에서 5000원을 내고 3700원짜리 스케치북을 산 후 1300원을 거슬러 받습니다. 그 다음에 5000원을 내고 1400원짜리 컴퍼스를 산 후 3600원을 거슬러 받습니다.
두 번째 문방구에서 1300원을 주고 삼각자와 연필을 삽니다. 세 번째 문방구에서 1000원을 주고 공책을 삽니다. 네 번째 문방구에서 300원을 주고 지우개를 삽니다. 다섯 번째 문방구에서 2300원을 주고 필통을 삽니다.

04

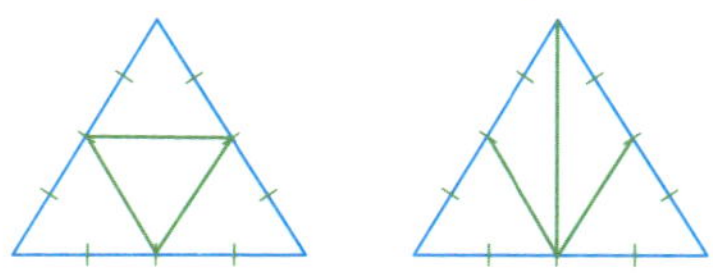

05

횟수	8L	6L	2L	풀　　이
처음	8	0	0	
1				
2	2	4	2	6L들이의 물을 2L들이의 그릇에 가득 붓습니다.
3				

06

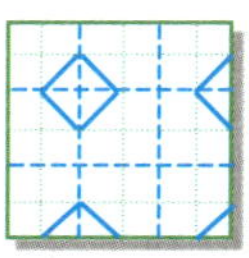

44

01 0~9의 숫자들이 모두 한 번씩 들어있습니다.

1) 1975308642　　2) 3950617284

3) 4938271605　　4) 6913580247

02 2500

첫 번째 + 두 번째 = 1 + 3 = 4 = 2 × 2

두 번째 + 세 번째 = 3 + 6 = 9 = 3 × 3

세 번째 + 네 번째 = 6 + 10 = 16 = 4 × 4

네 번째 + 다섯 번째 = 10 + 15 = 25 = 5 × 5

49번째 + 50번째 = 50 × 50 = 2500

03 1분 후

☞ 1, 2, 3, 4, 5의 최소공배수는 60. 따라서 1분 후에 동시에 불이 켜집니다.

04

횟수	10L	7L	3L	풀 이
처음				
1				
2				
3				
4	6	1	3	7L들이의 물을 3L들이의 그릇에 가득 차게 붓습니다.
5	9	1	0	3L들이의 물을 10L들이의 그릇에 모두 붓습니다.
6	9	0	1	7L들이의 물을 3L들이의 그릇에 모두 붓습니다.
7	2	7	1	10L들이의 물을 7L들이의 그릇에 가득 차게 붓습니다.
8	2	5	3	7L들이의 물을 3L들이의 그릇에 가득 차게 붓습니다.
9	5	5	0	3L들이의 물을 10L들이의 그릇에 모두 붓습니다.

05 5번

45

01 0에서 9의 숫자가 두 번씩 들어있습니다.

02 네 번째 그림의 바둑알의 개수 : $(4 + 2) \times 5 = 30$개

10 번째 그림의 바둑알의 개수 : $(10 + 2) \times 5 = 60$개

03 금요일

☞ 24/31에서 31일은 달력의 여섯 번째 줄에 속합니다.

$31 - 7 \times 4 = 3$

3일이 일요일이므로

1일은 금요일

일	월	화	수	목	금	토
					1	2
3	4	5	6	7	8	9
10	11	12	13	14	15	16
17	18	19	20	21	22	23
24/31	25	26	27	28	29	30

04 4kg

찰흙 한 덩이 $= \frac{4}{5} + \frac{4}{5}$kg

위에서 살펴보면 왼쪽의 찰흙의 $\frac{1}{5}$과 오른쪽의 분동의 무게와 같습니다.

즉, 찰흙 한 덩이의 무게를 x라고 하면 $x \times \frac{1}{5} = \frac{4}{5}$, 따라서 찰흙의 무게는 4kg

05 30초

횟수	12L	9L	3L	풀 이
처음	12	0	0	
1	3	9	0	12L들이의 물을 9L들이의 그릇에 가득 차게 붓습니다.
2	3	6	3	9L들이의 물을 3L들이의 그릇에 가득 차게 붓습니다.
3	6	6	0	3L들이의 물을 모두 12L들이의 그릇에 붓습니다.

06 5번

교우수학놀이공원 6

생각쑥쑥 실력팍팍
참 좋은 수학 I

초판 1쇄 발행 | 2012년 1월 30일

지 은 이 오관용
펴 낸 이 오상훈
펴 낸 곳 교우미디어

주　　소 서울시 동대문구 제기동 148-19
전　　화 (02) 925-2866
팩　　스 (02) 925-2860
이 메 일 kwm2011@hanmail.net
홈페이지 www.kyowoo.co.kr
등록번호 제305-2011-000007호

ISBN 978-89-968148-3-2 64410
978-89-968148-2-5 (전2권)
값 10,000원

교우미디어는 교우사의 임프린트 출판브랜드입니다.